U0529449

宁夏大学民族学一流学科建设经费资助出版（NXYLXK2017A02）
宁夏大学新闻传播学院部校共建经费资助出版

乡村文化建设中的社交媒介

顾广欣 著

中国社会科学出版社

图书在版编目(CIP)数据

乡村文化建设中的社交媒介/顾广欣著. —北京：中国社会科学出版社，2023.9
ISBN 978-7-5227-1917-7

Ⅰ.①乡… Ⅱ.①顾… Ⅲ.①农村文化—文化事业—建设—研究—西北地区 Ⅳ.①G127

中国国家版本馆 CIP 数据核字(2023)第 085430 号

出 版 人	赵剑英
责任编辑	陈肖静
责任校对	王 龙
责任印制	戴 宽

出 版	中国社会科学出版社
社 址	北京鼓楼西大街甲 158 号
邮 编	100720
网 址	http://www.csspw.cn
发 行 部	010-84083685
门 市 部	010-84029450
经 销	新华书店及其他书店
印 刷	北京明恒达印务有限公司
装 订	廊坊市广阳区广增装订厂
版 次	2023 年 9 月第 1 版
印 次	2023 年 9 月第 1 次印刷
开 本	710×1000 1/16
印 张	20.75
插 页	2
字 数	280 千字
定 价	109.00 元

凡购买中国社会科学出版社图书，如有质量问题请与本社营销中心联系调换
电话：010-84083683
版权所有 侵权必究

目 录

前言 …………………………………………………………（1）

绪论 …………………………………………………………（1）
  第一节　研究缘起 ………………………………………（1）
  第二节　关于"乡村传播学"的研究综述 ………………（8）
  第三节　问题意识、理论视角及研究方法 ……………（19）

第一章　乡村文化建设的历史实践与理论发展 …………（25）
  第一节　乡村文化建设的历史起点与归宿 ……………（25）
  第二节　中国共产党乡村文化建设思想的形成与发展 …（36）
  第三节　农民文化主体性的建构 ………………………（47）

第二章　媒介化乡村的文化传播 …………………………（56）
  第一节　研究设计 ………………………………………（57）
  第二节　农村居民社交媒体使用及公共事务参与现状 …（61）
  第三节　乡村文化参与现状分析 ………………………（78）

第三章　乡村文化空间的群众文艺实践 …………………（89）
  第一节　"公共空间"的理论阐释 ………………………（89）
  第二节　公共空间与农民公共性的培育 ………………（101）

第三节　作为乡村公共文化空间的文化大院 ……………（106）
　　第四节　作为国家权力的乡村文化空间 ………………（120）

第四章　新媒体对乡村文化空间的重塑 ……………（136）
　　第一节　社交媒介中的农民个体 ………………………（137）
　　第二节　移动传播时代乡村公共文化空间转型 ………（145）
　　第三节　乡村文化的媒介化转向 ………………………（155）
　　第四节　移动传播时代乡村公共文化空间转型 ………（163）

第五章　社交媒体使用与乡村文化参与 ……………（173）
　　第一节　变量与模型 ……………………………………（173）
　　第二节　社交媒体使用与乡村文化活动参与 …………（178）
　　第三节　社交媒体使用与乡村文化建设参与 …………（188）

第六章　乡村文化治理的媒介化转向 ………………（198）
　　第一节　文化与治理性 …………………………………（199）
　　第二节　传播学视野下的乡村治理困境 ………………（205）
　　第三节　新媒介与乡村文化治理 ………………………（211）

第七章　乡村传播与基层社会治理 …………………（215）
　　第一节　公共传播对于乡村治理的意义 ………………（215）
　　第二节　社会媒介参与基层治理的路径 ………………（219）

第八章　社交媒体的使用与乡村政治参与 …………（230）
　　第一节　乡村政治参与情况 ……………………………（230）
　　第二节　社交媒介与乡村政治参与 ……………………（264）
　　第三节　社交媒体的使用与公共事务关注度 …………（276）

参考文献 ……………………………………………………（291）
附录 A　问卷 ………………………………………………（307）
附录 B　杜骏飞老师对我的几次学术辅导小记 …………（315）
后记 …………………………………………………………（319）

前　言

本书是在我的国家社科基金项目"社会化媒体传播对西北乡村文化生态影响机制研究"结题报告基础上修改而成。之所以将"乡村传播与乡村治理能力提升"作为自己的学术研究方向，缘于我所生活和工作的宁夏。作为西北五省区之一，宁夏得黄河灌溉之利而形成了悠久的农耕文明；曾经"苦瘠甲天下"的西海固，通过生态修复、移民搬迁等工程摆脱了贫困。在乡村振兴的大背景下，西北广大乡村正发生着的翻天覆地的变化，农民的获得感与幸福感得到了极大的提升。但与此同时，乡村在城镇化进程中也面临诸多困境，譬如乡村文化的传承与发展问题、农村的空心化及农民的原子化问题、乡村治理效能不足问题、城乡之间的数字鸿沟问题等。可以说，西北乡村在建设发展中产生的无数经验与教训，为我的研究提供了丰富的学术养分。

在我看来，青年知识分子需要有现实关怀，要在更开阔的视域里，做更深入、更根本的，超越性、批判性的思考，进行学术与理论体系的创造。钱理群教授曾嘱托青年学者要"关注中国问题，总结中国经验，创造中国理论"，而要总结中国经验，就必须从关注中国农民的命运开始。在中国社会发展进程中，广大乡村发挥着稳定器与蓄水池的功能：稳定时期为经济发展提供源源不竭的廉价劳动力，同时也使农民有了"回得去的故乡"，实现了对城市产业资本的"去依附"。正因如此，中国在城市化进程中才未像巴西、印度等资本主义国家出现大面积的贫民窟。从这个意义上讲，乡村是中国的根，是理解过去中国并思考未来中国无法绕开的底色与载体。

开展乡村建设及理论研究，首先就必须将历史脉络与当下实践有机连接。20世纪，中国知识分子、中国青年"前仆后继"奔赴农村，但多数情况下乡都是"雨过地皮湿"，中国乡村的落后状况并未发生根本的改变。以济世救民为己任的乡建先贤在大量的教训之后，认识到进入乡土社会，务必要放下"西洋眼镜""都市眼镜"，需要尊重乡土社会的内在机理与特点。首先，在国家的乡村振兴战略布局中，又有近300万位干部被派驻到乡村，成为沟通城乡的重要纽带，而乡村建设先贤所积累的丰富经验及理论探索，成为今天我们开展乡村实践与研究的起点。其次，新时代的"乡村建设运动"及乡村研究，不可忽略的是当下的"全球化的背景"，即资本主义全球扩张的背景，换言之，今天进行的乡村研究应纳入"世界性光谱与全球性视野"。再次，关于乡村研究，必须放在城乡关系视野下进行考量。城市和乡村是中国社会的一体两面，长期以来，中国的传播学研究一直基于现代化和发展主义视角，认为只要普及电视、实现电信村村通、送文化下乡就可以解决问题，但实际效果却不尽如人意。就此而言，当代进行乡村研究要重新面对并进一步理解乡土社会对文明传承的基础性作用，充分恢复乡土社会的能动机制。最后，传播学研究需要有一个跨学科的视野，需要有政治、经济、社会、文化和生态各个层面的一个考量，需要与其他学科对话。

2018年起，国家大力推动"数字乡村战略"的实施，促进现代数字技术与乡村生产生活生态的全面深度融合，同时，县级融媒体中心已发展成为乡村治理的主要平台。凡此种种，说明传播技术与乡村社会发展已成为传播研究的一个重要问题，在社会媒介化持续演进的大背景下，需要挖掘乡村治理背后的传播逻辑和技术逻辑。基于此，本书通过对西北乡村文化治理实践进行追本溯源式的研究，增添乡村文化治理的新内容与新视角，拓展国家治理体系、治理能力现代化的内涵。其研究意义主要体现在以下三个方面：一是从传播的视角绘制乡村治理的文化社会结构图，为乡村文化治理精准施策提供历史参照；二是挖掘乡村社会文化治理体系背后的传播逻辑和技术逻辑，探究新媒体在社会文化治理体系构建中的创新作用，推动新型传播体系、经济形态、社会关系和文明生态的构建；三是对乡村文化治理的研究涉及文化的治理性、多元主体、合作共治等问题，有助于超越乡村传播的发展传播学范式，丰富中国特色新闻学研究。

绪　论

第一节　研究缘起

  由于长期受到所谓"现代性观念"的影响，在我的思维模式中，中国乡村是"现代性的他者"，它意味着"现代"的反面——落后。正因如此，在真正进入乡村之前，我的头脑中总是存在着这样的预设：城乡之间在媒介的使用上存在着巨大的鸿沟，乡村是需要我们扶助的，农民是城市知识分子文化反哺的对象。然而，多日的走访观察颠覆了我长期以来的刻板印象：基层干部和村民，对于各种媒介技术的敏感性以及创造性使用不仅令我脑洞大开，农民自身的文化创造力也让我叹为观止！说"真正的智慧在民间"一点都不为过。

  对于中国乡村，我们需要跳出对"他者"的自我想象，用一种对乡村整体生活世界欣赏和理解的心态，去解释当下的乡村政治、乡村社会以及乡村文化。而这，恰恰是我开展乡村传播研究必须要面对的挑战，并在应对挑战中重塑和转化成为自身发展的动力。

2017 年 2 月 10 日笔者调研日记

中国的乡村，总是承载着人们复杂的情感，一方面，它寄托着我们的乡愁，在众多艺术作品中，经常能看到以浪漫主义手法所表现出的传统乡村社会，隐含了作者对乡村生活的向往；但另一方面，乡村又被描绘成与"现代性"相对立的所在，农村的凋敝破败，农民的麻木愚昧，也被各类媒体呈现出来。到底是哪种叙事，才能还原一个真实的乡土中国呢？

一 从阿伦贝皮到"农民的终结"

美国久负盛名的人类学家康拉德·科塔克曾在巴西一个叫阿伦贝皮的渔村进行了考察，这里既不以奇风异俗著称，也不与世隔绝，很多时候只是一个平凡如斯的小渔村。20世纪70年代以来，这个巴西渔村也开始受到全球化的席卷。对于某些社会批评家将全球化浪潮"视作文化帝国主义的压路机，地方文化在它的路上沦为牺牲品"这样的观点，科塔克认为是消极的，因为它"忽略了人类在与外界力量交往时会有选择性地做出各种行为。阿伦贝皮人也像其他成千上万当代乡民一样，努力应对外部景象和信息的洪流，对这些外部信息加以自己的修正、诠释、加工、抵抗、挑战或排斥"①。我们在这个关于巴西社区对全球化开放的研究个案中，看到了文化传播和社会变迁的创造性过程，在这个转型过程中，适应变迁的个体扮演了重要角色。

曾经摆在巴西社会、巴西渔村面前的社会、文化、生态、政治问题，今天同样摆在了追求现代化、面临社会转型期的中国人面前。工业发展对乡村土地的开发与利用、传统生计方式在工业化面前的转型、城市扩张与乡村发展、工业进程与环境污染、新社会分层的涌现、亲属关系在内传统文化的现代转型等，一切都如此熟悉——相同的问题

---

① [美]康拉德·科塔克：《远逝的天堂：一个巴西小社区的全球化》（第四版），张经纬等译，北京大学出版社2012年版，第241—242页。

在中国同样涌现，如何借助于人类学的视角，理解并认识中国经济快速发展的过程中出现的各类新情况，或许是科塔克从南半球带给我们的一块他山之石。

在1967年的法国，著名农村社会学家孟德拉斯提出了"农民的终结"的论断。"农民的终结"是一个世界性议题，实际上它并不是指"农业的消逝，而是指现代化过程中传统农民大规模减少和转变为现代农业经营者的过程"①。换言之，是传统的"小农的终结"②。二十年后，当该书再版时，法国乡村出现了惊人的复兴，乡镇在经过一个让人以为已濒于死去的休克时期后，重新获得了社会的、文化的和政治的生命力。法国的农业现代化之路以及乡村社会的发展给中国农民做了示范和表率，使我们看到了中国乡村未来发展的新图景。

重新回到我国乡村现实，作为一个传统的农业大国，中国社会"是在农耕经济基础上形成的乡土社会"③，在现代化、城市化进程中，"乡村的问题"成为最核心的问题。在官方话语及学术话语中，习惯用城市与乡村、现代与传统的二元对立的思维来审视乡村，"问题乡村"的思考范式使我们希望通过实地调查来寻求解决问题的途径，由此，"农村的问题转变成了如何去接近城市的问题"④，而这恰恰是对乡村社会缺乏一种整体上的理解。

譬如学者提出乡村"原子化"问题，即乡村内部农民之间的社会联结程度降低，致使村落共同体面临着解体的危机。但实际上，村落共同体绝非像大多数人所认为的"解体和重构"的问题，日常的离别

---

① 李培林：《农民的终结是选择还是命运》，《社会发展研究》2020年第7期。
② 徐杰舜：《中国农民守土与离土的博弈——孟德拉斯〈农民的终结〉的启示》，《中南民族大学学报》（人文社会科学版）2006年第1期。
③ 周小虹：《传统与变迁：江浙农民的社会心理及其近代以来的嬗变》，生活·读书·新知三联书店1998年版，第39页。
④ 赵旭东：《从"问题中国"到"理解中国"——作为西方他者的中国乡村研究及其创造性转化》，《社会科学》2009年第2期。

与节日的再聚合是村落共同体的常态,诚如乡村社会学者张旭东所言:"原子化也许是在离别之时,却可能为年节之时的回归故里所否定,原子化的趋势与共同体的周期性恢复构成了乡村生活的全貌。"[①] 对于许多候鸟式流动的农民而言,村庄生活并未离开他们的视野,这意味着住在村庄可以看到外面的精彩世界,从外面的世界又能获得好处。在一些地方,农民愿意用从外面赚到的钱回乡建住宅,即便现在不住,留到老了回来再住。很显然,这些农民对村庄未来生活有着明确的预期,这种预期不仅来自对乡村发展的信心,还来自传统文化特别是宗族文化:它们为农民在这个快速变动的世界提供了本体性的安全感。一言以蔽之,中国农民"有一个自己视为天经地义的、理所当然的文化伦理格局,他们身在其中,自得其乐"[②]。不妨说,这既是一个经济发展的过程,也是一个寻找精神家园的过程。

根据国家统计局发布的报告,2018年年末我国常住人口城镇化率达59.58%,比1949年10.64%的城镇化率提高了48.94%。[③] 在中国的行政版图上,几乎每天都有约70个村落消失,每年有两万多的村落在中国行政版图上消失,乡村的城镇化已成为不可逆转的趋势。从本质上说,"农民集中居住是现代化社会大生产的必然要求,是经济发展到一定阶段后的必然趋势"[④]。马克思主义认为,现代资本主义的生产方式客观上要求集中,它"日甚一日地消灭生产资料、财产和人口的分散状态。它使人口密集起来,使生产资料集中起来"[⑤]。但数千年

---

① 赵旭东:《从"问题中国"到"理解中国"——作为西方他者的中国乡村研究及其创造性转化》,《社会科学》2009年第2期。

② 玛雅:《黄平访谈:中国在21世纪上半期的国际环境与战略选择》,《天涯》2008年第7期。

③ 《国家统计局发布报告显示——70年来我国城镇化率大幅提升》,http://www.gov.cn/shuju/2019-08/16/content_5421576.htm。

④ 李飞、杜云素:《中国村落的历史变迁及其当下命运》,《中国农业大学学报》(社会科学版)2015年第2期。

⑤ 《马克思恩格斯选集》(第1卷),人民出版社1995年版,第277页。

的村落解体之后,农民怎样融入与他们完全不同的城市?乡土文明又何去何从?

早在2010年,梁鸿的著作《中国在梁庄》出版,这部以城市生活为立足点反观乡村的个人书写,记录了当下城乡社会快速变迁背景下人们对于故乡的复杂情感,这部作品也随之引发了书写乡愁乡思的热潮。一个有趣的现象是,近年来返乡书写逢年而兴。2015年春节期间,上海大学博士生王磊光的《返乡日记》在社交媒体引发了激烈的讨论,当面对昔日故乡"人口空心化"和文化凋敝,作者表达了那种"剪不断、理还乱"的文化乡愁[1]。显然,"现代化焦虑"是这类返乡日记或乡村调查的叙事主题,其背后隐藏着人们面对全球一体化、城乡一体化时的文化乡愁。2016年黄灯的《一个农村儿媳眼中的乡村图景》也以知识分子的视角和第一人称的叙述,重新审视了中国农村在当代城市化进程中遭遇的一系列危机。比如留守儿童、养老困境、治理真空、医疗保障教育资源的缺失,以及人情淡漠等种种问题。这类返乡书写掺杂着对故乡想象性的描述、回忆滤镜下的美化、对乡村诸多待解决问题的焦虑,以及对乡村美好未来的关切与期盼。

不可否认,中国乡村在进入经济发展快车道时出现诸多问题,但我们同时需要反问:难道传统才是天堂,现代化、全球化真的是陷阱吗?与其嗟叹"每个人的家乡都在沦陷""我们曾经'热爱的故乡'变成了一个自己不愿回去或回不去的地方"[2],不如立足于当下,认识到小农经济时代生长出来的农村也需要在城镇化的过程中完成新的规划和升级。无论是西方发达国家的发展经验,还是我国乡村的现实际遇,都证明乡村有着自己的特点和价值,在现代化、城市化洗礼下,故乡并未"沦陷",而只是新的开始。基于此我们认为,只有面向未

---

[1] 王磊光:《一个博士生的返乡日记:迷惘的乡村》,澎湃新闻2016年2月14日,http://edu.people.com.cn/n/2015/0225/c1006-26594099.html,2015年2月25日。

[2] 熊培云:《一个村庄里的中国》,新星出版社2011年版,第5页。

来，寻找一种解决全球与本土冲突的实践策略，坚持走内生性中国特色现代化之路，才是实现乡村复兴的关键所在。

二　从乡村建设派的理论实践到中国共产党的乡村建设思想

在中国近现代历史上，无数志士仁人都在身体力行地探索一条适合中国本土的乡村发展道路。不仅共产党革命道路的选择走向了农村，即使是国民党内，也存在着国民革命即是农民革命的识见，"农民文化的落后如故，贪官、污吏、土豪、劣绅之压迫如故，苛捐、杂税如故，匪盗横行如故……解放中国的重任，只有整个的中国农民的力量，才可以担当得起"①。很显然，"只有成熟的农民运动，才可以保证中国革命的成果"已成为国共两党的基本共识。

除了政党的政治选择外，学者和思想家们更多关注的是实现乡村社会复兴与发展的路径。20世纪20年代初，刚从美国留学归来的晏阳初提出了"乡村建设"概念，创办了中华平民教育促进会，并在河北定县、衡山和新都开展实验，主张以教育的力量推进县为单位的农村全面改革。梁漱溟在1937年出版的《乡村建设理论》中指出，中国农村要走联合的道路，从农业发展进而延伸至工业。因为只有农村发展了，才能培育出工业所必需的社会购买力。②他在山东开展的邹平实验的主要方法是"团体组织、科学技术"，即把分散谋生的农民组织成合作社；改良农业品种、开展植树造林等。另外，卢作孚的北碚实验，黄炎培、江恒源等人的徐公桥模式，高践四等人的无锡模式，陶行知的晓庄模式等，无不在探索富农强国的道路。

中国共产党在新民主主义革命与社会主义建设初期，也总结出了丰富的乡村建设思想。从群众中来到群众中去，是中国共产党动员农

---

① 文公直：《中国农民问题的研究》，上海三民书店1929年版，第48—49页。
② 参考梁漱溟《乡村建设理论》，商务印书馆2015年版，第387页。

民夺取政权和巩固政权的根本保证。互助社、合作社、乡镇企业和中心村镇，是中国共产党领导农民展开大规模的乡村经济建设的组织方式，是中国农业现代化、乡村工业化和城镇化的通途。扫盲识字、义务教育、基本公共服务和社会建设一体化，是中国共产党保障农民公平的生存发展权利、促进和谐发展的重要基础，是近现代中国处理工农业和城乡关系的典范。以工补农、以城带乡，凸显出中国共产党超凡的资源动员能力。[1]

三 从"三农问题"到新农村建设

在计划经济体制下，由于实行"城乡分治，一国两策"，形成了中国特有的城乡经济社会二元结构。改革开放以前，尽管农村已经有了很大的发展，但是与改革开放以来国家整体的经济发展，特别是与城市发展相比较，农村的发展是滞后的。具体表现在：城乡居民收入、教育、医疗、基础设施建设等多个方面差距悬殊。自 20 世纪 80 年代中期以后，农民负担重、农民增收难等问题就一直困扰着中国农村的发展。到了 90 年代，农村公益事业滑坡、农民权益和福利缺乏保障等问题凸显出来，中国农村尤其是广大中西部农村日渐凋敝，在世纪之交，"农村真穷、农民真苦、农业真危险"[2]的三农问题被全社会高度关注。这一时期，对于乡村的研究也逐步从经济领域扩展至政治、社会、文化等多个领域，其中就包括乡村文化、乡村传播。

2005 年，党的十六届五中全会提出扎实建设"生产发展、生活宽裕、乡风文明、村容整洁、管理民主"的社会主义新农村建设。此后，关于新农村建设的研究迅速替代"三农"问题，成为学术界关注

---

[1] 参考王景新、鲁可荣、郭海霞编著《中国共产党早期乡村建设思想研究》，中国社会科学出版社 2011 年版，第 32—33 页。

[2] 2000 年 2 月 10 日，湖北省监利县棋盘乡党委书记李昌平向时任国务院总理的朱镕基写信，反映"三农"问题的严重性，引起党中央对"三农"问题的高度关注。

和研究的热点。不过，就其本质而言，它仍然是"三农"研究的一个延伸。

第二节 关于"乡村传播学"的研究综述

"乡村传播学"在我国经历了从发展传播学到传播政治经济学两种不同的价值取向：早期的研究被置于发展主义的视野之下，研究者主要关注现代传媒与乡村社会发展。但随着时间推移，以发展传播学作为思路和框架的乡村传播学研究很难呈现并解释当下复杂的乡村社会现实，诸如农村空心化、留守老人儿童的权益保护、乡村共同体的瓦解等。近年来，乡村传播学"呈现出一种在发展话语体系之内批判发展、超越发展的新动向"①，开始在传播政治经济学的框架下重新思考媒介"如何发展"与"谁的发展"的问题。

（一）基于"发展主义"的乡村传播学

关于"传媒与乡村社会"的研究可以追溯到20世纪80年代初，根据郭建斌的梳理，前二十年的研究分为三个阶段：第一阶段为"早期研究"，即乡村开始进入传播学者的视野，主要是关于乡村传播事业现状、受众与传播效果等诸多调查研究。1988—1995年为第二阶段，集中于受众调查和大众传播效果研究，代表性成果有复旦大学新闻学院裘正义的博士论文《大众传播与中国乡村发展研究》；在陈崇山、孙五三关于媒介、人和现代化的研究中，认为受众媒介内容的偏好对受众观念现代性的作用力最大。第三阶段为1995—2003年，复旦大学"信息与传播研究中心"的张国良、李双龙等学者依旧在关注传媒与乡村社会。

---

① 沙垚：《吾土吾民：农民的文化表达与主体性》，中国社会科学出版社2017年版，第13页。

总体来看，此类研究大多属于应用研究，基本采用定量的研究方法，但理论视野比较狭窄。在对待乡村媒介的发展上学者们展现出不同的态度——有的认为传媒在促进乡村社会发展中产生了积极作用，有的则担忧媒介会危及传统文化，但归根到底，这类研究从一开始便被放到了"现代化"和"发展传播"双重的理论话语框架内，所有的理论提问，均是在发展传播学的理论视野中，绝大部分是从"现代"（主要是个人的现代化）这个点上来切入的。[①] 它们"往往把农民当作既定现代化价值的改造对象和现代传播技术的推广对象，用现代化理论来研究中国农民对媒体的使用和传播技术在农村的扩散等具体问题"[②]。

在这里，我们有必要爬梳什么是发展传播学，为什么中国的乡村传播研究从一开始便在它的理论框架下展开呢？

1957年，美国社会学家勒纳出版了著作《传统社会的消逝》，极具想象力地构建了发展社会学与发展传播学的理论框架。首先，它将传统社会与现代社会划分为一对二元对立的概念，传统社会的特征是专制政治、农村经济、文盲社会、人际沟通；而现代社会则连接着民主政体、城市经济、信息社会、大众传播。现代化或者发展问题就是一个从传统社会走向现代社会的过程，而大众传播在社会发展中扮演着重要角色。[③]

尽管勒纳的研究和结论很简单并且漏洞颇多，但出乎意料地受到了美国传播学家的认同。沿着他的研究路径，又产生了施拉姆的媒介角色理论、罗杰斯的创新扩散理论、英格尔斯的关于传媒与人的现代

---

① 郭建斌：《传媒与乡村社会：中国大陆20年研究的回顾、评价与思考》，《现代传播》2003年第3期。

② 吕新雨、赵月枝：《中国的现代性、大众传媒与公共性的重构》，载《"传播与中国·复旦论坛"（2009）——1949—2009：共和国的媒介、媒介中的共和国论文集》，上海，2009年，第291页。

③ 参考胡翼青、柴菊《发展传播学批判：传播学本土化的再思考》，《当代传播》2013年第1期。

化的研究等。

其实，发展传播学的建构有其深刻的历史、政治及社会背景，它离不开冷战时期国家心理战工程的资助和引导，带有强烈的意识形态色彩。"'第二次世界大战'之后，西方世界尤其是美国的统治阶层害怕第三世界国家由于贫困与落后走上激进革命的道路，倒向共产主义，发展传播学应运而生。"[1] 它试图"利用现代的传播技术、媒介和传播规律，推动第三世界国家的社会政治、经济和文化的变革和进步"[2]。

但为什么带有强烈美国主流意识形态和后殖民主义色彩的"发展主义理论"会被自然而然地嫁接到我国乡村传播学研究呢？这其中有着深厚的历史土壤。从19世纪中期到20世纪初，中国屡遭西方列强欺凌，被迫签订一系列不平等条约，国家备受凌辱，人民苦难深重，民族危机不断加深。为了改变这种落后挨打的局面，不少仁人志士奔走于东西方之间，从新技术、新制度到新文化，努力寻找中国现代化的出路。在这个历史过程中，"传统与现代"二元对立的思维方式逐步根植于国人头脑之中。

在取得社会主义革命胜利之后，面对积贫积弱的社会现状，推动经济社会的发展，实现共同富裕成为国家的核心目标，"以经济建设为中心""发展是第一要务"等宏观政策也早已深入人心。于是乎，当20世纪80年代初发展传播学被引入我国后，迅速成为研究中国传播事业发展的主导范式，用现代媒介技术来推动社会变革、促进人的现代化的理念被广泛认同。

具体到中国乡村语境，受西方启蒙运动以来所形成的现代性观念的影响，自近代以来，乡村就被塑造成与"现代城市文明"相对立的他者，代表着"传统"与"落后"，它成为现代性改造的对象，而农

---

[1] 沙垚：《吾土吾民：农民的文化表达与主体性》，中国社会科学出版社2017年版，第11—12页。

[2] 刘锐：《2001—2010：中国发展传播学研究现状与前景》，《国际新闻界》2011年第6期。

民是需要被表述、扶助乃至拯救的对象。这种心态在本世纪初出版的多部以转型中的中国乡村社会为题材的实证考察著作中可见一斑，像曹锦清的《黄河边的中国：一个学者对乡村社会的观察与思考》（2003），陈桂棣、春桃的《中国农民调查》（2004），于建嵘的《当代中国农民的维权抗争——湖南衡阳考察》（2007）以及吴毅的《小镇喧嚣——一个乡镇政治运作的演绎与阐释》（2007）等，它们以强烈的关怀意识为我们展现了弱势的农民以及他们的抗争与维权。从这些作品一经出版便获得了广泛的社会影响力来看，其所建构的农民形象符合一直以来我们对于农民的想象：他们既是弱者，就需要外来的政治力量替他们伸张正义并推动乡村社会发展。

然而，作者忽略了几千年来中国乡村自在状态的合理性，其文化传统和伦理价值在社会运转过程中起的作用。早在1909年春，美国农业部土壤所所长、威斯康星州立大学土壤专家富兰克林·金考察了东亚三国（中国、日本和朝鲜）古老的农耕体系，当他看到美国在不到百年的时间就穷尽了地力，而中国农耕历经四千余年，土地肥沃依旧，且养活了数倍于美国的人口后，惊叹于中华民族农耕文化的巨大魅力。他总结这背后的根本原因就在于中国的农业生产一直延续着"资源节约、环境友好"的可持续发展之路。① 具体而言，短缺的自然资源和庞大的人口之间的矛盾造就了中国农民极端节俭、克制欲望、任劳任怨的品性，以及资源节约、循环利用、精耕细作的中国传统农业生产模式；而这恰恰就是当前学者所提到的"生态社会主义"②。此外，农民在农闲时期参与到商品化和货币化程度更高的养殖业、手工业和经济作物的生产、流通等工作中，换取短期收入以补贴家用——这又是

---

① ［美］富兰克林·H.金：《四千年农夫：中国、朝鲜和日本的永续农业》，程存旺、石嫣译，东方出版社2011年版。
② 赵月枝：《生态社会主义：乡村视野的历史文化和生态意义》，《天府新论》2015年第6期。

一种能够将外部风险内化的小农经济的"家庭理性"之特点。同样，20世纪20年代从美国毕业回国的晏阳初，虽然初期给中国农民下了"贫、愚、弱、私"的偏颇判断，但随后他在深入农村的实践中改造了自我，提出"欲化农民，必先农民化"的主张，并积极开展影响深远的平民教育与乡村自治运动。由是观之，只有理解了乡村的土地关系、农业耕作以及文化，才具备理解中国历史和预见未来发展的基础。

在我国的历史传统以及社会主义实践中，城乡一直是互补关系而非对立关系。中国古代的文化传统是，官员卸任后告老还乡。中国共产党人在领导新民主主义革命中，以农村包围城市、武装夺取政权取得了革命的最后胜利。新中国成立之初，为尽快改变国家贫穷落后的面貌，依靠和利用农业来发展工业，以加快工业化的建设步伐。如今国家实施乡村振兴战略，实际上到了工业反哺农业、城市支持农村的发展阶段。可以说，"正是由于这种内生的城乡互补的社会结构使中国没有走上殖民扩张与资本主义的道路"[①]。但现实中，我们仍旧没有摆脱把中国乡村看成有问题的乡村的思考范式，学者赵旭东就曾批判道："把注意力集中在寻找依据主流的价值观念而映射出来的乡村社会问题，所有这些问题显然更多从政治层面上在迎合西方对于现代社会所应该具有的治理模式的界定，城市如此，乡村似乎也应该如此。"[②]

21世纪以来，发展传播学遭到了越来越多的批判。在发展主义话语中，由于看不到农民作为农村文化主人的主体性，导致农民表达的失声，或被斥为落后，或被建构成一种想象，或被定义为被改造、被扶助的对象。传播学者在用现代化理论研究中国农民对媒体的使用和传播技术在农村的扩散等具体问题时，忽略了对这一理论冷战背景的

---

① 沙垚：《重构中国传播学——传播政治经济学者赵月枝教授专访》，《新闻记者》2015年第1期。
② 赵旭东：《从"问题中国"到"理解中国"——作为西方他者的中国乡村研究及其创造性转化》，《社会科学》2009年第2期。

检视。恰如赵月枝教授所言:"在发展传播学所隐含的西方资本主义现代性叙事中,农民一方面由于贫穷会接受革命的蛊惑,另一方面又是落后、狭隘和不求上进的,需要通过现代传播技术,把他们从传统的束缚中解放出来,让他们获得以进取为特征的现代主体性,进而纳入全球资本主义体系。"①

与此同时,由于缺乏一种真正对异文化欣赏与理解的态度,我们总是以东方文明在面对西方的现代性所产生的问题意识,依靠各种经验性材料来证明自己的价值观,没有挖掘农民自身的生活及其意义,缺乏用民族志的视角来丰富中国乡村研究。

（二）向民族志传播学转向的乡村传播研究

学者们意识到,发展传播学的乡村传播研究路径屏蔽了乡村社会的复杂性,他们的研究因此开始发生转变,体现在摒弃了自上而下的传播理念;以理解和学习的视角,进入乡村社会以及与外界的互动过程中;注重传受双方的平等角色和地位,力图在双方互动的前提下实现共同发展;与此同时,把传媒与乡村社会的研究放到了一个更加广泛的社会学背景中来。

值得一提的是,在此类研究中,云南大学新闻学院形成了独具特色的研究团队,他们借助于云南拥有多个少数民族和文化多样性的优势,以"民族志"的方法对传统的少数民族社区进行研究,其中最具代表性的是郭建斌和孙信茹两位学者。早在2003年,郭建斌就开始采用民族志的方法,以云南独龙族主要聚居地——独龙江作为个案,对"中国社会转型期大众传媒在少数民族地区所扮演的角色"②这样一个问题从一个方面进行了回答。之后,他又基于滇川藏"大三角"地区

---

① 沙垚:《重构中国传播学——传播政治经济学者赵月枝教授专访》,《新闻记者》2015年第1期。

② 郭建斌:《电视下乡:社会转型期大众传媒与少数民族社区——独龙江个案的民族志阐释》,博士学位论文,复旦大学,2002年。

的田野资料以及自1949年之后中国农村电影放映的简要描述,借用"视觉展演"① 概念对中国农村电影放映作为一种国家视觉展演如何实践进行了描述。

孙信茹也是一位长期致力于少数民族乡村传播研究的学者。2013年她在文章中指出,电视依然是云南少数民族村寨的"第一媒体"和"垄断性媒体",是农村文化建构的重要力量,应从先进文化、区域文化和民族文化三个层次实现电视传播与农村文化建设的整合互动②;随后,她以云南普米族村寨为个案,探讨了在大众媒介的影响下,原有的社会空间逐渐衰落,但围绕着媒介,又产生了新的村落公共空间。③

除上述研究外,李春霞(2005)选择了四川省一个叫"草坝子"的彝族社区开展民族志研究,她认为电视打破了彝族社区文化传统,建构了新的文化关联,成为地方性知识的建构者和变迁动力。④ 谭华(2007)在考察鄂西南一个土家族村落的文化变迁时认识到,不能简单地把现代传媒的作用扩大化,影响一个民族村落的文化变迁因素非常多,政府采集、教育、媒体传播、族际互动、人际交往、代际传承等都在村落这个狭小的空间内博弈。⑤ 难能可贵的是,这位青年学者不断地深化他的研究,在后续的文章中,他又指出:正是由于现代传媒遵循的商业化和市场化逻辑,使乡村在文化消费市场的争夺被排斥

---

① 郭建斌、张静红、张翎、陈静静:《"视觉展演":中国农村电影放映实践的文化阐释——基于滇川藏"大三角"地区的田野研究》,《新闻与传播研究》2018年第4期。

② 孙信茹、杨星星:《"媒介化社会"中的传播与乡村社会变迁》,《国际新闻界》2013年第7期。

③ 孙信茹:《大众传媒影响下的普米村寨社会空间变迁》,《西南民族大学学报》(人文社会科学版)2013年第9期。

④ 李春霞:《地方性知识的建构与变迁——电视对彝族乡村传统的影响研究》,《西南民族大学学报》(人文社会科学版)2005年第7期。

⑤ 谭华:《大众传播与少数民族社区的文化建构——对现代媒介影响下的村落变迁的反思》,《湖北民族学院学报》(哲学社会科学版)2007年第1期。

在外。在推动乡村文化建设时，媒介首先在传播内容上与乡村现实生活相脱节，其次忽视了农民的话语权以及现实需要，最终导致乡村文化传播的"断裂"与"失衡"。①张瑞倩（2009）将青海藏族生态移民村作为研究对象，发现大众媒介在帮助少数民族抵御现代化冲击波中发挥了"文化修补"的作用，通过记录和再现使得传统文化得以存续。②陈新民、王旭升（2009）对西北农村具有公共空间性质的"饭市"进行调查后发现，当电视出现后，"饭市"的内在功能被电视取代或消解。③沙垚（2012）从乡村共同体想象的角度分析了皮影戏与农村社会秩序的关系，以及当电视进入乡村之后，皮影戏社会功能的变迁。④

近些年，还涌现出大量关于乡村传播的硕士及博士论文，笔者在这里仅列举被引数量较高的博士论文。2010年，金玉萍的博士论文聚焦于社会急剧变迁中的维吾尔族受众，运用民族志方法考察他们的电视实践、对日常生活的重构及其表征的身份认同⑤。中国社会科学院的张琪基于在贵州、福建等地对苗语影像传播过程的多点民族志观察，描述和阐释了贵州西部苗族农民工群体的苗语影像传播实践⑥。张斌考察了湘黔桂毗邻边区三个民族村寨，发现大众传媒对少数民族村寨政治生活的影响体现在：村寨的政治信息传播、村民的政治参与、村寨的治理、村寨政治精英的媒介素养和村寨青少年的政治社会化

---

① 谭华：《断裂与失衡：现代传媒在少数民族乡村文化建设中的困境》，《北方民族大学学报》（哲学社会科学版）2012年第3期。
② 张瑞倩：《电视对少数民族传统文化的"修补"——以青海"长江源村"藏族生态移民为例》，《新闻与传播研究》2009年第1期。
③ 陈新民、王旭升：《电视的普及与村落"饭市"的衰落——对古坡大坪村的田野调查》，《国际新闻界》2009年第4期。
④ 沙垚：《从影戏到电视：乡村共同体想象的解构》，《新闻大学》2012年第1期。
⑤ 金玉萍：《日常生活实践中的电视使用——托台村维吾尔族受众研究》，博士学位论文，复旦大学，2010年。
⑥ 张祺：《草根媒介：社会转型中的抗拒性身份建构——对贵州西部方言苗语影像的案例研究》，博士学位论文，中国社会科学院研究生院，2012年。

等方面。① 李昌将研究聚焦于西双版纳傣族村寨景真村，在对国家认同建构的历史性回顾的基础上，他发现景真村国家认同的建构主要还是依赖于基层干部的人际传播；由于大众媒介的传播模式与村社文化存在一定冲突，通过日常媒介进行的政治传播很少对傣族群众的国家认同产生实际的效果。②

通观此类研究，它们将目光投向了特定的少数民族社区，借用了人类学、政治学、社会学等多种学科的研究方法和理论资源，来考察现代传媒与民族文化复杂的互动关系，从而具有了更广阔的视野和理论深度。特别是"民族志"方法的使用，打破了发展传播学功能主义取向的话语霸权和以量化为主导的研究方法，开始注重微观层面的、个体的媒介使用和日常生活。此外，大批的学者纷纷走出象牙塔，进入乡村，用一种"底层关怀"的态度甚至是"主位视角"去观察和理解乡民社会。

早期国内的传播学民族志研究主要关注的是传统媒体的使用，尤其是电视，近年来随着互联网、手机在农村的普及，其影响力早已超过了传统媒体，相关研究便逐步转向了"新媒体"。例如孙信茹研究了菁口哈尼族村寨手机的使用（2010）、普米族青年个体将手机和民族文化传播进行有效连接（2013）以及借助于微信进行文化书写、自我表达和交往互动（2016）；许孝媛等考察了傣族村民对手机的使用，并以此印证了美国人类学家爱德华·霍尔的观点："我们会选择什么样的传播行为很大程度上取决于我们生长的文化环境。"③ 除关于传统媒介和新媒介之外，我们还会看到关于"另类媒介"的研究，譬如

---

① 张斌：《大众传媒与少数民族乡村政治生活——对湘黔桂毗邻边区三个民族村寨的民族志调查与阐释》，博士学位论文，华中科技大学，2012年。
② 李昌：《景真村的国家认同研究》，博士学位论文，武汉大学，2014年。
③ [美]拉里·萨默瓦、理查德·波特：《文化模式与传播方式》，麻争旗译，北京广播学院出版社2003年版，第6页。

作为"草根媒介"的光碟和极具"本土"特色的文化实践"皮影戏"①等。

此类的文章数量较多，本书在此就不一一提及。显然，关于乡村社会的民族志传播学研究与发展传播学、传播社会学、受众研究等学术话语联系密切，尤其是它承袭了文化人类学中"文化的整体论"观念，通过对微型社区的田野工作，即以参与式观察和深度访谈为主的资料搜集方法，来研究社区生活的全部现象总和，着重关注社区的传播形态，以及意识形态和国家行政力量如何通过媒介作用于社区生活。然而民族志研究也存在着天然的局限性，其一，它针对的是某一特定时期或某一时间点，建构的是共时性的叙事框架，这样一种框架是以忽略历史为代价的；其二，传统的人类学往往关注自在的、封闭的、一体化的"初民社会"，但在中国，无论是城市还是乡村，国家的意识形态力量无处不在，任何一个社区、家庭乃至个人的生命历程无不与国家的命运紧密相连，恰如萧凤霞所言："解放后社区的发展历程是社区国家化的历程。"②因而要理解社区生活，必须要"关注国家权力机构与逻辑关系如何作用于社区，如何成为社区生活的一部分"③。

承袭了人类学研究传统的民族志传播学，同样存在着深度和厚度不足的问题。即便它们致力于对社区传播形态全景式的"深描"，但由于缺乏历史视野与宏观视野，使之在解释中国乡村社会的复杂性上显得乏力。要克服这种局限，"不仅应将之置放于这一社区传播形态的历史坐标中，而且还需将之置放于整个国家的'传播地图'中才能理解"④。

---

① 指沙垚关于陕西关中"皮影戏"的研究。
② 费孝通：《乡土中国　生育制度》，北京大学出版社1998年版，第42页。
③ 马锋：《超越民族志：在解释中探寻可能之规律——传播民族志方法新探》，《中国传播学论坛》，2006年。
④ 马锋：《超越民族志：在解释中探寻可能之规律——传播民族志方法新探》，《中国传播学论坛》，2006年。

由此，我们的研究也不能故步自封于当下，需要将历史观与整体观作为我们的研究坐标。

(三) 传播政治经济学视域下的乡村传播学

传播政治经济学是传播学研究的一个流派，它传承了以"法兰克福学派"为代表的马克思主义文化批判的学术精髓，"试图将传播现象放在一个更广泛的历史、经济和社会背景下来研究，探讨媒体和传播体系如何强化、挑战或影响现有的阶级与其他社会权力关系"[①]。传播政治经济学强调政治经济结构性因素，尤其是经济因素对社会传播关系的影响，审视媒体所有权，资助机制与国家政策对传播产品的生产、流通、消费的影响。

本世纪初，以吕新雨和赵月枝为代表的学者筚路蓝缕，致力于将欧美传播政治经济学引入中国以为借鉴，并在比较的视野中努力推动传播政治经济学研究的本土化。2009年，在两位学者的一篇对话文章中，吕新雨提出："乡村和城市是一个问题的两个方面，是中国社会不可分割和相互制约的整体性存在，没有乡村视野的城市研究必然有严重的问题。而乡村社会是理解中国近代以来历史和社会变革的关键和秘密。"[②] 2015年，赵月枝在与沙垚的一篇访谈中也认为，中国的传播学研究"一旦忽视城乡关系问题，尤其是还在发展传播学的西方中心主义和城市中心主义的资本主义的意识形态框架进行，就不可避免地沿着资本主义和帝国主义的道路走下去"[③]。因而在社会主义的语境下重构中国传播学，离不开对城乡关系的关注。

尽管传播政治经济学以宏大理论著称，但其坚持实践性的学术取

---

① 赵月枝：《传播与社会：政治经济与文化分析》，中国传媒大学出版社2011年版，第6页。

② 吕新雨、赵月枝：《中国的现代性、大众媒介与公共性的重构》，载《"传播与中国·复旦论坛"：1949—2009：共和国的媒介、媒介中的共和国论文集》，上海，2009年，第291页。

③ 沙垚：《重构中国传播学——传播政治经济学者赵月枝教授专访》，《新闻记者》2015年第1期。

向，即"知识应是理论和实践相互构建的过程"①。被引入我国后，学者们呼吁用理论来关照中国现实，探索中国道路，因为这不仅有助于推动整体学科的纵深发展，还能增强理论对社会现实的解释力，更为重要的是，能为"新闻传播实践提供一套安身立命的价值依托"②。

在政治经济学的视野下，乡村传播学开始在整体性和反思性视野下得以突破和发展。一方面，将乡村传播纳入中国社会发展、城乡关系、传媒业发展的比较视野中，使得很多结构性的问题和分析得以呈现；另一方面，顺着历史的脉络去摸索中国乡村社会传播事业的建设与发展，可以发现迄今为止，我国的传媒业从参与国家主权建构的政治功能，到成为社会主义市场经济的主体，其诉求从"为人民服务"的"服务"功能，到通过满足消费者的需求获得市场生存的条件。然而，传媒业与中国社会的关系依然不是单纯的市场关系，它无法脱离国家给予的"政治诉求"，包括国家下达的"公共服务"的任务。譬如在当下，乡村传媒业需要依赖于市场，但它并不是单纯以市场为导向的，更重要的是承担公共性的职责，积极地参与到国家的乡村治理、文化建设、脱贫攻坚等任务中。

第三节 问题意识、理论视角及研究方法

一 问题的提出

随着乡村传播研究的逐步深入，我们拓宽了对乡村媒介的理解：它不仅仅指电视、互联网等现代化大众传播媒介，还包括皮影戏、乡村舞蹈、民歌、地方戏曲、板报或墙报等，卜卫把这类媒介称为"传

---

① 赵月枝：《传播与社会：政治经济与文化分析》，中国传媒大学出版社2011年版，第11页。
② 李彬、黄卫星：《从去政治化到再政治化——读赵月枝〈传播与社会：政治经济与文化分析〉》，《新闻大学》2012年第1期。

统媒介"，认为它们"根植于当地的文化形态之中，成为那些无法接触到大众媒介、不愿意使用大众媒介或无法在大众媒介上发声的群体可利用的一种信息传递和娱乐的工具"①，此外还包括庙会、文化礼堂、文化大院、文化广场等乡村公共文化空间。从时间的维度来说，传统媒介成为串联起乡村生活记忆的媒介，它们细水长流、润物无声地融入了农民的日常生活，所勾勒的历史轮廓与传播主体有血有肉的生命记忆紧密勾连。从空间的维度来说，传统媒介被嵌入乡村的社会关系、文化传统、价值观念以及情感结构中；同时，它也被引入乡村文化治理的实践中，通过建构出"一整套相对稳定、社会公众接受并认同的思想价值体系"②，对村民的德行、行为进行塑造与规训，以解决乡村社会中存在的各种问题和失范，从而实现乡村社会的善治。就此而言，当下我们思考的问题不应再局限于媒介到底对乡村、对农民产生了怎样的影响，而应把媒介放置于乡村的社会结构、政治经济的脉络中来进行考察，因为媒介使用仅仅是人们日常生活的一个方面，而不是全部。

当今，中国乡村的经济社会结构发生了转型，媒介技术的发展为农民参与内容生产，实现与权力机构的"平等对话"提供了可能。但在政治经济学派看来，技术绝非中立的，它带有意识形态性，"技术不会自然而然地推动人类社会迈向自由的进程，这只能取决于人类自己究竟是如何看待和引导它的发展"③。就此而言，如果不能摆脱仅关注"媒介技术、传播活动"的窠臼，不将传播行为置于乡村社会历史性与整体性视野下去把握——整体性是指从政治、经济、社会、文化、生态等立体维度，那我们是无法真正理解农民的传播实践和表

---

① 卜卫：《重构性格——媒介研究：从本土妇女媒介使用经验出发》，《中国社会科学报》2012年3月7日第A08版。

② 王谓秋、任贵州：《公共文化服务体系共建共享的社会动因与路径选择——基于文化治理的视角》，《图书馆理论与实践》2016年第9期。

③ 石力月：《从分营到融合：中国广电业与电信业的公共服务研究》，复旦大学出版社2018年版，第25页。

达行为的。

作为传播学研究者,我们需要回应的现实问题是:当外部环境发生改变,技术不断更迭,但对于乡村文化的发展而言,又有哪些是不变的?在国家—社会的二元架构中,如何寻求国家意识形态、社会意识形态、外来意识形态、传统文化意识形态的"叠加共识"?另外,如火如荼的信息革命席卷中国大地,乡村的经济社会结构以及农民的思维方式、人际交往、文化传承正发生着巨大的改变,社会成员的异质化程度也不断增高,乡村文化面临多种挑战,那么,如何在保护传承的基础上,进一步丰富和发展并创造性地传播乡村优秀传统文化?在乡村传统文化的传播与传承中,媒介发挥着怎样的作用?媒介如何与农民的一朝一夕、一粥一饭相勾连;媒介如何帮助农民离开故土后融入新的迁入地,同时保持着与血缘亲缘之间的联系;媒介又如何影响农民的观念,建构他们的情感结构和价值观念等。

二 传播社会学的理论视角

众所周知,传播媒介与社会文化和社会交往之间存在密不可分的联系。"正是在这个意义上,我们倾向于认为媒介社会学的发展应当超脱单纯的传播学交叉研究的分支学科概念,赋予更广阔的理论和实践空间,成为理解传播现象和推进社会理论的潜在范式。"[①] 另外,社会学为传播学的创建提供了重要的思想来源和方法基础。从广义上说,我们一直都在社会学视野下来讨论"传播"或"传播学",传播社会学作为一种开放性的研究取向,主张将传播现象置于社会文化、政治制度和经济发展的广阔背景下,全面认识传播与人的关系和传播对社会的意义。

---

① 邵培仁、展宁:《探索文明的近路——西方媒介社会学的历史、现状与趋势》,《广州大学学报》(社会科学版) 2013 年第 5 期。

赖特·米尔斯曾提到了"结构背景",认为"如果不结合结构背景,就无法充分陈述践行抽象经验主义的人在努力探讨的许多问题,如大众传媒的效果问题"①。因为无论研究有多么精确,又怎么能指望去理解这些传媒的效果?更不要说理解它们组合起来对于大众社会的发展的意义了。而传播社会学正是恰当地把握了个体与全局、经验与结构的辩证关系,方法上的兼容并蓄和灵活多样更是使其成为集质化方法与量化研究为一体的研究视野②。因而以传播学和社会学两者共通的理论框架去探讨乡村传播网络与乡村文化发展之间的关系也就成为本书的基本构想和必不可少的理论视野。

三 村落进入的研究方法

中国研究乡村问题的学者李培林认为,"村落研究虽然进入调查对象比较容易,但也存在两个重大缺陷,就是类型比较上的困难和概括具有更广泛对话能力的类型上的困难"③。西北地区的乡村数量庞大,发展不均衡,与中东部、西南、东北地区的乡村在文化惯习、村民性格等方面都有很大差异。而以往的乡村研究要么说某一个地区某一个村庄,要么是抽象地说所有的中国村庄,而很少有差异、分类型地研究中国村庄。如果不能对数量庞大而又发展不均衡的中国村庄进行适当的分类研究,乡村研究就很难进入比较精细化的层次。

笔者的研究对象大体可以分为三类:第一类是处于城市周边的村落,包括从山区迁到川区的移民村,这类村庄土地资源非常有限,有的将土地流转给企业,土地变成了一种名义上的存在物;第二类是还有少量农用地的村落;第三类是处于远郊、还有较多农用地的村落。

---

① [美]C.赖特·米尔斯:《社会学的想象力》,李康译,北京师范大学出版社2017年版,第72页。
② 李苓、陈昌文:《现代传媒与中国西部民族》,中华书局2012年版,第7—8页。
③ 李培林:《村落的终结——羊城村的故事》,商务印书馆2010年版,第7页。

各个村落由于在生态环境、人口结构、经济发展水平等方面存在差异，文化活动的开展情况也各有不同。在丘陵地区，居住比较分散，有的湾子十来户人家构成了一个村民组，湾与湾之间有一定的界限。随着人口外流，村民组只剩下很少的人在家留守，其他都关门闭户，公共文化活动无从谈起。在平原地带，村庄布局较为整齐，院落相邻，居民之间的互动和交流十分方便，居民的四合院建筑正好符合举办业余文化活动的要求。再加上近年来政府对文化基础设施和文化服务的投入，公共文化活动开展得有声有色。还有的村落农民外出打工的距离都不是很远，很少出省，甚至出县的也不多。这样的打工，基本上属于"离土不离乡"的打工，村庄生活没有离开他们的视野，他们也从未隔断与村庄的联系。逢年过节，在外工作、上学的青壮年返乡，成为公共文化活动的积极分子。

在不同的村庄，文化活动的差异性较大，这种差异性与公共文化服务、民间文化资源、农村文化主体三者的不同结合状况有关。理想类型的村庄在文化建设、精神文明方面比较先进，自身具备文化基础设施、文化传统和文化积极分子，但事实上只有少数模范村或者"超级"村庄才具备相应的条件。有些村庄的文化基础较好，"但农村文化建设经常被忽略，村干部整天忙于完成上级下达的一个又一个经济建设和社会管理的指标任务，对文化工作无暇顾及"[①]。长此以往，那些文化基础较好的乡村就会陷入传统文化衰退的境地。

鉴于此，本书试图探寻关于西北乡村文化发展具有普遍解释力的规律。通过对众多村落的散点研究，努力串起一个过程或一条线索，在理论上再造西北乡村文化发展变迁的生动而又丰富的全过程。具体的研究方法如下：

---

① 访谈：宁夏固原市隆德县观庄乡中梁村第一书记，雍斌，2020年11月27日。

(一) 参与式观察

对于乡村研究而言，不能依靠量化研究打天下，情景化的观测更重要。因为农民在填写问卷或接受访谈时，常常因为顾虑重重而无法对研究者敞开心扉，造成研究信度出现问题。2017—2020年，笔者不间断地深入宁夏各地乡村，在村庄过年，参加文化大院演出，观察村民的媒介使用，尽可能将农民的态度、行为放在具体的社会场景下去考量。值得一提的是，近年来，网络和新媒体已深度嵌入人们的日常生活中，生成了新的社会活动空间，笔者在开展观察的过程中也结合了网络民族志的方法，尤其是以乡村微信群来观察现实空间的人际交往如何被移植到网络空间中。严格来讲，单纯对网络空间的观察是无意义的，对它的观察必须建立在研究者对现实空间中社会关系的充分的理解与掌握。

(二) 深度访谈

如果说参与式观察是通过研究者亲身经历、观察和体验得出推论，那么深度访谈则包括口述史、焦点小组等，即以对话、交流的方式从被访问者的口中获取信息。四年来，笔者的深度访谈对象包括普通农民、乡村文艺积极分子、村干部、驻村第一书记、政府官员等。访谈采用半结构和非结构式结合的访谈法，以获取地方性的知识和个别案例的深层次信息，访谈兼顾面对面访谈和线上访谈等灵活方式。

(三) 问卷调查

为延展本书核心观点的外部效度，探究西北乡村农村居民社交媒体使用的总体情况以及对公共事务的参与状况，本课题组还以问卷法来进行资料的收集。问卷的发放范围为青海、甘肃、新疆、陕西、宁夏五省区，总体研究对象为五省区中所有可以独立回答问题的18岁以上的农村居民，调研时间为2021年1月—2021年3月。调研设计将在后边章节中详述。

第一章　乡村文化建设的历史实践与理论发展

第一节　乡村文化建设的历史起点与归宿

自近代以来，持续关注中国乡村的学者及乡村建设运动的实践者逐步取得了一个共识：文化与民本才是乡村建设之根本。"数千年来，自给自足的农耕自然经济成为中国古代社会的经济主体，儒家文化形成了古代乡土社会的主要精神价值纽带。"① 传统社会的这种独特的经济与文化特征，也塑造了中国广大农民在个体观、家庭观和社会观等方面的独特的价值取向。晚清以降，以西方文化为主体的外来文化不断涌入，中国乡村千年传承的农耕文明以及附着其中的价值规范不足以应付新环境，造成文化失调和礼崩乐坏的局面。如何拯救中国乡村衰落的局面，从早期的乡村建设派，到中国共产党人，都进行了艰苦卓绝的探索和实践。

一　乡村建设派的理论探索及社会改良实践

（一）梁漱溟的"中国文化失调与重建"理论

20世纪二三十年代，中国早期"乡村建设派"代表人物之一的梁漱溟指出："西方的个人本位、权利观念破坏了以伦理为本位的中国

---

① 沈小勇：《传承与延展：乡村社会变迁下的文化自觉》，《社会科学战线》2009年第6期。

社会组织。"① 他认为,中国传统的社会组织结构与西洋有所不同,"西洋近代社会是个人本位的社会,阶级对立的社会,而传统的中国社会则是一个伦理本位、职业分立的社会"②。在他看来,"伦理关系即情谊关系,表示相互间的一种义务关系,其始于家庭,而不止于家庭"③。"职业分立"是指"各人做个人的工,各人吃各人的饭,只有一行一行不同的职业,而没有两面对立的阶级"④。然而,自西洋文化进入以后,中国传统社会组织结构被破坏了。其结果是陷入一种所谓的"旧辙已破,新轨未立"的境地,这种境地便是文化的失调,整个社会陷入一种混乱状态,社会问题丛生。

梁漱溟提出,解决农村文化失调与破产问题的根本办法是建立新的社会组织构造即新礼俗。要依靠知识分子的引导,依托乡村民众自身的力量,培植乡村社会的政治经济力量——构筑全新组织构造的社会,成为梁漱溟乡村建设理论的主要特点。

"新的组织,具体地说是什么样子呢?一句话就是:这个新组织即中国古人所谓'乡约'的补充改造。"⑤ 可以发现,首先,梁漱溟想从传统乡约组织中获得建设新的社会组织的资源——中国乡土社会的礼俗、情谊、秩序就凝结在德业相劝、过失相规、礼俗相交、患难相恤的乡约原则当中,建设新的社会组织仍要光大这些原则。其次,梁漱溟认为乡约包含了地方自治,而地方自治却无法包含乡约;以权利为本位的地方自治失却了乡约的伦理情谊、人生向上的意味,自然也就无法建设新的礼俗、新的秩序、新的组织。最后,乡约不能仅囿于此,乡约还需要补充改造。现在我们的所谓乡约及乡约组织,一方面

---

① 梁漱溟:《乡村建设理论》,商务印书馆2015年版,第68页。
② 郑杭生、李迎生:《中国早期社会学中的乡村建设学派》,《社会学研究》2000年第3期。
③ 梁漱溟:《乡村建设理论》,商务印书馆2015年版,第29页。
④ 梁漱溟:《乡村建设理论》,商务印书馆2015年版,第32页。
⑤ 《梁漱溟全集》第2卷,山东人民出版社1990年版,第320页。

是教育,一方面是自治,正好放在文化系统里来,所需要的只是政府来发动,而非依靠政府的力量推行。在梁漱溟的设计里,"乡农学校是组织乡村、解决乡村问题的基础,通过乡农学校,实现乡村民众的自觉与外来知识分子的促动的结合,实现乡村社会的组织化"[①]。

依靠知识分子,培植社会力量,解决中国政治问题与经济问题。政治问题与经济问题最终的落脚点在于文化改造,乃是梁漱溟一以贯之的思路。他认为,中国问题为自外引发之文化改造,故历来之维新革命以迄今日之乡村建设,莫不自知识分子发动。乡村建设即是知识分子领导民众完成文化改造之运动,其内容主要为经济建设,其功夫则彻始彻终全在教育。故乡村建设必自教育改造始。"教育改造之根本意义在以教育完成社会改造。"[②]

邹平的乡村建设实验就是对上述理论的实践与尝试,然而,在中国乡村社会近百年的崩坏之后,乡村建设运动何其艰难!梁漱溟1935年10月25日在山东乡村建设研究院的演讲道出了其从事乡村建设的两大难处:高谈社会改造而依附政权,号称乡村运动而乡村不动。乡村建设运动就这样在既定的历史条件下,艰难而执着地行进。

(二) 晏阳初的"愚穷弱私论"

20世纪20年代初,晏阳初从美国获得硕士学位回国后即提出"乡村建设"概念,创办了中华平民教育促进会。1926年,他带领"博士团"进行乡村社会调查,诊断出"愚、贫、弱、私"四大病症,选点开展乡村建设实验:采用学校教育、家庭教育、社会教育三大方式;推行"文艺、生计、卫生、公民"四大教育;推广合作组织,创建实验农场,传授农业科技,改良动植物品种,创办手工业和其他副业,建立医疗卫生保健制度;还开展了农民戏剧、诗歌民谣演唱等文

---

① 王先明:《走近乡村——20世纪以来中国乡村发展论争的历史追索》,山西人民出版社2012年版,第109页。

② 《梁漱溟全集》第5卷,山东人民出版社1990年版,第1049页。

艺活动。

晏阳初的核心思想为"农民是乡村改造的主力",平民教育与乡村改造的成败,取决于"千百万劳苦大众的自觉参与"。在他看来,必须通过平民教育激发农民的觉醒;并把农民组织起来,使他们不再是处于无力无助地位的单独个体,而以独立组织的力量,参与社会、经济、政治上的博弈,争取和维护自己的权利,农民才有可能真正掌握自己的命运,成为农村社会的主人。①

重读这些"活在当代中国"②的前辈们的论著,他们的真知灼见依然为我们当下开展乡村文化传播研究提供了导引。

二 中国共产党早期乡村文化建设思想

回顾各个时期中国共产党关于乡村文化建设的思想及实践,可以归纳为以下三个方面:"首先,乡村文化教育需要中国共产党的领导;其次,乡村文化教育必须与农村实际相结合,广泛动员农民群众参与;最后,中国共产党还要求广大知识青年深入到农村中去,协助提高农民的文化水平。"③ 简言之,就是城乡动员、因地制宜,充分发挥农民的主体性价值。在中国早期的农村建设实践中,围绕乡村建设的目标开展了一系列乡村文化教育活动,其中尤以中央苏区和抗日根据地的乡村文化教育最具代表性。

新民主主义革命时期,中国共产党在苏区探索性地开展了以乡村文化教育为核心的社会建设,如推行识字运动,开展丰富多彩的群众文化运动,在土地革命和"农村包围城市"的乡村改造运动中以"翻

---

① 晏阳初:《十年来的中国乡村建设》(1937年),《晏阳初全集》(第1卷),湖南教育出版社1989年版。

② 钱理群:《晏阳初平民教育与乡村改造运动思想及其当代价值》,《中国农业大学学报》(社会科学版)2017年第3期。

③ 王景新、鲁可荣、郭海霞编著:《中国共产党早期乡村建设思想研究》,中国社会科学出版社2011年版,第163—164页。

身"作为核心话语，不仅实现了强大的社会动员功能，还在乡村传播了新民主主义思想，塑造了一种新型的乡村文化。

戏曲和歌谣是苏区最典型的群众文化活动，"1933年下半年后，中央苏区各省、各县相继成立了苏维埃剧团，经常深入农村巡回演出。剧团非常注意把新区的新人、新事、新风习、新道德搬上舞台，用人民自己的事情教育人民自己"①。文艺工作者以新式戏剧这种群众喜闻乐见的方式宣传革命战争，表现工农群众的日常生活，反映妇女解放，破除封建迷信，提倡卫生，宣传科学思想等。歌谣也是中央苏区广泛开展的一种群众性文艺活动。苏区人民将革命的内容与歌谣的形式相结合，创造了大量广泛传唱的红色歌谣。例如："绵水清，绵水清，水清水浅我的哥，你去远征莫忘我，绵水长，绵水深，水长水深过几春，不立功劳不成亲。"② 这些歌谣的内容来源于生活，反映了群众的喜怒哀乐，因而深受群众喜爱。除了戏剧和歌谣，演讲也是当时苏维埃政府集政治宣传、文化传播和演艺为一体的群众性通俗文化传播的有效载体。

1937年，抗日战争爆发。在残酷、艰苦的战争环境中，中国共产党仍然非常重视抗日根据地的文化教育，举办各种补习学校，通过识字运动、戏剧运动、歌咏运动、体育运动，以及创办敌后地方通俗报纸，来提高人民的民族文化与民族觉悟。毛泽东在根据地建设时期，曾深刻地论述了文化建设的意义，他指出："文化是反映政治斗争和经济斗争的，但它同时又能指导政治斗争和经济斗争。文化是不可少的，任何社会没有文化就建立不起来。"③

抗日根据地的文艺具有广泛的群众性，例如"农村剧团就是群众

---

① 王景新、鲁可荣、郭海霞编著：《中国共产党早期乡村建设思想研究》，中国社会科学出版社2011年版，第169页。
② 《绵水清》，见危仁晸《江西革命歌谣选》，江西人民出版社1991年版，第212页。
③ 《毛泽东文集》（第三卷），人民出版社1996年版，第109—110页。

自己组织起来的业余文化娱乐组织，自创、自编、自导、自演的作品真实地反映了当时农村的斗争生活，极大地鼓舞了广大农民的斗争意志"①。1938年年底，晋察冀边区组织了"晋察冀一周"活动，号召边区人民将最有意义的工作或生活片段写出来。"冀中地区开展了'冀中一日'的群众性大规模报告文学创作活动，记录了1941年5月21日这一天的经历，最后编成报告文学集《冀中一日》。这些作品大多出自劳动者之手，揭露了敌人的残酷罪行，记述了根据地人民英勇斗争的生活。另外，歌咏活动在各根据地也十分流行，以冼星海创作的《生产大合唱》《黄河大合唱》最负盛名、流传最广。"②

值得一提的是，中国共产党在开展农民文化教育运动过程中，动员广大城市知识青年深入乡村，把现代新文明带入乡村的同时，实现了"知识阶级与劳工阶级打成一气"③。黄仁宇在总结国共两党的历史博弈时说：毛泽东的成功归功于他打破了城乡之间的沟通障碍。他成功说服城市青年执行乡村改革计划，让受过教育的城市精英和文盲群众对谈。他关于中国农村改造的讯息通过无线电发报机传达到全国各地，在最基层通过口耳相传进一步传播。当毛泽东的话语延伸到小村落时，被孤立在城市里的国民党绝对没有机会赢得中国。④诚哉斯言，中国革命的成功取决于政治话语的动员机制以及群众路线的运用。

三 建国初期的乡村文化传播实践

新中国成立之后，国家政权在通过乡镇基层组织下沉到农村的过

---

① 参见齐武《一个革命根据地的成长——抗日战争和解放战争时期的晋冀鲁豫边区概况》，人民出版社1957年版，第232页。
② 参见龚大明《抗战时期中共文化建设的理论和实践》，载《贵州师范大学学报》（社会科学版）2006年第1期。
③ 李大钊：《青年与农村》，参见陈瀚笙、薛暮桥、冯和法合编《解放前的中国农耕村（第一辑）》，中国展望出版社1985年版，第93页。
④ 韩毓海：《五百年来谁著史：1500年以来的中国与世界》，九州出版社2009年版，第54页。

程中，也将国家话语嵌入、渗透到了乡村，"乡村不再是经济强调血缘与地缘的存在的生活共同体，而是地方文化与国家权力共同影响下的政治共同体"①。在新中国成立初期的1949—1978年这三十年，人民公社制度的建立确保了社会主义文化事业的推进和繁荣。国家通过扫盲识字运动、读报运动、通信员制度、农村广播员播音活动、群众文艺活动等文化传播，进行文化重建，改善社会风气。对于社会主义国家或政党而言，社会主义改造的前提是马克思主义的意识形态得到认同并深入人心，在此基础上才能发展社会主义经济。而各类文化活动既传播了党和国家的政策和社会主义思想，也实现了动员群众参与、教育群众以及群众的自我教育。

（一）农村俱乐部

1951年，国家开始大力推进农村俱乐部的建设。在政务院批准的《文化部1950年全国文化艺术工作报告与1951年计划要点》中明确提出："争取在两年内做到每一个县有一个文化馆。在有条件的村镇设立农村俱乐部。"②俱乐部在农业合作化高潮到来的背景下得到迅速发展，它把当时农村各种单一性的、分散的文化艺术活动，整合起来统一领导和辅导，主要的工作包括文艺宣传、社会教育、科技推广、体育活动。

新中国成立初期，国家在全国各地建立农村读报组，广泛发动群众参与读报活动，但由于这一活动是自上而下地推动，脱离了农村的生产生活；报纸的内容也是外来的，没有深入嵌入农村社会结构之中，最终使这场群众运动流于形式。而"俱乐部的建立使当时的农村读报组从群众运动走向了制度化"③，使读报活动这项政治化运动与乡村的

---

① 路璐、朱志平：《历史、景观与主体：乡村振兴视域下的乡村文化空间建构》，《南京社会科学》2018年第11期。

② 《文化部1950年全国文化艺术工作报告与1951年计划要点》，文化部办公厅编《文化工作文件资料汇编（1949—1959）》，内部出版，1982年，第11页。

③ 沙垚：《新中国成立之初农村读报组的历史考察——以关中地区为例》，《新闻记者》2018年第6期。

传统文艺形式,如戏曲、说书、快板等结合在一起,共同服务于农村的生产生活和社会主义建设。

乡村俱乐部进行文艺的动员与整合首先要解决的是活动经费问题,"当时普遍的做法是发扬南泥湾精神,发动俱乐部成员自己动手搞创收"[1]。社员们通过售卖农副产品或利用晚上时间到附近的工厂干活,用获得的劳动收入来购买文化器材;另一种做法是依靠"群众捐赠",捐赠者不仅有本村村民,还包括已经到城市工作的人,俱乐部正是依托地缘、亲缘关系,使乡村的文艺活动在经费上得到了支持。

在组织管理方面,"农村俱乐部直接由所在合作社社管委员会领导,在业务上受当地文化馆、站的指导"[2]。俱乐部开展的活动被纳入各地文化、宣传和教育部门总体的工作规划之内,实行统一部署,并配套少量经费作为补贴。与此同时,对民间艺人实行登记管理——这一制度对于民间艺人而言具有极大的象征意义,标志着他们被纳入社会主义文艺工作者行列,在身份上获得了国家基层政权的认可,从而建立起对于社会主义国家的认同;登记制度也进一步实现了国家对民间艺人的领导和管理。在演出的过程中,农民艺人得到了乡邻的尊重,感受到了"在新社会所肩负的无比光荣的责任"[3],主人翁的意识从而被激发出来,演出不再仅仅是为了"养家糊口",开始真正把集体的事当作自己的事。在与同行的相互配合、相互欣赏中开始有了社队共同体的认同,并重新找到了生活意义及人生价值。

(二)戏曲改革运动

传统戏曲是中国乡村流传最广也是最深入人心的文艺样式。中国

---

[1] 徐志伟:《"十七年"时期的农村俱乐部与农村文艺活动的组织化》,《文艺理论与批评》2018年第5期。

[2] 参见《文化部关于整顿和加强文化馆、站工作的指示》(1953年综合性极强的社会主义文化政治12月18日),国务院法制办公室编《中华人民共和国法规汇编1953—1955》(第2卷),中国法制出版社2005年版,第144页。

[3] 傅谨:《新中国戏剧史:1949—2000》,湖南美术出版社2002年版,第4页。

千年的历史文化所沉淀下来的情感、道德和伦理传统都通过戏曲这一丰富而独特的艺术形式表现出来。20世纪五六十年代,在将民间文艺改造成为"人民文艺"的过程中,国家推行了"改人、改戏、改制"的戏曲改革运动。作为一种综合性极强的社会主义政治文化实践,具体的做法有:把带有"游民"特点的民间艺人纳入国家体制内;对剧本重新改编创作,"协调好传统戏曲所反映的社会生活实体及'封建伦理道德'与新中国主流意识形态之间的关系"[①];将传统戏曲的表演形式现代艺术化。此间"民间与官方、文艺与政治、自由与体制、异质与主流、生活实体与意识形态"[②]等相互缠绕、冲突、联系的关系,都在大众文艺改造运动中得以呈现。

经过治理和改造,民间艺术团体和艺人终于由乱而治,走上了体制化、正规化和革命化的道路。而国家也将民间的文化资源转化为社会主义意识形态宣传和为人民服务的文化团体,有效对民众进行宣传和动员,最终实现了文化领导权以及"民族—国家"的现代性目标。

通观这一时期农村文化改造运动,我们发现:乡村文化的改造与重建自始至终贯彻了毛泽东提出的"文艺是为人民服务且首先是为工农兵服务"的方针政策,新的文化用人民群众喜闻乐见的表现形式,反映出农村的新变化和新风貌,不仅体现出了强烈的时代特色,也与整个国家的文化发展步调相一致。在此过程中,中国农民不再是社会主义主流文化的边缘群体,而是站在了中心地位,所展现出来的文化自信及社会主义文化的主体性价值不可忽略,应该说,这种主体性恰恰是经过中国革命和社会主义改造锻造出来的。

20世纪80年代中期,随着人民公社制度退出历史舞台,农村俱乐部也成为历史记忆。但纵观今天中国乡土大地的文化景观,如文化

[①] 张炼红:《从民间性到"人民性":戏曲改编的政治意识形态化》,《当代作家评论》2002年第1期。

[②] 张炼红:《历炼精魂:新中国戏曲改造考论》,上海人民出版社2013年版,第365页。

大院、文化俱乐部、乡村春晚等，依然延续了当年农村俱乐部的文化传统。简言之，农村俱乐部的历史遗产在今天依然发挥着作用。农村群众文化活动重新繁荣，庞大的基层文艺队伍得以活跃至今，仅仅有国家政策层面的推动、基层文化部门的支持与辅导是不够的，更为重要的是良好的群众文化土壤，而这种土壤绝非凭空而来，恰恰是从社会主义国家开始，乡村俱乐部等基层文艺组织三十多年的深耕细作，使农村的文艺活动组织化、规范化。通过多样化的文艺活动，将国内外政治形势、党的方针政策传播到中国乡村，从而使每个个体与国家产生勾连，进而产生认同。在此过程中，农民的主体性意识被培养起来，作为文化主体，他们自觉、主动地开展乡村文艺实践。诚如学者张炼红所言："当年的'人民性'在今天的意识形态中，正是以某种'民间性'来呈现的。"①

四　乡村文化建设的现实意义

改革开放以后，人民公社制度和集体经济瓦解，家庭联产承包责任制确立起来。分田单干提高了乡村社会生产力和劳动效率，但个人主义、唯利是图却开始泛滥，集体主义价值观受到挑战。市场经济改革带来了经济的发展，也使乡村的经济生活、社会生活逐步迈向市场化，市场规范（market norm）取代了社会规范（social norm），"守望相助，患难相恤、有无相通"的文化传统丧失。过度的市场化还造成农民的原子化问题，村落共同体解体，一旦遇到需要全体村民共商解决的公共事务，或需要维护集体利益，这种"马铃薯"式的集合体就无法应对。那么，如何将"散沙式"的主体重新整合起来呢？答案是必须依靠乡村文化建设，来重新唤起农民的主体意识。但发展乡村文化绝非一纸空谈，它必须要依托于乡村集体经济的发展，因为"经济

---

① 张炼红：《历炼精魂：新中国戏曲改造考论》，上海人民出版社2013年版，第11页。

的整合是社会整合的基础,集体经济倡导的是一种公共利益,这种公共利益又与村民的个人利益紧密结合在一起"①,出于对个体利益的关注势必会关心村庄的集体经济,进而会关心公共利益和公共事务,此外,集体经济的壮大也会为乡村文化活动提供资金和设备的支持。

20世纪90年代以来,乡村文化更是受到了冲击和挤压,出现了一些问题,诸如农村丧礼上跳脱衣舞、留守儿童集体服药自杀、彩礼横行、"刁民"崛起、贿选成风等负面新闻见诸报端,概括起来就是社会失序、文化失调。从事农村问题研究的学者贺雪峰不无忧虑地指出,"乡村建设的重点是文化建设,当前农村问题的根本不在于经济方面而在文化方面,农村的破产是文化的破产"②。从根本上讲,"贫困是一种消极的精神因素、生活方式和心理状态,文化贫困是一切贫困的根源"③。

农村的文化建设之所以对社会主义中国如此重要,有两点重要的原因。其一,中国土地改革的最大结果,就是中国农民变成了小土地所有者,实现了对城市产业资本的"去依附"。随着农业生产力的提高,大量剩余劳动力进入城市,农民务工和经商的收入甚至超过了务农的收入,然而城市却无法为他们提供基本的社会保障和体面的居所。但农村使农民有了保底,他们可以在青壮年时期进城务工、经商,年老时重返农村从事农业生产来获取收入、颐养天年。诚如贺雪峰所言:"农村让农民有了依据自己家庭情况在城乡之间进退的选择权,这种选择权正是中国现代化进程中最为重要和基本的缓冲空间,也是农村成为中国现代化的稳定器与蓄水池。"④正是因为有"回得去的农村",

---

① 武中哲、韩清怀:《农村社会的公共性变迁与治理模式建构》,《华中农业大学学报》(社会科学版)2016年第1期。

② 贺雪峰:《乡村建设的重点是文化建设》,《广西大学学报》(哲学社会科学版)2017年第4期。

③ 赵迎芳:《当代中国文化扶贫存在的问题与对策》,《理论学刊》2017年第5期。

④ 贺雪峰:《乡村建设的重点是文化建设》,《广西大学学报》(哲学社会科学版)2017年第4期。

中国在城市化进程中才未像巴西、印度等资本主义国家出现大面积的贫民窟。归根结底，中国与其他发展中国家最大的不同是没有最底层的赤贫群体，所以就不会导致社会严重不稳。那么，如果中国乡村的价值系统和意义系统崩塌，会给中国带来不可估量的社会不稳定因素。

其二，在我国，农村、农民以土地和劳动力的方式支援工业，促进了中国经济发展。即便是到20世纪末本世纪初，在全国号召"工业反哺农业""城市反哺农村"的时候，农民"承担并部分化解了中国现代化过程中出现的产业危机的后果或者代价"①，农村成为危机软着陆的载体。从这个意义上讲，中国的比较优势恰恰是拥有庞大的乡土社会。因此，走出一条与西方不同的发展道路，使东方理性复归，将关系到中国未来国家道路的选择。今天我们需要重新挖掘中国几千年的乡土文明，从中寻找智慧，并结合乡土文明的发展形成新的知识生产。鉴于此，研究乡村文化是符合历史发展规律及现实需要的。

第二节　中国共产党乡村文化建设思想的形成与发展

中国共产党从一成立就非常重视文化建设，始终坚持马克思主义的指导地位，不断同各种错误的思想文化作斗争。以乡村为中心的特殊革命斗争背景，以农民为主体的革命队伍建设，以无产阶级思想为指导，并与各种非无产阶级思想相互交织的复杂文化斗争，使党的思想文化牢固建立在乡村社会基础之上。从革命文化到改革文化、先进文化、和谐文化，经历了曲折的建设历程，积累了丰富的文化建设经验。本节将通过梳理不同时期党的乡村文化建设思想，旨在寻找其发展脉络及精神内涵。

---

① 温铁军：《中国乡村文明中的东方理性》（代序），载沙垚《新农村：一部历史》，清华大学出版社2014年版，第12页。

一 毛泽东的乡村文化思想

毛泽东非常重视乡村文化建设，强调农民在乡村文化建设中的主体地位和教育农民的重要性。他指出："对于农村的阵地，社会主义不去占领，资本主义就必然会去占领。"① 要"不断地用社会主义的思想教育农民，不断地提高农民群众的政治觉悟和爱国热情，这应当是我们一项经常工作"②。在《湖南农民运动考察报告》中，毛泽东针对农民进行自我教育的重要性时说道："菩萨是农民立起来的，到了一定时期农民会用他们自己的双手丢开这些菩萨，无须旁人过早地代庖丢菩萨。""菩萨要农民自己去丢，烈女祠、节孝坊要农民自己去摧毁，别人代庖是不对的。"③ 毛泽东在《新民主主义论》中把大众文化与农民文化摆在同等重要的位置，认为："大众文化，实质上就是提高农民文化。"④ 同时，在党的七大所做的《论联合政府》的报告中明确指出："农民——这是现阶段中国文化运动的主要对象。"⑤ 在这些论述中，毛泽东认为，农民是农村文化建设的主体，只有发挥农民的主体性作用，才能建设好乡村文化。

同时，毛泽东主张农村文化建设必须符合农村和农民实际。1944年10月，在陕甘宁边区召开的文教工作者会议上，毛泽东作了《文化工作中的统一战线》的讲演，他提出"我们的文化是人民的文化，文化工作者必须有为人民服务的高度热忱，必须联系群众，而不要脱离群众。要联系群众，就要按照群众的需要和自愿。一切为群众的工作都要从群众的需要出发，而不是从任何良好的个人愿望出发"⑥。1945

---

① 《毛泽东选集》第5卷，人民出版社1977年版，第117页。
② 《建国以来重要文献选编》第14册，中央文献出版社1997年版，第770页。
③ 《毛泽东选集》第1卷，人民出版社1991年版，第33页。
④ 《毛泽东选集》第2卷，人民出版社1991年版，第692页。
⑤ 《毛泽东选集》第3卷，人民出版社1991年版，第1078页。
⑥ 《毛泽东选集》第3卷，人民出版社1991年版，第1012页。

年 4 月，毛泽东在党的七大上所作的《论联合政府》的政治报告中指出："解放区的文化工作者和教育工作者在推进他们的工作时，应当根据目前的农村特点，根据农民人民的需要和自愿的原则，采用适宜的内容和形式。"① 综上，在毛泽东的文化思想中，非常重视农民在农村文化建设的主体地位，认为只有根据农民群众的实际需要进行农村文化建设才有实际意义。毛泽东在新民主主义革命和社会主义建设初期关于农村文化建设的思想，对我们当下开展乡村文化建设依然具有重要的借鉴意义。

二 邓小平的乡村文化思想

改革开放以后，中国农民逐渐摆脱了传统、落后和封闭的精神状态，思想和文化素质不断提高，但同时期，文化发展却滞后于经济发展。在经济转轨和社会转型过程中，一些地区忽视文化建设，造成文化的边缘化甚至是文化"真空"，农民的精神文化需求长期得不到满足。因此，邓小平提出"两手抓、两手都要硬"的方针，他指出："我们要在建设高度物质文明的同时，提高全民族的科学文化水平，发展高尚的丰富多彩的文化生活，建设高度的社会主义精神文明。"② 同时他认为，社会主义农村文化建设的首要任务是促进农民素质向现代化转变，而搞好乡村文化建设的前提是依靠农民参与，发挥农民的主体性、创造性和积极性。因为"我们党提出的各项重大任务，没有一项不是依靠广大人民的艰苦努力来完成的"③。农民既是乡村文化的建设者，又是乡村文化的享用者。

邓小平还提倡先富裕起来的人拿出钱来办教育，发展文化事业，以弥补政府财力的不足。在乡村文化建设中，要充分发挥农民的聪明

---

① 《毛泽东选集》第 3 卷，人民出版社 1991 年版，第 1091 页。
② 《邓小平文选》第 2 卷，人民出版社 1994 年版，第 208 页。
③ 《邓小平文选》第 3 卷，人民出版社 1993 年版，第 4 页。

才智,鼓励他们创新创造,并不断进行经验总结。"农村改革中的好多东西,都是基层创造出来,我们把它拿来加工提高作为全国的指导。"① 邓小平关于乡村文化建设的思想,为改革开放初期乡村文化建设指明了方向。

三 乡村文化思想的丰富与发展

随着改革的不断深入,我国广大乡村文化的发展逐渐落后于经济的发展。尽管社会主义市场经济为文化的繁荣发展奠定了重要的物质基础和条件,但市场经济的多样性和开放性又形成了多元文化并存的局面。具体表现为:现代化改变了乡村传统的文化秩序,乡村社会许多传统的文化符号依然存在,但其内在的核心价值和信仰体系却在市场化的运行轨迹下消失了;随着城市化进程中人口流动性的加快,农民开始由熟人社会的交往方式和情理精神的关系网络转向市场取向的交往方式和法理精神的关系网络,传统的生活方式和思维方式也发生了现代转换。

在这一社会发展阶段,对于如何建设以及建设什么样的文化成为摆在人们面前的首要课题。2002 年 11 月,江泽民在党的"十六大报告"中提出:"在当代中国,发展先进文化,就是发展面向现代化、面向世界、面向未来,民族的科学的大众的社会主义文化,以不断丰富人们的精神世界,增强人们的精神力量。""要牢牢把握先进文化的前进方向,坚持为人民服务,为社会主义服务的方向和百花齐放、百家争鸣的方针,弘扬主旋律,提倡多样化。坚持以科学的理论武装人,以正确的舆论引导人,以高尚的精神塑造人,以优秀的作品鼓舞人。"②

---

① 《邓小平文选》第 3 卷,人民出版社 1993 年版,第 382 页。
② 《十六大报告辅导读本》,人民出版社 2002 年版,第 34 页。

改革开放后,农村的思想政治工作有所削弱,文化环境也面临着各种各样的问题,甚至影响到农村社会的稳定。对此,江泽民指出:"越是搞改革开放和社会主义市场经济,越要重视对农民特别是青年农民进行爱国主义、集体主义、社会主义思想教育。农村的思想文化阵地,先进的正确的思想和优良社会风尚不去占领,落后的错误的思想和不良社会风气就必然会去占领。"① 他提出,一定要重视农村社会主义精神文明建设,用农民群众喜闻乐见的形式,对他们"进行爱国主义、集体主义、社会主义教育和艰苦奋斗的教育,努力在农民中传播社会主义市场经济知识、科学知识和法律知识,坚定广大农民走建设有中国特色社会主义道路的信念,提高农民的思想道德素质和科学文化素质"②。

在中国改革的攻坚阶段和发展的关键时期,胡锦涛提出要加强乡村和谐文化建设,在 2005 年 10 月召开的党的十六届五中全会上,他指出,建设社会主义新农村是我国现代化进程中的重大历史任务,要按照"生产发展、生活宽裕、乡风文明、村容整洁、管理民主"的要求,扎实稳步地加以推进。党的十七届三中全会上胡锦涛强调,社会主义文化建设是社会主义新农村建设的重要内容和重要保证。坚持用社会主义先进文化占领农村阵地,满足农民日益增长的精神文化需求,提高农民思想道德素质。扎实开展社会主义核心价值体系建设,坚持用中国特色社会主义理论体系武装农村党员、教育农民群众,引导农民牢固树立爱国主义、集体主义、社会主义思想。③ 农村文化和谐是构建农村社会主义和谐社会的重要内容,在胡锦涛的乡村文化建设思想中,始终强调要不断加强对农民的现代化观念的教育,提高农民的

---

① 《江泽民文选》第 1 卷,人民出版社 2006 年版,第 276 页。
② 江泽民:《论社会主义市场经济》,中央文献出版社 2006 年版,第 152—153 页。
③ 《中共中央关于推进农村改革发展若干重大问题的决定》,人民出版社 2008 年版,第 23 页。

民主、科学、法治意识，推动农民的思维方式和思想观念的变革；要加强农民的思想道德建设和教育科学文化建设，引导农民树立科学发展观，促进乡村文化全面、协调、可持续发展。在党的十七届六中全会上，文化建设的重点是加快城乡文化一体化发展，增加农村文化服务总量，缩小城乡文化发展差距。要建立以城带乡联动机制，合理配置城乡文化资源，鼓励城市对农村进行文化帮扶，把支持农村文化建设作为创建文明城市基本指标。

通过梳理发现，从新中国成立初期到改革开放的攻坚阶段，"农村文化政策由强调用社会主义价值观占领农村阵地，到转向建设社会主义精神文明，再到加快城乡文化一体化发展"①，中国共产党的乡村文化思想既保持了连贯性，又不断回应了时代发展遇到的新问题，思想和认识内涵与时俱进。它始终强调农民的文化主体性地位，坚持农民是中国特色社会主义文化的建设者、创造者，而人民群众是一切文化发展的最终价值取向，这也体现了中国共产党"以人为本"的价值取向。总而言之，思想理论的建设为乡村的文化发展指引了方向，提供了源源不断的精神动力。

四 新时期党的乡村文化建设思想

（一）中央一号文件

从 2004 年至 2021 年十八年，党中央连续发布关于"三农"主题的中央一号文件，强调了乡村文化振兴的重要性，对我国农村文化发展做出了科学的顶层设计和具体的指导规划。

通过梳理一号文件发现，我国乡村文化建设的重点来自六个方面：

---

① 王盛开、孙华雨：《改革开放以来中国共产党农村文化政策的历史考察》，《新视野》2012年第 4 期。

2004—2021 年中央一号文件涉及乡村文化的政策要点

年份	政策要点
2005 年	完善农村公共文化服务体系，鼓励社会力量参与农村文化建设； 巩固农村宣传文化阵地，加强农村文化市场管理； 切实提高农村广播电视"村村通"水平，做好送书下乡、电影放映、文化信息资源共享等工作
2006 年	增加对农村文化发展的投入，加强县文化馆、图书馆和乡镇文化站、村文化室等公共文化设施建设，继续实施广播电视"村村通"和农村电影放映工程，发展文化信息资源共享工程农村基层服务点，构建农村公共文化服务体系； 积极开展多种形式的群众喜闻乐见、寓教于乐的文体活动，保护和发展有地方和民族特色的优秀传统文化，创新农村文化生活的载体和手段，引导文化工作者深入乡村，满足农民群众多层次、多方面的精神文化需求； 扶持农村业余文化队伍，鼓励农民兴办文化产业； 激发农民群众发扬艰苦奋斗、自力更生的传统美德，按照乡风文明要求，推进农村社会建设，抵制腐朽落后文化
2007 年	把基础设施建设和社会事业发展的重点转向农村，新增农村教育、卫生、文化等事业经费； 开展社会主义荣辱观教育，推进群众性精神文明创建活动，引导农民崇尚科学、抵制迷信、移风易俗
2008 年	深入实施广播电视"村村通"、农村电影放映、乡镇综合文化站和农民书屋工程，建设文化信息资源共享工程农村基层服务点
2009 年	建立稳定的农村文化投入保障机制，尽快形成完备的农村公共文化服务体系
2010 年	提高农村教育卫生文化事业发展水平； 开展群众性精神文明创建活动和农民健身活动
2013 年	保持乡村功能和特色，制定专门规划，启动专项工程，加大力度保护有历史文化价值和民族、地域元素的传统村落和民居； 切实加强农村精神文明建设，全面提高农民思想道德素质和科学文化素质； 加强农村法制宣传教育，落实党的民族和宗教政策，树立健康文明、遵纪守法的社会新风尚
2015 年	围绕培育和践行社会主义核心价值观，深入开展中国特色社会主义和中国梦宣传教育，加强农村思想道德建设，聚起建设社会主义新农村的强大精神力量； 深入推进农村精神文明创建活动，扎实开展好家风好家训活动
2016 年	大力发展休闲农业和乡村旅游，全面加强农村公共文化服务体系建设，继续实施文化惠民项目； 在农村建设基层综合性文化服务中心，整合基层宣传文化、党员教育、科学普及、体育健身等设施，整合文化信息资源共享、农村电影放映、农家书屋等项目，发挥基层文化公共设施整体效应
2017 年	培育与社会主义核心价值观相契合、与社会主义新农村建设相适应的优良家风、文明乡风，加强农村移风易俗工作； 充分发挥乡村各类物质与非物质资源富集的独特优势，利用"旅游＋""生态＋"等模式，推进农业、林业与旅游、教育、文化、康养等产业深度融合

续表

年份	政策要点
2018年	健全乡村公共文化服务体系，推进基层综合性文化服务中心建设，实现乡村两级公共文化服务全覆盖，提升服务效能； 支持"三农"题材文艺创作生产，鼓励文艺工作者不断推出反映农民生产生活尤其是乡村振兴实践的优秀文艺作品，充分展示新时代农村农民的精神面貌； 培育挖掘乡土文化本土人才，开展文化结对帮扶，引导社会各界人士投身乡村文化建设； 活跃繁荣农村文化市场，丰富农村文化业态，加强农村文化市场监管
2019年	推进文明乡风建设，大力推进移风易俗，引导农民践行社会主义核心价值观，充分发挥村规民约的作用，采取群众认可的约束性措施有效遏制农村不良社会风气； 发展农村电商、共享农庄、创意农业、餐饮民宿、文化体验、健康养生、养老服务等新产业新业态，推介培育一批乡村休闲旅游精品和美丽乡村
2020年	推动基本公共服务向乡村延伸，扩大乡村文化惠民工程覆盖面； 鼓励城市文艺团体和文艺工作者定期送文化下乡； 实施乡村文化人才培养工程，支持乡土文艺团组发展，扶持农村非遗传承人、民间艺人收徒传艺，发展优秀戏曲曲艺、少数民族文化、民间文化；保护好历史文化名镇（村）、传统村落、民族村寨、传统建筑、农村文化遗产等
2021年	加强新时代农村精神文明建设； 挖掘、继承创新优秀传统乡土文化，赋予中华农耕文明新的时代内涵； 推进农村移风易俗，形成文明乡风、良好家风和淳朴民风

第一，农村文化基础设施建设。文化设施是农村开展文化工作和文化活动的基础和前提，没有必需和必要的场地和设施，农民群众的文化生活也就成了空中楼阁。从2004年开始，中央一号文件多次强调要加强乡村文化基础设施建设，包括县文化馆、图书馆，乡镇文化站，村文化室、农民书屋等公共文化设施建设，实施广播电视"村村通"和农村电影放映工程，发展文化信息资源共享工程农村基层服务点，构建农村公共文化服务体系。

第二，提升农村文化公共服务水平。从"送书下乡"到"乡村农家书屋"，从"送戏下乡"到支持农民自办文化舞台，近年来国家实施的文化惠民工程始终关注农民文化生活需求，特别是保障老少边穷地区文化区域协同发展。充分考虑到村留守儿童、留守妇女、孤寡老人等特殊人群的文化权益，大力扶持引导地方文化与社会主义文化相适应，支持农民开展文化活动，不断提高农村文化公共服务能力和水平。

第三，加强新时代农村精神文明建设。弘扬和践行社会主义核心价值观，要以农民群众喜闻乐见的形式，开展思想学习教育。推进农村移风易俗，形成文明乡风、良好家风、淳朴民风。

第四，关注农村优秀文化的传承。文化是一个国家和民族的根基，优秀的农村传统文化是农村文化发展的记忆和发展的基石，为此，一号文件中多次提到对农村优秀传统文化保护与传承：从古村落到古民宅，从农耕文化遗产到好家风、好家训，从悠久的风俗习惯到传统的戏剧曲艺，通过国家政策的保护和各界人士对民族文化的传承，不断强化乡村记忆。

第五，关注农村文化建设中的各方力量。除了强化政府在农村文化建设主力军地位之外，还应发挥农民在文化建设中的主体作用。农民不仅是农村文化的享受者，也是农村文化设施的建设者。鼓励文艺工作者不断推出反映农民生产生活尤其是乡村振兴实践的优秀文艺作品，充分展示新时代农村农民的精神面貌。培育挖掘乡土文化本土人才，开展文化结对帮扶。除此之外，还应发动农村企事业机构和社会组织，以及社会各界人士投身乡村文化建设。

第六，打造农村文化产业，促进农村发展方式转型。鼓励各地区根据自身文化特点，开展形式多样、内容丰富、独具特色的文化产业；发展乡村旅游和休闲农业，创建生态文明示范县和示范村镇；开展宜居村镇建设等。

（二）习近平关于乡村文化建设的重要论述

党的十八大以来，以习近平为核心的党中央高度重视乡村文化建设。此时，中国乡村文化正面临着多方面的时代诉求：在意识形态领域，传播渠道的多样化使信息环境日趋复杂，能否用社会主义先进文化占领意识形态领域，事关国家文化和意识形态安全，事关广大乡村的长治久安，也事关乡村凝聚力和向心力；从乡村振兴战略的实施来看，文化发展滞后于经济发展，会影响农民幸福感的提升，而未来乡村经济转型，文化重塑和文化建设的重要性越来越大。

对此，习近平首先将"乡村文明"的地位提升到"中华文明史主体"的地位，认为在历史进程中不断成长和沉淀的乡土文化和耕读文明是中华文明得以延续的根脉，承载着民族精神的家园。① 习近平认为，乡村文化承载了中华民族独特的思想追求和精神表达，以朴实、节制、人道、互助为核心的乡村文化价值观，至今仍凝聚着中国人最深的民族情感，也滋养着人类弥足珍贵的精神根系，因而要珍爱乡村文化，尊重其内生发展动力，在继承传统文化的精髓的基础上，吸收现代文化的先进成分，在保护传承的基础上，做好创造性转化和创新性发展，使之与现实文化相融相通。总之，要让文化成为乡村社会政治、经济、社会全面发展的助推器，汇聚起乡村振兴的磅礴力量。

其次，在我国乡村当前的现实环境中，传统文化、地域文化、民族文化、流行文化、网络文化等各种形态的文化现象交叉更迭，错综复杂。"但越是多元越要确立主导，越是多样越要发扬主流。必须用社会主义先进文化来武装村民的头脑，从而塑造面向现代化、面向世界、面向未来的新时代村民。"② 具体而言，就是要"深入挖掘中华优秀传统文化蕴含的思想观念、人文精神、道德规范，又结合时代要求继承创新"③。让乡村传统文化发挥其在凝聚人心、引导村民、淳化民风中的作用，使之成为推动乡村振兴的精神支撑和道德引领。

再次，习近平多次强调"新农村建设"要"遵循乡村发展规律、注意乡土味道、保留乡村风貌"，要使"绿水青山"常在，让"乡愁"

---

① 习近平：《保持战略定力增强发展自信 坚持变中求新变中求进变中求破》，《人民日报》2015 年 7 月 19 日，http://cpc.people.com.cn/n/2015/0719/c64094-27325865.html。

② 骆郁廷、刘彦东：《以文化为乡村振兴铸魂》，《光明日报》2018 年 5 月 8 日，http://theory.people.com.cn/n1/2018/0508/c40531-29970611.html。

③ 习近平：《决胜全面建成小康社会 夺取新时代中国特色社会主义伟大胜利——在中国共产党第十九次全国代表大会上的报告》，人民出版社 2017 年版。

萦绕着人心。① 在这里提到的"乡愁",是指乡村的历史文化记忆,包括遗址遗迹、宗族祠堂、田野文物等物质载体,因而要对这些资源进行开发保护,传承乡村文化记忆,让广大村民在精神上有归属感。同时,要重塑"新乡贤"文化,积极引导还乡干部、本地籍专家学者、反哺桑梓企业家等"新乡贤"参与乡村建设,推动优秀乡村文化的传承。

最后,对于具体的实施目标,习近平指出,要完善公共文化服务体系,加强基层场地设施建设,让村村、乡乡、县县都可以广泛开展文化体育活动。要把农村小喇叭、小广播捡起来,深入推进广播电视村村通、农家书屋、乡镇综合文化站等重点文化惠民工程,加快图书馆、文化馆、体育馆、少年文化宫等建设,使各族群众在业余时间有个好的去处,使未成年人能够就近经常参加文化体育活动。场地设施建好了,要经常性开展活动,不能流于形式。②

乡村振兴战略是习近平在党的十九大报告中提出的战略规划,包括产业兴旺、生态宜居、乡风文明、治理有效、生活富裕五大目标,文化振兴则是乡村全面振兴有机的组成部分。在乡村文化振兴战略中,我们看到"群众"这一字眼被多次地提到,譬如"鼓励农村地区自办文化""培育挖掘乡土文化本土人才,支持乡村文化能人""鼓励开展群众性节日民俗活动"等。从本质上讲,乡村文艺,就是农民的文艺。它来源于乡村生活,一切优秀文艺创作都是以服务于农民为根本目标。

综上,我国乡村文化建设的重点是结合国家社会主义时期的优秀传统以及新时代的知识,产生出时代的新文化;文化建设的核心要素是人,因而必须回归到作为建设主体的农民。

---

① 中共中央党史和文献研究院编:《习近平关于"三农"工作论述摘编》,中央文献出版社2019年版。
② 习近平:《在第二次中央新疆工作座谈会上的讲话》,2014年5月28日,中共中央文献研究室编《习近平关于社会主义文化建设论述摘编》,中央文献出版社2017年版,第187页。

第三节 农民文化主体性的建构

一 从"文化扶贫"到文化主体性建构

有关于中国乡村文化建设的观念及政策,实际上经历了一个逐步发展的过程。早在1987年,学者焦勇夫就提出了"文化扶贫"的概念,认为发展文化才是改变乡村贫困落后面貌的根本。① 由于教育是文化扶贫的最有效方式,之后又提出了"教育扶贫"。但"文化扶贫"一词隐含着输入与改造的含义,认为农民是现代文化、城市文明被动的接受者以及公共文化服务的被动享用者。在早期的文献中,学者们也基本上认为文化扶贫的主体是政府,各类社会组织和教育部门也应当发挥积极的作用,但恰恰是农民的主体性价值被长期忽略了。

文化建设的构想及其实施由于未能够与农民的思维、乡村制度以及文化相协调,并缺乏对农民文化主体性的建构,从而扼杀了农民这一群体的文化创造力。因此在农村,我们时常会看到这样的现象:闲置的农村书屋、与周围环境格格不入的乡村文化景观、闲暇时常有无意义感的村民。

显而易见,对于乡村文化建设而言,其主体不应该是政府官员、文化团体,而应该是乡村的主人——农民,包括妇女和儿童。农村社会学家晏阳初对农民的总结性评价"愚、穷、弱、私"显然不能应用于当今社会,那么,到底应该如何理解农民呢?中国的农民长期生活在极其复杂(有时十分艰苦)的环境中,为了生存及发展,他们拥有相当丰富的技能及对事物的判断和生存发展战略,即所谓的"乡土知识"。广大农民从自己内在的生产生活与历史实践中,获得灵感和创作素材,发展出了非常丰富的民间文化。乡村社会作为一个实际生活

---

① 焦勇夫:《"文化扶贫"小议论》,《瞭望周刊》1987年第7期。

的场景，其蕴含着丰富的民俗、纷繁的文化以及合理性价值。简言之，乡村文化根植于乡土社会。如果简单地通过输入的形式，将代表都市现代文明的文化形态，诸如电影、图书、广播、电视、互联网等送到农村，强塞给农民，其后果是一方面他们因生存压力无暇顾及，造成文化的"供需失调"；另一方面会造成"农村本体性价值危机"①，农民得以安身立命的价值观念和意义系统被改变、重构和摧毁，从而导致各种家庭、文化、伦理问题。鉴于此，只有当农民开始主动表达自己的文化诉求、参与文化创造，乡村文化的内在潜力才会被激活。事实上，文化建设的重点恰恰是实现共建共享，包括政府、市场、社会（社会组织或非政府组织）、农民都应是体系运转中不可或缺的要素。

作为社会主义国家，从本世纪初开始，国家在加大对乡村的交通、通信等基础设施的投入外，还把各种形式的文化送到农民身边，譬如农村电影放映工程、送书下乡工程、送演出下乡、送戏进万村等。但需要拷问的是，这类由国家主导的带有福利主义性质的公共文化服务，是否能真正解决文化供给与农民日益增长的文化需求之间的矛盾？在乡村普遍存在的现象是：放映的电影由于内容陈旧，很难受到村民的欢迎；乡村书屋空无一人，借阅者寥寥；演出下乡遭遇村里没人，台上演出热火朝天，台下气氛冷清……恰如沙垚所指出："'自上而下'地以'送'或'反哺'的方式将一定的文化形态'赐予'文化主体，则可能带来格格不入或适得其反的社会效果。"②

二 乡村公共文化建设的三个维度

乡村公共文化建设可以分为三个维度：公共文化服务、乡村文化形态、乡村文化主体。公共文化服务体系包括文化场所、基础设施、

---

① 贺雪峰：《为什么要强调新农村文化建设》，《解放日报》2007年11月22日第7版。
② 沙垚：《乡村文化传播的内生性视角："文化下乡"的困境与出路》，《现代传播》2016年第6期。

服务投入等。乡村文化形态主要包括传统文化、中国特色社会主义文化和当代文化。传统文化是长期以来在农耕、节庆、婚丧、庆典等日常生活中积淀下的民间传说、风俗习惯、手工技艺等物质的、非物质的文化形式,它们融汇成为中国传统文化的基本内核。中国特色社会主义文化是指党领导人民在革命、建设、改革中创造的革命文化和社会主义先进文化。当代文化则异彩纷呈,既包括快手、抖音等网络数字文化,也包括广场舞、乡村春晚等群众性文化联欢。结合三种文化形态共同演绎着当代农村文化的传播的现状。在乡村文化建设的实践中,最为关键的是文化的主体——农民,他们是农村的主人和乡土文化的传承者,只有激发出他们对于乡土文化的认同进而产生文化自觉性,才能真正实现乡村文化的振兴。

(一)公共文化服务体系

文化的培育需要物质来承载,乡村文化建设需要公共文化设施和活动平台。在公共文化服务体系建构中,政府、市场、社会(社会组织或非政府组织)都是体系运转中必不可少的要素。有学者提出,要将共建共享引入体系建构中,即"增强政府、市场、社会与公众的互动,从而催化新型公民社会关系的产生"[①]。从我国当前的农村文化服务供给结构来看,政府占据着资源分配的主要角色,而农民往往被视为乡村公共文化服务的对象和"他者",他们的文化诉求被排斥在决策系统之外,自身的文化创造力被忽视了,无形中造成公共文化服务体系不能最大限度地发挥效能。"以人为本"的科学发展理念延伸至文化领域,就是要体现全体社会成员对于公共文化活动、资源与发展共同承担起参与、支持与维护的责任。

本世纪初,我国加大了农村公共文化服务体系的建设,截至2019

---

① 王谓秋、任贵州:《公共文化服务体系共建共享的社会动因与路径选择——基于文化治理的视角》,《图书馆理论与实践》2016年第9期。

年7月，全国共有县级图书馆2753个，文化馆2938个，乡镇综合文化站33997个，农家书屋640000个。① 国家还通过实施广播电视村村通、乡镇综合文化站建设、农家书屋建设、农村电影放映工程、全国文化信息资源共享工程等文化惠民工程，为农民提供基本农村公共文化服务。但由于公共文化供需不对路，无法激发起农民的参与热情。

譬如"图书下乡"是党的十四届六中全会以来国家实施的一项文化惠农政策，政策初衷在于解决农民看书难的问题、提高农民的科技文化水平，"对于建设社会主义新农村意义重大"——这样的报道在媒体上屡见不鲜。然而现实情况却难以令人满意。据笔者在西北乡村的观察，绝大多数的农村书屋变成了"面子工程"，摆在书架上的绝大多数图书为文学名著、过期的农业技术类书籍、晦涩难懂的理论读物。因为图书内容缺乏吸引力，而手机又挤占了农民绝大部分的空余时间，造成借阅书籍的农民寥寥无几，甚至连村干部也很少去翻阅。同样，送电影下乡活动也遭到冷遇，由于夏天户外有蚊虫、冬天又天气寒冷，再加上人口外流，影片内容单一——大多为武侠片、战争片等原因，前来观影的农民非常少。可见，如果不考虑农民实际需要，仅仅把"文化"当作任务送下去，这种自上而下、一厢情愿式的文化下乡活动不仅不能让农民受惠，也造成了国家资源的浪费。

由此反思我国20世纪90年代以来的乡村传播实践，不难发现其并未摆脱发展传播学的窠臼。国家投入巨大的人力物力财力，在广大乡村普及大众媒介基础设施，试图借助大众媒介的信息传播机制来推动乡村现代化进程，但由于忽略了乡村社会的复杂性，导致投入与实施效果之间的差异状况。

群众路线是新中国成立后我们党优良的文艺传统。20世纪60年代，文化部组织广大文艺工作者从城市来到乡村，为农民演戏，他们

---

① 祁述裕：《提升农村公共文化服务效能的五个着力点》，《行政管理改革》2019年第5期。

与农民同吃同住同劳动,从农村汲取创作的素材,并以艺术化的形式表演给农民。与此同时,"由于新生国家的力量有限,文艺工作者'送戏下乡'活动不足以覆盖每一个村中,因而,国家发动农民中热爱文艺的戏曲演员,对他们进行简单的培训,进行监督管理,同时鼓励他们到更广泛的、更偏远的农村去演出,填补文化的真空"①。正是这种扎根于乡村,从形式、内容到演出的主体都来自农村的文艺实践活动,不仅使党中央的各项方针政策能够在农村落地,也使社会主义意识形态被广大农民所接受。因此,尊重农民的文化主体性地位,让农民自己开展文化活动来表达生产、生活和情感价值才是社会主义乡村文化建设的应有之义。

(二) 乡村文化

乡村文化是广大农村群众的信仰、价值取向、风俗习惯、伦理规范等文化现象的总和,它根植于一定的历史、社会、文化土壤中,世代相传,深刻地反映着农民最为基本的精神价值和情感结构。乡村文化不仅包括戏曲、剪纸等具体的文化形态,还包括乡村社会的历史、传统、秩序等,以及千百年来形成的文化惯性,它们对农民生活的方方面面均产生着影响。

中国地域辽阔,不同地区的乡村文化传统各异。有的文化传统流传范围广,有的却只局限于小范围传播,但无论怎样,对于生活在其中的农民来说,这些文化糅合了世世代代"关于社会、生活、历史的基本认识,同时也是关于以村庄生活为轴心的社区记忆的重要部分;是维护乡村社会秩序的重要保证,也是个体人生意义、价值与伦理的重要源泉"②。比如在笔者调研的陇东、陇南一带,就有着"春倌说春"的传统习俗。每逢岁末年初,当地乡镇上活跃着一批说春的人,

---

① 沙垚:《人民性:让社会主义文艺真正嵌入农村社会结构》,《社会科学报》2018年10月18日第6版。
② 何兰萍:《新农村文化建设中民间文化的传承与保护》,《开发研究》2008年第2期。

他们大多为中年男性，常常带着一大贴财神爷之类的春联走街串巷，送"春"上门。所谓送"春"上门，其实是在送财神爷之类的吉祥物的时候再送上几句新春吉词。春倌通过自己灵巧的嘴巴，将新春的祝福送到千家万户。这一历史悠久的民俗文化，与中国的农耕文化息息相关，说春的唱词主要涉及农时节气、婚丧嫁娶、七十二行、历史典故、民俗风情等。总体而言，"说春"内容背后承载的文化符号多与传统的农业社会相生相伴。在表演形式上，"春倌说春"类似于农民的脱口秀，有提前准备好的春词，但很多农民是即兴表演随口成诗，在不同的时节、不同的地点、不同的对象、不同的时代展现不同的内容，充分体现了农民的智慧和文化生产的自主性。农民用这样一种民间传播活动，表达出对于村落社区的种种期许和愿望。

可以说，类似的传统文化特别是宗族文化，为农民在这个变动不居的时代提供了本体性的安全感。但在当前农村地区，乡村文化却以不可遏制的速度走向衰落，或者被遗忘，或者已经走样，沦为商业化的工具，其结果则是进一步地加剧了乡村社会的离散化，弱化了农民的文化认同感。当前，市场与发展观念所带来的对货币和利益的追求，只能成为农民谋生的方式，却不能支撑起农民生活的意义，农村出现了意识形态的危机，"一方面，主流意识形态遇到了边缘化，同时传统还没有重建成为大多数农民的信仰。另一方面，农民们不知道在何处安放自己的情感结构、价值观念和世道人心"[①]。20世纪末到21世纪初，农村经历了"数千年未有之变局"，市场的力量强势进入，现代媒体改变了农民的时空观念、文化结构和娱乐方式，更主要的是大规模的农民流动，以及土地问题使得各种现代资本主义的生活方式和生产方式在农民中全面落地生根。

具体而言，乡村文化衰落主要缘于以下四个方面：

---

① 沙垚：《吾土吾民：农民的文化表达与主体性》，中国社会科学出版社2017年版，第153页。

首先，乡村文化赖以存在的生活环境发生了改变。学者沙垚在陕西关中乡村调研皮影戏这一传统的民间技艺时就指出，"文化的真实含义在于文化的持有者的具体实践与日常生活、社会环境、历史过程的互动关系，否定了这一点就否定了文化的来源和内涵"①。简言之，如果剥离了文化所扎根的社会环境和具体实践，就只剩下符号化的文化，而符号是用来消费的。乡村文化脱胎于农耕文明，是农民生产、生活方式艺术化再现，同时也是农民表达情感的方式和认识世界的方式。像戏曲、赶集、庙会等文化形态，还带有仪式化功能，为农民日出而作、日入而息的重复性的生活方式增添了色彩，并与日常生活构成了农民的二元生活结构。但伴随城镇化和现代化进程的加快，农民从土地剥离出来，生活方式的转变瓦解了乡村文化生存的土壤。

其次，文化活动式微与乡村成人社会的衰落有关。从社会学的角度来看，持续不断的民工潮造成了农村成人社会的衰落，而青壮年对于农村文化的继承、发展是至关重要的。由于成人社会的衰落，一方面无法组织和开展自发性的群众性文化活动，而政府提供的公共文化服务也因为缺乏农村中坚力量的参与，客观上被边缘化。另一方面，农村中坚层流向城市削弱了农村文化发展的后劲，造成了农村文化传统的断裂，农村文化出现观众断层，长此以往，文化传承令人担忧。

再次，民间组织的解体。新中国成立后，农村普遍存在农民自发建立的业余剧团和演出队伍，丰富了农村的文化生活。但改革开放以后，因为生活环境的变化，这些团体难以维系和运转。而各级文化部门和乡镇基层半官方色彩的文化组织有时过于强调文化活动的教育意义，忽视了农民现实的文化需要。总之，文化活动对农民的吸引力越来越弱。

最后，现代媒介对传统文化活动的冲击。随着电视在乡村的普及，

---

① 沙垚：《吾土吾民：农民的文化表达与主体性》，中国社会科学出版社2017年版，第150页。

除了内容上带来对外部世界的直接认知,更重要的是电视所开启的以家庭为单位的娱乐模式冲击了乡村的集体性活动。一直以来,乡村的集体活动承担着仪式性的功能,起到社会整合、促进人际交往,提高社区凝聚力的功能。但是,电视让农民越来越封闭在自己的私人空间,变成了"沙发里的土豆"。

(三)农村文化主体

近些年来,农民感触最深的便是民歌、民间故事、民间曲艺这些承载着"乡村记忆"的文化载体逐渐衰落,传统节日的热闹的程度也大不如从前。农民面临着两个大问题。第一是身份困惑。原来农民有地,安安稳稳,有一整套家族、社会、传统、文化价值、耕读传家的秩序在。现在随着经济结构转型,青年一代农民以务工、读书等形式走出乡村,面对生活环境的变化,理想与现实之间的落差,以及乡村记忆与城市体验的冲突,使很多人产生了焦虑与迷茫。第二是生存选择。农民们坦言,传统的社火、戏曲等,在乡村都是受欢迎的,但他们由于生存的压力,无暇顾及。特别是在一些"无土之村"[1],由农耕型经济转变为劳务型经济,农民依靠打零工来维持生计,如果某天不外出打工,就意味着这一天的家庭收入为零——这给农民带来了巨大的不安全感。笔者在一些乡村调研时也了解到,村子里的年轻人看似很清闲地打牌娱乐,实际上内心感到焦虑不安。劳务型经济也产生了很多问题,尤其是家庭问题,那么多的留守儿童、留守老人、留守妇女,农民的最基本的情感,亲情、爱情的需要得不到满足,生存的意义是为了什么?

在调研中笔者也看到,农民对教育的重视程度越来越高,为了获得更优质的教育资源,一部分父母陪伴孩子到城里就读。在空间上割断了他们与乡土的联系,造成了乡村文化传承断裂、本土性知识缺失、

---

[1] 农民的土地被流转给了企业,土地变成了一种名义上的存在物。

乡土情感淡漠等。在这样的情况下，乡村儿童对于乡村知识的掌握大大下降，对传统文化的传承能力大大减弱。不过乡村教育改革所带来的这些隐性影响却往往被人们忽略。

就此而言，乡村文化建设不仅是发展大众文艺、大众体育、大众活动，满足农民的文化需求，更重要的是通过这些来建构农民的人生意义、村庄公共空间与人际关系、农村的价值系统。只有农民在引导下逐步地组织起来，有效地参与村庄事务的决策和管理之中，他们才真正有可能成为新农村建设的主体。

第二章 媒介化乡村的文化传播

众所周知,信息不仅可以改变物质世界,更可以改变人的精神结构和行为方式。新中国成立70多年来,中国的信息影响力从最初的通讯、通信到大众传播的平面纸质媒介和数字媒介,都在以超强的力度和速度向内地以西的地带扩展,使相对封闭的西北乡村获得了关于现代世界的广阔视野,也促进了这一区域的民族融合,提升了国家认同度,开启了现代化的区域经济原发潜能。

严格意义上讲,计划经济时代的传媒西进速度是相对缓慢的。自20世纪90年代后半叶国家实施西部大开发战略以来,现代传媒产业在国家财政的直接支持下快速发展,使西北地区在信息的享有和使用上基本与全国同步。政府和传媒业界清楚地知道,让中国的现代传媒设施在西北形成网络化,是一件举世罕见的浩大工程,其传媒设施的建设与养护成本也是中国东南部的数十百倍计。同时,各方力量也清醒地认识到,现代传媒硬件建设仅仅是信息社会所必需的物质条件,而这些现代化载体传输的信息如何被这些地区的人民所接受和享有,产生了什么样的个体行为效应和社会效应,才是信息社会保持均衡和健康所必要的日常化观测和深入研究的内容。

时至今日,大众媒介已深深地嵌入乡村社会生活中,无论是乡村治理、乡村文化发展抑或是农村个体的发展都离不开媒介和传播活动。互联网的快速发展并未取代乡村的其他媒介,从乡村媒介、传统媒介再到今天的移动互联网,乡村传播的发展并不是各种媒介依次取代的过程,而是一个依次叠加的过程。新冠肺炎疫情防控期间,乡村大喇叭、布告栏、宣传折页等一系列因地制宜的媒介以非常接地气的方式有效地沟通信息。就此而言,"媒介化社会"与其说是一个分析概念,不如说是研究现代乡村社会时必然要面对的基本社会语境。因而我们在考察乡村传播与文化发展之互动关系时,就需要强调文化传播的媒介化语境,而传播社会学为我们提供了更加开放的研究视角。

第一节 研究设计

根据最新公布的《第47次中国互联网络发展状况统计报告》,截至2020年12月,我国农民网民规模为3.09亿人,占网民整体的31.3%;农村地区互联网普及率为55.9%,城乡地区互联网普及率差异缩小至23.9%。[①] 时下,互联网技术已逐步在我国广大乡村普及,社交媒介在乡村文化建设以及乡村社会治理中发挥着日益重要的作用,新媒体成为乡村治理的"助推器"。党的十九届五中全会提出,"十四五"期间要"实现巩固拓展脱贫攻坚成果同乡村振兴有效衔接",网络治理体系和治理能力现代化是新时代新要求,新媒体时代的乡村治理之路是实现现代化美好农村建设的必由之路。

为进一步了解当前农村借助新媒体参与乡村社会治理以及乡村文化的情况,本课题组从地理空间的维度对西北五省区的11个县/乡/区进行观察样点定位,通过艰辛的实地调查,获得了宝贵的100多份田野问卷样本及1200多份问卷。课题成果对西北乡村社交媒介使用与社会效应的现实情况进行了点、线、面的定性和定量兼具的全景性描述。

---

① 数据来源于中国互联网络信息中心,《第47次中国互联网络发展状况统计报告》,http://www.cnnic.net.cn。

本书的另一个重要价值在于建立起具有中国本土特色的传媒社会影响力的类型化理论。该理论对中国传媒研究具有一定示范效应。因为无论从加强西部乡村文化建设，还是站在国家战略高度——加快中国西部发展步伐，都需要这类尊重现实，尊重西部社区、社群特点的实证性科学研究成果。

一　抽样方案与资料收集

本研究主要采取多段分层抽样方法进行抽样。首先，我们在甘肃省、新疆维吾尔自治区、青海省、陕西省四个地区随机抽取了两个县（市或者区），考虑就近原则在宁夏回族自治区随机抽取了3个县，获得11个县/乡/区。其次，结合不同省份的人数及问卷发放难度，在甘肃省、新疆维吾尔自治区、青海省、陕西省四个省份抽取的每个县/乡/区分别随机抽取120个样本，宁夏回族自治区每个县/乡/区抽取80个样本，获得1200多个样本。

本研究采用问卷发放的形式收集资料，在资料收集过程中，考虑到时间和人力成本及可行性，最终收集样本1227份，剔除无效问卷20份，最终获得1207份问卷，问卷有效率为98.37%。最终样本分布如表2-1所示。

表2-1　　　　　　　　样本分布

省份	市/县/乡/区	样本量
甘肃省	临洮县	118
	武威市柏树镇	115
青海省	西宁市	237
新疆维吾尔自治区	哈密市陶家宫	140
	回城乡	127
宁夏回族自治区	隆德县凤玲乡	80
	平罗县城关镇	79
	吴忠市同心县石狮镇沙沿村	75

续表

省份	市/县/乡/区	样本量
陕西省	咸阳市	236
		1207

二 问卷设计

本研究所使用的问卷为自编问卷，结合文献及研究目的，将问卷分为基本信息、社交媒体使用、文化参与、政治参与四个部分，具体指标体系如表2-2所示：

表2-2　　　　　　　　指标体系

维度	一级指标	二级指标
基本信息	性别	
	年龄	
	受教育程度	
	婚姻	
	政治面貌	
	职业	
	经济状况	月收入
		收入来源
	居住状态	
	土地耕种情况	
	村民交往	
社交媒体使用	使用情况	使用种类
		使用时长
		使用频率
	关注内容	
	影响因素	
文化参与	公共文化设施	设施配备
		设施建设参与
	文化活动满意度	文体活动参与
		宗教性文化活动参与
		活动参与积极性

续表

维度	一级指标	二级指标
政治参与	政治活动参与	常规活动参与频率
		意见反馈途径
		联系或求助
		影响因素
	公共事务关注	关注内容
		关注程度
	影响因素	参政意识
		基层民主满意度
		政治兴趣

三 问卷的信度和效度检验

信度反映了测量结果的一致性、稳定性和可靠性。信度系数越高，意味着调查结果的内在一致性越强，结果越稳定和可靠。表2-3呈现了问卷中社交媒体使用频率、文化活动参与积极性、政治参与、公共事务关注度、参政意识，以及基层民主满意度六个量表的信度结果。结果可知，除了参政意识量表外，其余量表的克朗巴哈系数（Cronbach's α）①均大于0.8，但由于参政意识量表的题项个数较少，因此信度系数较低也可以接受。综上所述，问卷具有较好的信度。

表2-3　　　　　　　　信度检验结果

名称	样本量	题项个数	Cronbach's α
社交媒体使用频率	1207	6	0.803
文化活动参与积极性	1207	4	0.835
政治参与	1207	11	0.866
公共事务关注度（D2）	1207	8	0.900
参政意识（D3）	1207	4	0.527
基层民主满意度（D4）	1207	6	0.894

---

① 通常标准如下：系数>0.8 很好；系数>0.7 较好；系数>0.6 可以接受；一般<0.6 需要修改问卷；<0.5 完全不适用。

接下来，进一步采用因子分析法来考察调查问卷的结构效度，主要以 Kaiser-Meyer-Olkin 度量和 Bartlett 球形值来进行检验。由表 2-4 可知，KMO 值[①]为 0.920，Bartlett 的球形度检验 Sig 值（即 P 值）小于 0.05，说明问卷具有较好的结构效度，可进行后续分析。

表 2-4　　　　　　　KMO 值和 Bartlett 的球形值检验

	KMO 值	0.920
Bartlett 的球形实验	近似卡方	21789.890
	Df	741
	Sig.	0.000

第二节　农村居民社交媒体使用及公共事务参与现状

一　调研对象基本情况

（一）性别、年龄

从 1207 个有效样本的分布来看，如图 2-1 所示，男性受访者占比 56.34%，女性受访者占比 43.66%，被访者的男女性别比较均衡。从年龄的分布情况来看，15—45 岁的青年人占比 61.47%，45—60 岁的中年受访者占比 31.73%，60 岁以上的老年受访者占比 6.79%，受访民众的年龄主要集中在 18—65 岁。受访对象中，在婚人数最多占比 69.93%，未婚受访者占比 22.70%，离婚受访者占比 3.23%，丧偶与同居受访者分别占比 2.98% 与 1.16%（见图 2-3）。

（二）受教育程度分布

从受教育程度来看，小学及以下的受访对象占比 27.09%，初中的占比 33.55%，高中及同等学力的占比 12.59%，大专的占比 10.85%，本科及以上的占比 15.91%。小学及以下与初中占比基本持平，皆接

[①] 一般认为：KMO＞0.8 很好；KMO＞0.7 较好；KMO＞0.6 可以接受；一般＜0.6 不适用。

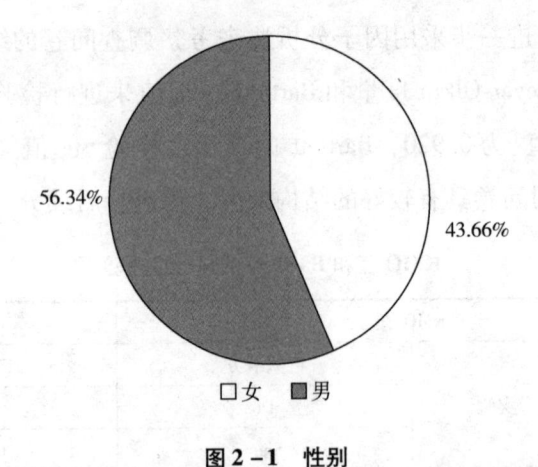

56.34%　43.66%

□女　■男

图 2-1　性别

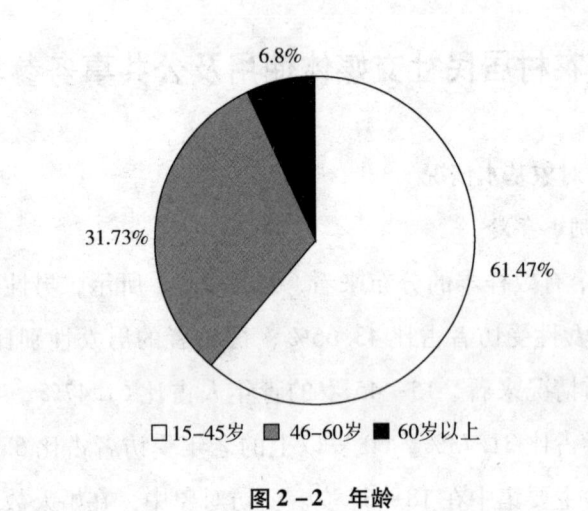

6.8%
31.73%　61.47%

□15-45岁　■46-60岁　■60岁以上

图 2-2　年龄

近三成，可基本预测，留住乡村的居民文化水平偏低。

（三）政治面貌分布

图 2-5 所显示的是受访对象是否是党员的情况，绝大多数的受访对象都不是党员（88.73%），仅有一成的居民是党员，农村基层社会治理是一项系统工程，工作成果的取得和整个农村面貌的改善需要靠基层党组织和村干部来领导组织。党员带动村民使用新媒体参与乡村治理是基层社会治理的趋势，以点带面，发展更多的党员有利于发挥

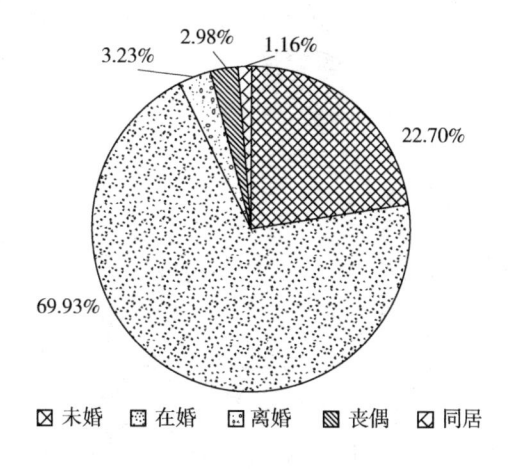

图 2-3 婚姻状况

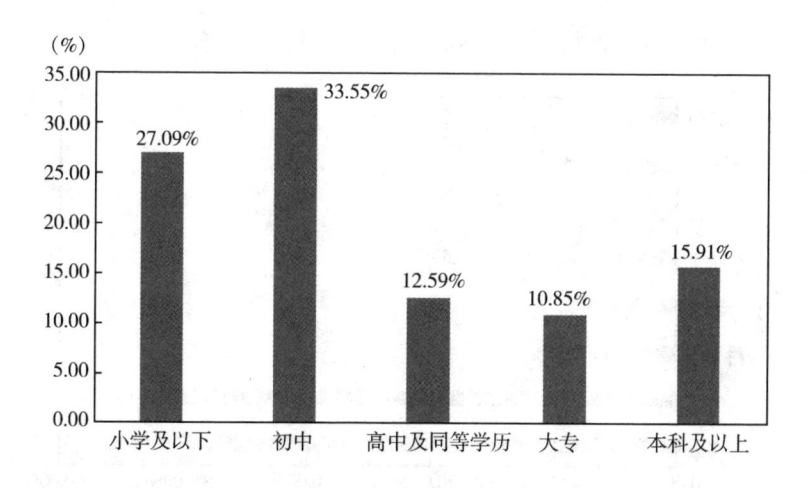

（未婚 3.23%；在婚 69.93%；离婚 2.98%；丧偶 1.16%；同居 22.70%）

图 2-4 受教育程度

（小学及以下 27.09%；初中 33.55%；高中及同等学历 12.59%；大专 10.85%；本科及以上 15.91%）

党员在农村的示范带动作用，利于乡村早日实现社会治理现代化。

（四）职业分布情况

在职业分布方面，37.95%的受访对象选择务农，43.25%的受访者选择打工，15.49%的受访对象是学生，分别有7.54%和4.39%的为经商和乡村干部，1.91%的村民选择教师，值得注意的是有4.23%的人当前无工作，属于待业状态。另外在调查中发现，在农村地区，部分人口尤其是青壮年人口，既务农又打工，很多人会在农忙时回家

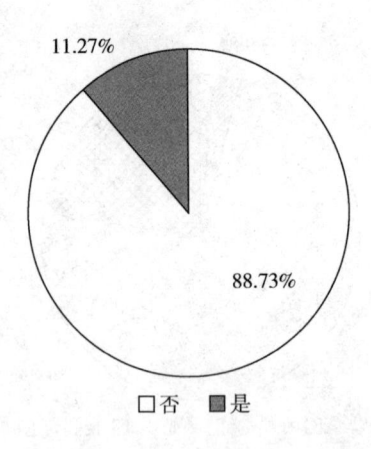

图2-5 政治面貌

务农，其他时间在外打工。

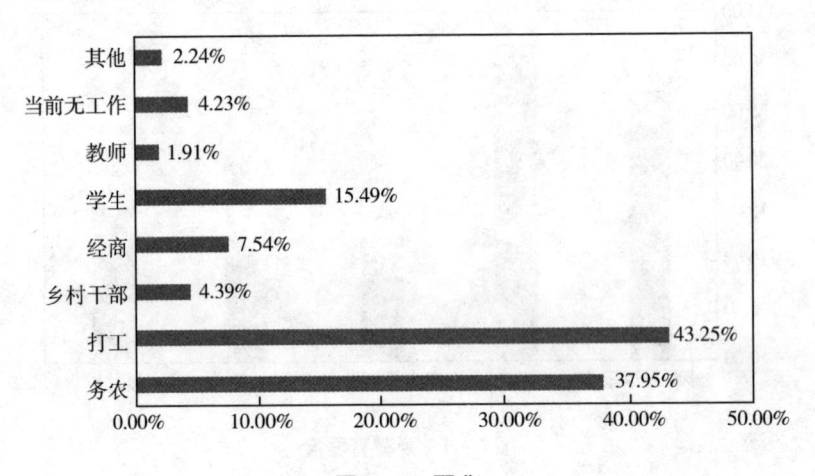

图2-6 职业

（五）收入情况

如表2-5所示，调研对象的收入主要来自农产品收入和外出打工，打工收入分为本地（省内）打工和外出（省外）打工，分别为299人次与410人次。由此可见，打工收入是受访对象的主要收入来源。其中513人次选择农产品收入，410人次选择外出（省外）打工，208人次的居民收入来自养殖，本地（省内）打工人次299，工资性收入、社保兜底（低保、养老金、残疾津贴等）分别有 221 人次、111 人次选择，另外还有 51 人次的收入来自公益岗位。

表 2-5　　　　　　　　　　收入类型

收入类型	人次
农产品收入	513
养殖业	208
本地（省内）打工收入	299
外出（省外）打工	410
公益岗位	51
社保兜底（低保、养老金、残疾津贴等）	111
工资性收入	221
其他	47

本次受访对象的年收入主要集中在 6 万元以下，30.90% 的受访居民年收入在 20000 元以下，年收入 20001—40000 元和 40001—60000 元的受访者分别占比 32.15% 和 16.82%，年收入在 60001—80000 元的调研对象占比 8.62%，7.46% 的受访对象年收入 80001—100000 元，年收入 10 万元以上的受访对象占比 4.05%（见图 2-7）。

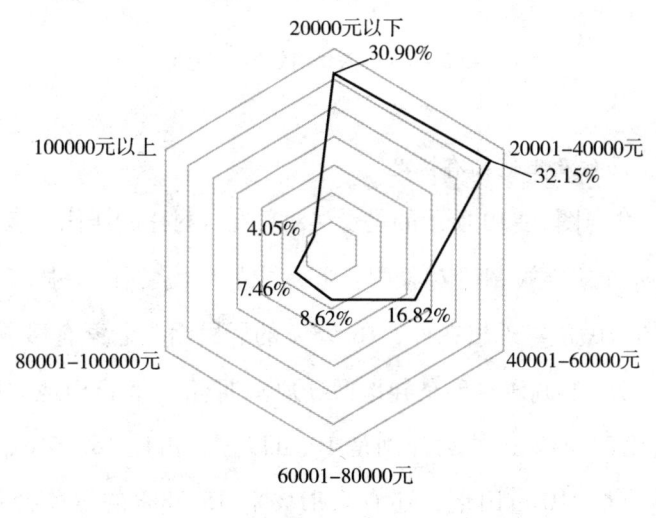

图 2-7　收入

调查数据显示，不同地区受访对象收入均值存在差异：在1207个有效样本中，收入均值为45923.09元，高于均值收入的地区仅有3个，为咸阳市、吴忠市同心县石狮镇沙沿村、青海省西宁市大通县，受访对象的平均收入分别为49521.61元、59373.33元、58265.82元，其他6个地区受访对象的平均收入皆低于平均值，分别为甘肃临洮县42582.8元、隆德县凤玲乡42071.25元、新疆哈密市陶家宫41400元、平罗县城关镇41265.82元、新疆回城乡39366.14元、甘肃省武威市柏树镇29461.07元（见图2-8）。

地区	收入均值（元）
新疆回城乡	39366.14
新疆哈密市陶家宫	41400
咸阳市	49521.61
吴忠市同心县石狮镇沙沿村	59373.33
青海省西宁市大通县	58265.82
平罗县城关镇	41265.82
隆德县凤玲乡	42071.25
甘肃省武威市柏树镇	29461.07
甘肃临洮县	42582.8

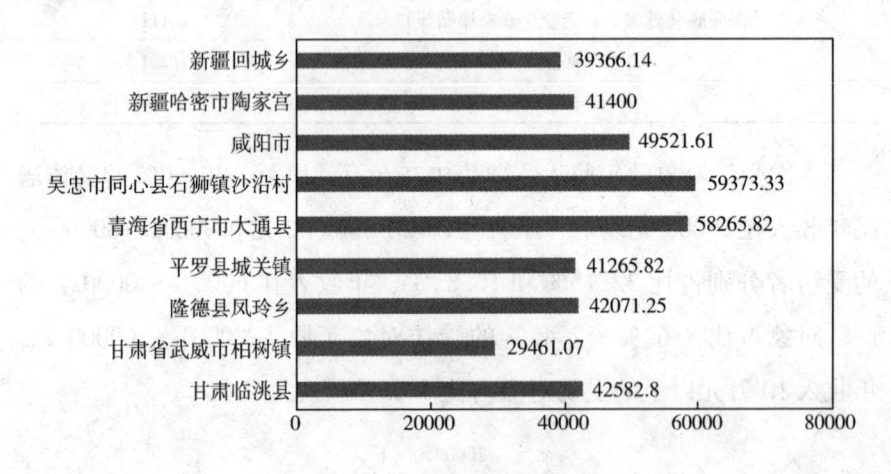

图2-8 收入均值的地区差异

（六）居住及土地拥有情况

图2-9与图2-10所示的是受访对象在其村庄的居住状态和其家有土地耕种情况。在被调研对象中，近六成的居民常住本村（59.15%），16.82%的居民常年外出在外，16.98%的居民因为老家有房偶尔回村，另还有4.47%的调研对象是异地搬迁户。拥有1—5亩田地的居民人数最多，占比33.64%，其次分别是10亩以上，占比16.74%，15.66%的居民拥有6—10亩田地，还有6.21%和15.58%的村民会部分或者全部流转自己家的土地，或因为常年外出打工或因为年龄增长无力耕

种较多的土地。

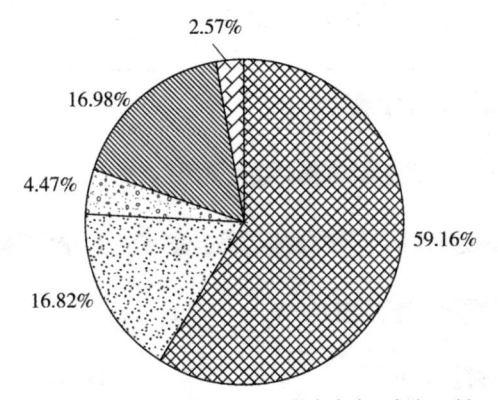

图2-9 居住状态

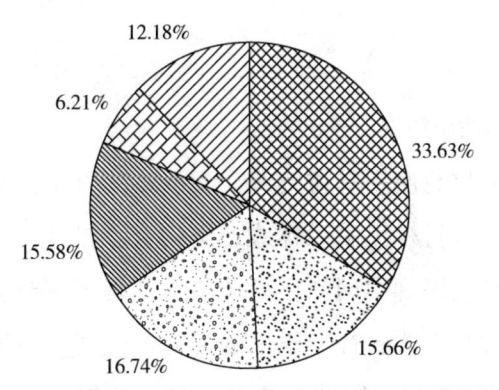

常住本村 59.16%
常年外出 16.82%
异地搬迁户 4.47%
老家有房，偶尔回村 16.98%
其他 2.57%

图2-10 土地耕种情况

1-5亩 33.63%
1-10亩 15.66%
10亩以上 16.74%
全部流转 15.58%
部分流转 6.21%
其他 12.18%

（七）村民交往情况

图2-11所显示的是受访对象与本村村民交往情况的结果，当被问到与本村居民交往密切程度时，15.33%的受访对象认为自己与村民交往密切，25.85%的被调研者选择较多地与村民交往，超过四成（41.43%）的居民认为一般，另有13.09%的受访对象很少与本村居民交往，而有4.31%的受访对象几乎不与本村居民接触。总体情况而

言，相较于城市间日益疏离的邻里关系，农村更多的是"熟人"社会，村民之间的沟通交流更具黏性。

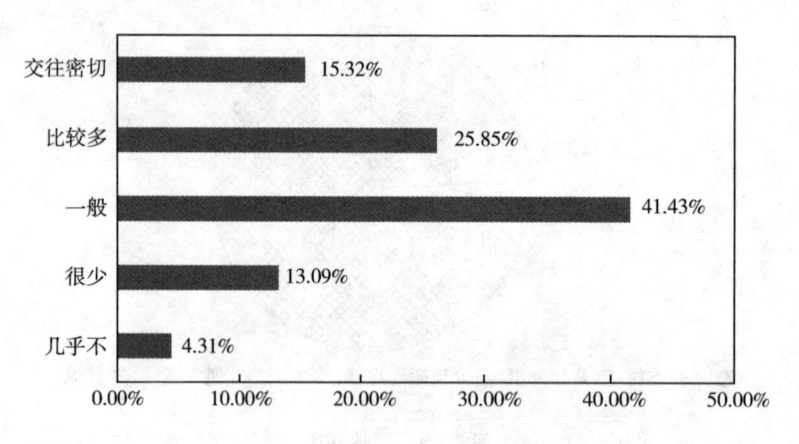

交往情况	比例
交往密切	15.32%
比较多	25.85%
一般	41.43%
很少	13.09%
几乎不	4.31%

图 2-11　与本村村民交往情况

二　社交媒体使用情况

社交媒体在乡村的使用日益普及，逐渐改变着中国乡村人际交往方式，影响着中国乡村村民关系样式，重构着乡村社会群体的组织结构和乡村社会治理秩序。中国社交媒体的迅猛发展深刻影响着人民的沟通交流和社会参与方式，社交媒体的使用已经成为我国脱贫攻坚和乡村振兴的重要"武器"。因此，接下来我们要探究受访对象社交媒体使用情况。

（一）社交媒体使用类型

我们在对受访对象使用社交媒体类型进行调查时看到，微信与快手是受访对象主要使用的社交媒体，分别占比 89.48% 和 53.19%；34.55% 的受访对象经常使用抖音，29.83% 的受访对象选择 QQ，另外还有 13.09% 的受访对象使用微博较多。由此可以基本判断，农村借助新媒体参与乡村社会治理以及乡村文化建设可以主要选择微信和快手，如图 2-12 所示。

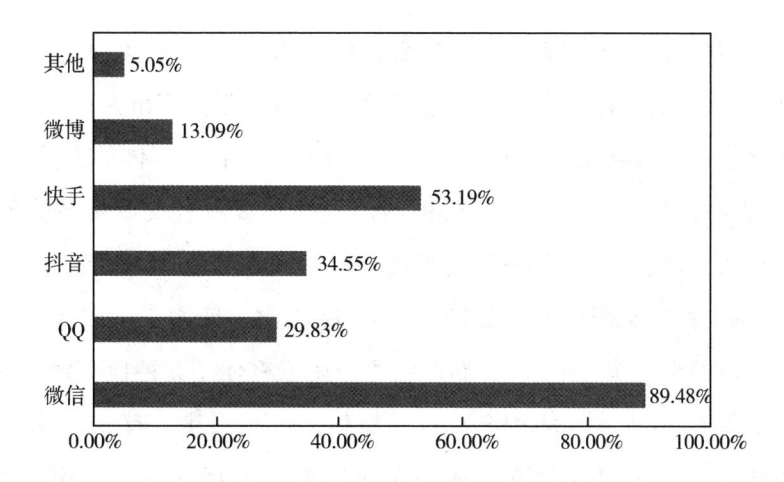

图 2-12　使用社交媒体类型

```
其他     5.05%
微博     13.09%
快手     53.19%
抖音     34.55%
QQ      29.83%
微信     89.48%
```

表 2-6　　　　　社交媒体使用种数的地区差异比较

地区	0—1 种	2 种	3 种	4 种以上	总计
甘肃临洮县	44	29	30	15	118
甘肃省武威市柏树镇	34	44	17	20	115
隆德县凤玲乡	23	42	10	5	80
平罗县城关镇	12	26	17	24	79
青海省西宁市大通县	50	122	27	38	237
吴忠市同心县石狮镇沙沿村	17	22	15	21	75
咸阳市	92	83	36	25	236
新疆哈密市陶家宫	40	50	21	29	140
新疆回城乡	45	39	26	17	127
总计	357	457	199	194	1207

表 2-6 所显示的是受访对象社交媒体使用种数的地区差异,从中我们可以知道,甘肃临洮县使用 0—1 种社交媒体的人数最多,有 44 人次,使用 4 种以上社交媒体的人数最少,有 15 人次;甘肃省武威市柏树镇使用 2 种社交媒体的人数最多,有 44 人次,使用 3 种社交媒体的人数最少,有 17 人次;隆德县凤玲乡有 42 人次使用 2 种社交媒体,人数占比最多,使用 4 种以上社交媒体的人数最少,有 5 人次;平罗

县城关镇受访对象中使用2种社交媒体的人最多,有26人次,使用0—1种社交媒体的人数最少,有12人次;青海省西宁市大通县使用2种社交媒体的人数最多,有122人次,使用3种社交媒体的人数最少,有27人次;吴忠市同心县石狮镇沙沿村使用2种社交媒体的人数最多,有22人次,使用3种社交媒体的人数最少,有15人次;咸阳市使用0—1种社交媒体的人数最多,有92人次,使用4种以上社交媒体的人数最少,有25人次;新疆哈密市陶家宫使用2种社交媒体的人数最多,有50人次,使用3种社交媒体的人数最少,有21人次;新疆回城乡使用0—1种社交媒体的人数最多,有45人次,使用4种以上社交媒体的人数最少,有17人次。综上所述,有6个地区使用2种社交媒体的人数最多,分别都有4个地区使用3种社交媒体和4种以上社交媒体的人数最少。

(二)社交媒体使用时长

如图2-13所示,接近一半(49.30%)的受访人员平均每天花费在微信、QQ、抖音、快手等社交媒介的时长是0—2小时,花费时长在2—4小时的受访对象占比34.54%,11.60%的村民每天在社交媒体花费的时间为4—6小时,另外还有0.83%、2.48%、1.25%的受访群众分别使用社交媒体的时间为6—8小时、8—10小时以及10小时以上。综上可知,受访对象平均每天花费在微信、QQ、抖音、快手等社交媒介的时长主要集中在0—4小时。

不同地区的受访对象每天使用社交媒体的平均时长也存在差异,所有调查对象每天花费在微信、QQ、抖音、快手等社交媒介的平均时长为2.81小时,超过平均时长的地区5个,分别为新疆哈密市陶家宫3.27小时、咸阳市3.12小时、吴忠市同心县石狮镇沙沿村3.95小时、平罗县城关镇3.39小时、甘肃省武威市柏树镇2.91小时。与此同时,有4个地区的受访对象每天花费在社交媒介的时长没有超过平均时长,分别为新疆回城乡2.72小时、青海省西宁市大通县2.48小时、隆德

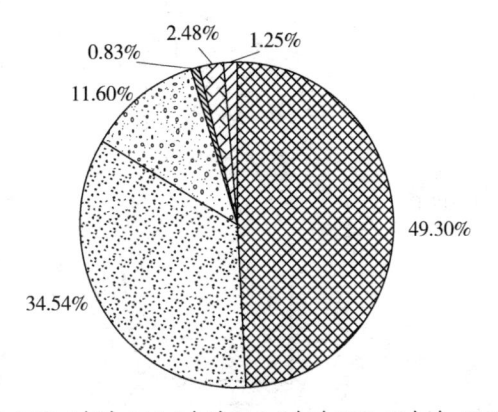

图 2-13　平均每天花费在社交媒介的时长

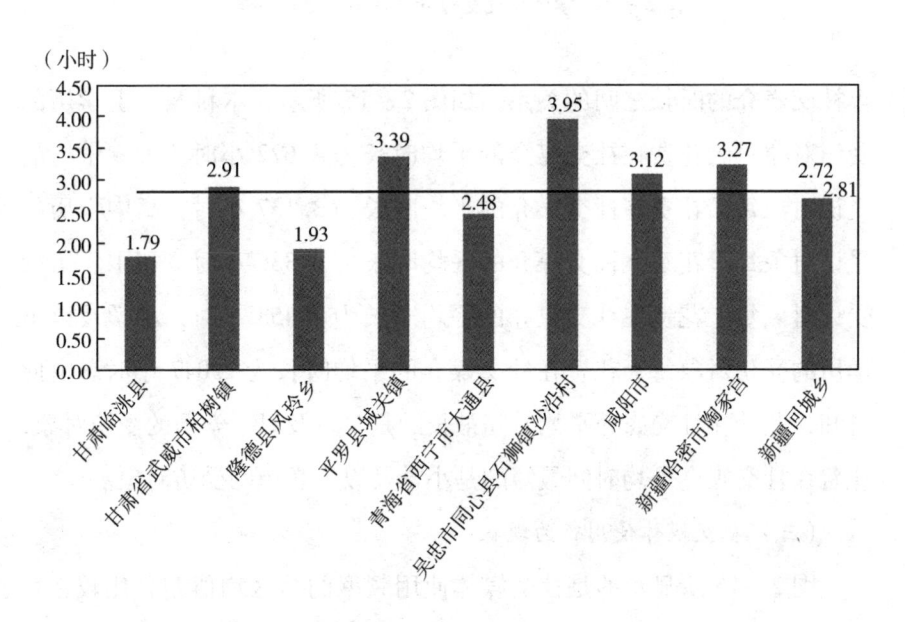

图 2-14　使用社交媒体平均时长的地区差异

县凤玲乡 1.93 小时、甘肃临洮县 1.79 小时。由此可知，甘肃省临洮县受访对象每天使用社交媒体时长最短，吴忠市同心县石狮镇沙沿村每天使用社交媒体时长最长。

接下来我们来探究学历与平均每天花费在微信、QQ、抖音、快手

本科及以上 4.672

小学及以下 2.047　　初中 2.458

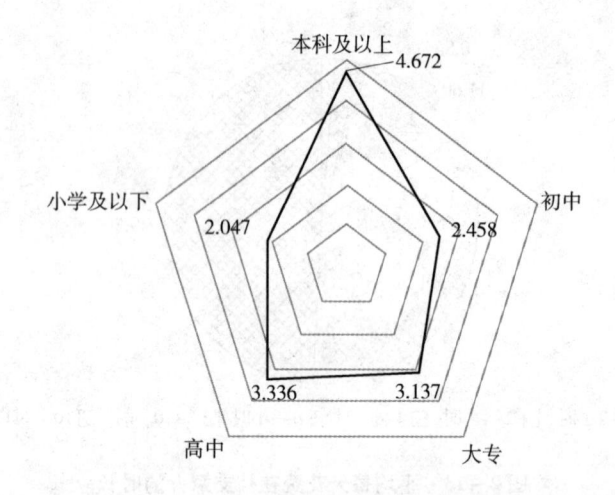

3.336　　3.137

高中　　大专

图 2-15　学历与社交媒介使用时长之间的关系

等社交媒介的时长之间的关系，如图 2-15 所示，本科及以上学历的受访对象每天花费在社交媒介的平均时长为 4.672 小时，大专学历的受访对象每天花费在社交媒介的平均时长为 3.137 小时，高中学历的受访对象每天花费在社交媒介的平均时长为 3.336 小时，初中学历的受访对象每天花费在社交媒介的平均时长为 2.458 小时，小学及以下学历的受访对象每天花费在社交媒介的平均时长为 2.047 小时。由此可知，花费在社交媒介平均时间最长的是本科及以上学历的受访对象，花费在社交媒介平均时间最短的是小学及以下学历的受访对象。

（三）社交媒体使用行为现状

图 2-16 所显示的是社交媒体使用频率的地区均值差异比较，均值越大说明该地区受访对象把认为重要的信息（视频、图片、音乐等）分享到社交平台或发送给朋友搜索某一新闻事件或话题、与别人讨论某一新闻事件或话题、发表对某一事件或话题的意见、建立或加入群组（如微信群）、闲逛或随便刷刷推荐内容等活动频率越高（见图 2-16 至图 2-22）如图 2-16 所示，甘肃临洮县均值为 14.95、甘肃省武威市柏树镇均值为 15.03、隆德县凤玲乡均值为 13.57、平罗县

城关镇均值为15.82、青海省西宁市大通县均值为12.46、吴忠市同心县石狮镇沙沿村均值为16.24、咸阳市均值为15.53、新疆哈密市陶家宫均值为14.2、新疆回城乡均值为13.45。综上所述,吴忠市同心县石狮镇沙沿村的受访对象使用社交媒介活动频率最高。

地区	均值
新疆回城乡	13.45
新疆哈密市陶家宫	14.2
咸阳市	15.53
吴忠市同心县石狮镇沙沿村	16.24
青海省西宁市大通县	12.46
平罗县城关镇	15.82
隆德县凤玲乡	13.57
甘肃省武威市柏树镇	15.03
甘肃临洮县	14.95

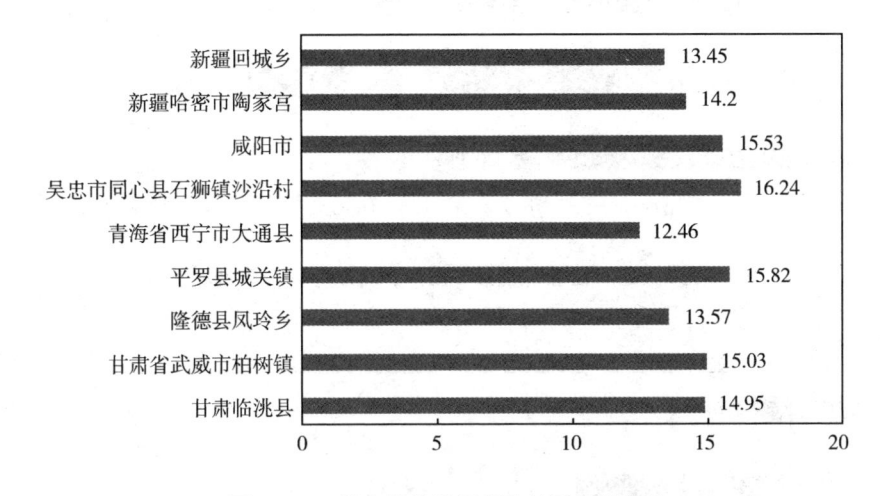

图2-16 社交媒体使用频率地区均值差异

当被问到"把认为重要的信息(视频、图片、音乐等)分享到社交平台或发送给朋友"时,从图2-17可以看到,11.10%的受访居民选择"有时",20.38%的居民选择"从不",42.92%的人群选择"经常",偶尔把重要的信息(视频、图片、音乐等)分享到社交平台或发送给朋友的受访对象占比23.61%,另外1.99%的居民则"总是"分享信息。

当被问到使用社交媒介"搜索某一新闻事件或话题"时的频率时,如图2-18所示,26.93%的受访居民选择"偶尔",22.87%的居民选择"从不",35.29%的人群"经常"利用社交媒介搜索某一新闻事件或话题,另外2.40%的居民则"总是"使用微信、QQ、抖音、快手等社交媒介搜索新闻事件或话题。

关于使用社交媒介"与别人讨论某一新闻事件或话题"的调查结

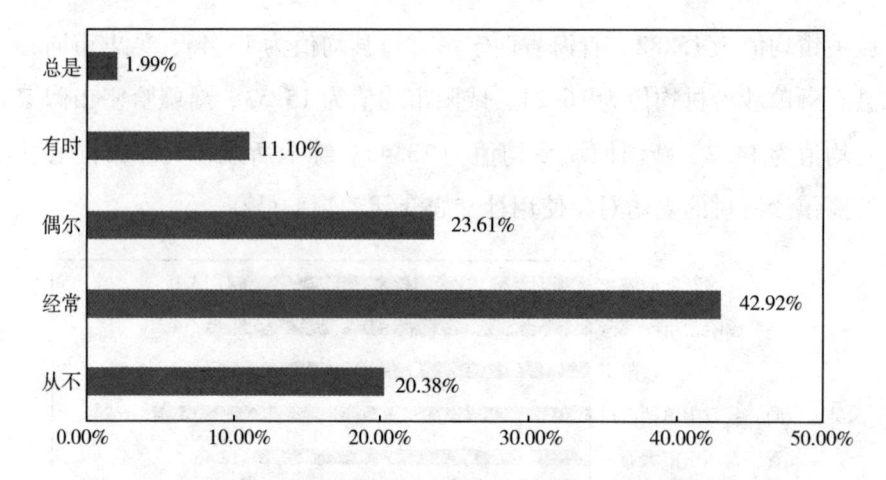

图2-17 信息（视频、图片、音乐等）分享情况

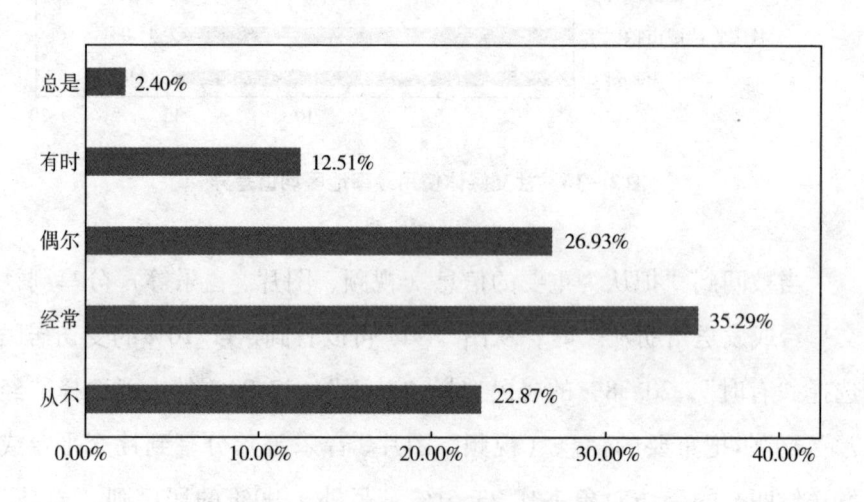

总是 1.99%
有时 11.10%
偶尔 23.61%
经常 42.92%
从不 20.38%

图2-18 搜索某一新闻事件或话题的情况

总是 2.40%
有时 12.51%
偶尔 26.93%
经常 35.29%
从不 22.87%

果如图2-19所示，26.10%的受访居民选择"偶尔"，25.10%的居民选择"从不"，9.44%的居民选择"有时"，"经常"通过社交媒介与别人讨论某一新闻事件或话题的受访对象占比37.61%，另外1.74%的居民则"总是"分享信息。由此可见，超过四分之一的人群并不会通过社交媒介进行讨论。

如图2-20所示，当被问到使用社交媒介"发表对某一事件或话

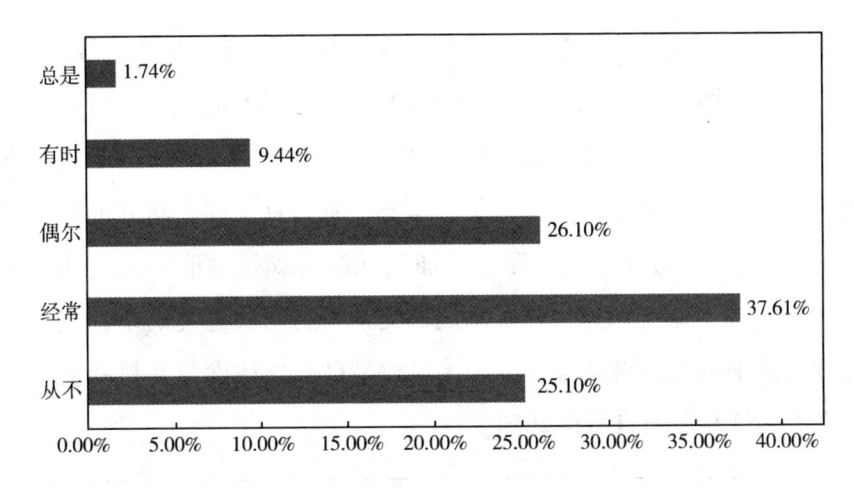

图 2-19 与别人讨论某一新闻事件或话题的情况

题的意见"的频率时，30.07%的受访居民选择"从不"，23.78%的居民"偶尔"会通过社交媒介发表自身意见，8.37%的人群则是"有时"发表意见，"经常"通过社交媒介发表对某一事件或话题意见的受访对象占比36.29%，另外1.49%的居民则"总是"在社交媒体上发表见解。

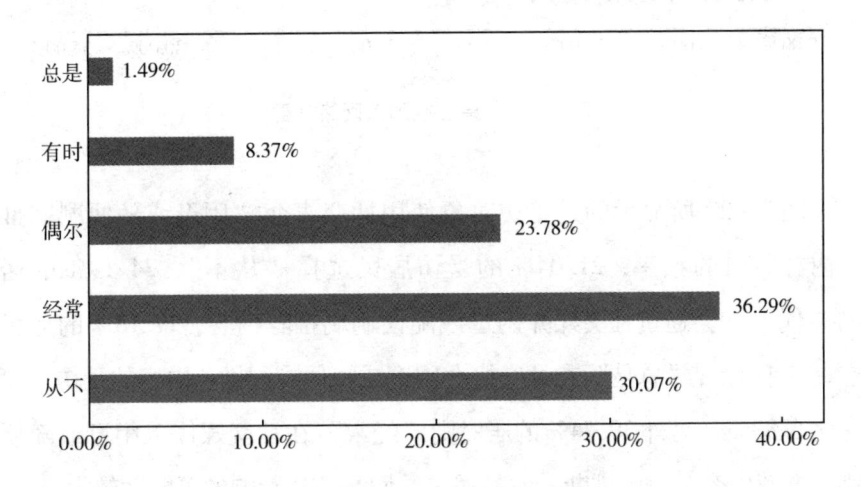

图 2-20 发表对某一事件或话题的意见

当被问到使用社交媒介"建立或加入网络社群（如微信群）"的频率时，如图 2.21 所示，21.87% 的人群选择"有时"，30.57% 的受访居民"偶尔"会建立或加入群组（如微信群），26.59% 的受访者选择"经常"，16.16% 的居民则是"从不"通过社交媒介建立或加入群组，"总是"通过社交媒介建立或加入社群（如微信群）的受访对象占比 4.81%。综上所述，超过八成的受访农村居民通过网络社交媒体建立过或加入过网络社群，由此，农村借助新媒体参与乡村社会治理以及乡村文化具有良好的基础。

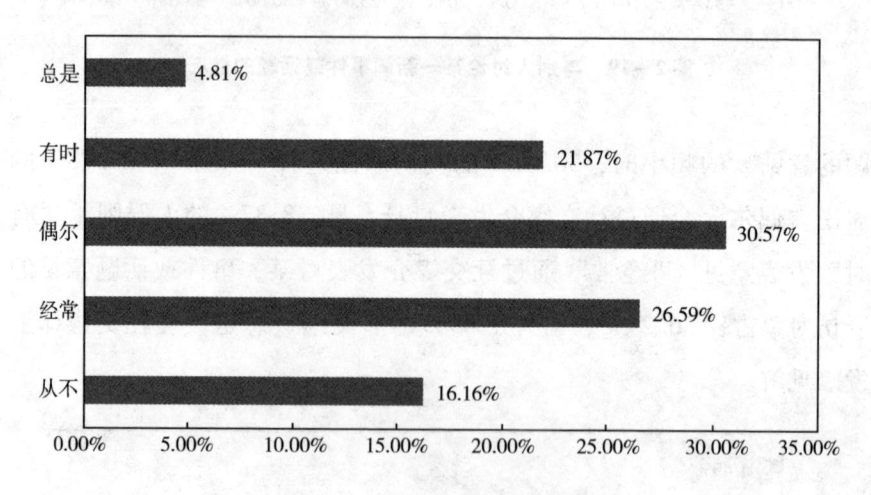

图 2-21 建立或加入网络社群

图 2-22 所显示的是受访对象使用社交媒介"闲逛或随便刷刷推荐内容"时的频率，21.04% 的受访居民选择"从不"，24.19% 的居民"偶尔"会通过社交媒介闲逛或随便刷刷推荐内容，17.15% 的居民选择"有时"，"总是"在社交媒介闲逛或随便刷刷推荐内容的受访对象占比 6.88%，另外 30.74% 的居民则"经常"在社交媒体上闲逛或随便刷刷推荐内容。由此推断，农村居民受网络信息影响的可能性较大。

（四）社交媒体关注信息情况

社会化媒体的信息传播从村民的人际交往中延展到行政信息传播

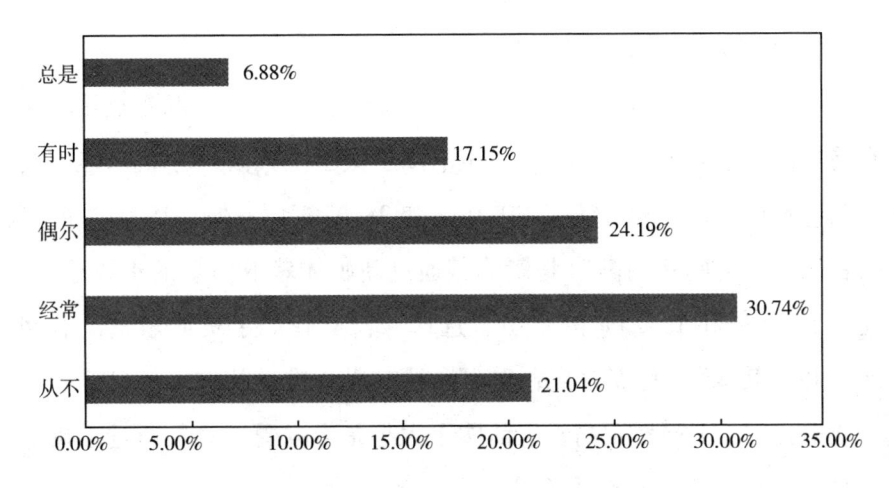

图 2-22 闲逛或随便刷刷推荐内容

中，行政信息主要分为国家政策资讯、本省信息、本县信息、乡镇信息、本村信息等层次，了解村民在社交媒体上关注信息的层次有利于分析掌握村民使用社交媒体参与乡村社会治理的倾向（见表 2-7）。

表 2-7 社交媒体上会关注到的信息层次

问题	层次	个案百分比（%）
在社交媒体上会关注哪一层面的信息（多选题）	国家政策资讯	66.61
	本省信息	41.67
	本县信息	29.08
	乡镇信息	22.87
	本村信息	44.08

本课题还对农村居民在社交媒体上所关注的信息层次进行了调查，结果如表 2-7 所示：66.61% 的受访者会关注国家政策相关资讯。对于有关本村的信息，有 44.08% 的受访者会关注。分别有 41.67%、29.08%、22.87% 的受访者会在社交媒体上关注本省信息、本县信息、乡镇信息。因而根据受访者的反馈情况来看，大多数的农村居民会关注国家政策资讯与本村信息，他们更多地会关注与自己相关的信息，而较少的受访者会关注本县信息和乡镇信息。

(五) 影响信息获取的因素

针对影响村民通过手机等新媒体获取信息的原因,调查显示,排在前三位的原因为"看不懂""生活圈子太小"以及"手机功能不会用",分别占到了 30.16%、29.16% 和 28.67%。另外,25.02% 的受访者认为"上网费用高"是影响其通过新媒体获取信息的重要原因,还有 12.26% 和 13.75% 的受访者选择"没有智能手机或家里没有网络"和"其他"。总而言之,看不懂社交媒介推送的网络信息、手机功能不会用、上网费用高、生活圈子太小是影响受访对象通过手机等新媒体获取信息的主要原因(见表 2-8)。

表 2-8 影响受访对象通过手机等新媒体获取信息的原因

问题	选项	个案百分比(%)
哪些原因会影响你通过手机等新媒体获取信息:(多选题)	上网费用高	25.02
	看不懂	30.16
	手机功能不会用	28.67
	生活圈子太小	29.16
	没有智能手机或家里没有网络	12.26
	其他	13.75

第三节 乡村文化参与现状分析

在乡村文化建设中,农民发挥着不可替代的主体性作用,由于城乡二元结构建设,经济上的相对落后让乡村居民逐步降低乡村文化参与的主动性,农民的主体意识、主体能力是决定乡村文化建设的内在因素,这一部分我们主要研究农村居民文化参与的情况,力求了解村民各类文化活动参与、设施建设参与、参与积极性等基本情况,为激发农民在深度参与乡村文化参与的积极性、能动性、创造性建言献策。

一 乡村文化设施建设现状

在被问到"您的村庄是否有以下公共文化设施?"时,选择村庄拥有"农村文化礼堂"的受访对象占比 20.38%,拥有"图书室/农家书屋"的受访对象占比 34.05%,57.00% 的村民选择他们村庄拥有"体育健身场所",另外分别还有 56.75% 和 38.86% 的村民知道他们村庄拥有"文化广场"和"休闲活动中心(如棋牌室)"。由此可知,体育健身场所与文化广场在农村普及率较高,但是休闲活动中心(如棋牌室)、农村文化礼堂、图书室/农家书屋的建设率较低。

表 2-9　　乡村文化设施

问题	选项	个案百分比(%)
您的村庄是否有以下公共文化设施(多选题)	农村文化礼堂	20.38
	图书室/农家书屋	34.05
	体育健身场所	57.00
	文化广场	56.75
	休闲活动中心(如棋牌室)	38.86
	其他	7.79

表 2-10 所显示的是受访对象参与过公共文化设施建设工作的状况,参加过"图书室/农家书屋"建设的受访对象占比 13.75%,39.85% 的受访对象参加过"体育健身场所"的建设。同时,在受访对象中也有 24.94% 和 11.02% 的受访群众分别参加过"休闲活动中心"和"农村文化礼堂"的建设。另外分别还有 12.01% 的受访群众参与过"文化遗产保护"工作。显然,村民参与公共文化设施建设工作的情况不尽如人意,参与乡村文化建设在文化设施建设方面的工作亟须加强。

二 文体活动参与情况

我们的调查还涉及村民参与文体、艺术类活动的情况。我们看到,

表 2–10　　　　　　　参与公共文化设施建设工作的情况

问题	选项	个案百分比（%）
您是否参与过以下公共文化设施建设工作（多选题）	图书室/农家书屋	13.75
	体育健身场所	39.85
	休闲活动中心	24.94
	农村文化礼堂	11.02
	文化遗产保护	12.01
	其他	28.50

参加"体育锻炼"最为普遍，其人数占到了51.12%，其次，参加"节日庆祝活动"占29.83%，24.61%的受访对象表示会参加"广场舞"活动，20.79%的农村居民会参与本地的读书读报活动，还有19.47%的人参加过"下棋等棋牌室活动"。此外分别还有11.93%、13.17%、14.50%的村民参加过乡村的"观看露天电影""传统文化教育活动""科技知识教育活动"。由此可见，除了体育锻炼活动，村民参与其他乡村文体、艺术类活动的频率较低（见表2–11）。

表 2–11　　　　　　　文体、艺术类活动参与情况

问题	选项	个案百分比（%）
下列文体、艺术类活动您的参与情况：（多选题）	体育锻炼	51.12
	广场舞	24.61
	读书读报	20.79
	下棋等棋牌室活动	19.47
	观看露天电影	11.93
	传统文化教育活动	13.17
	科技知识教育活动	14.50
	节日庆祝活动	29.83
	其他	8.37

另外，不同地域的受访对象参与文化活动的情况也存在差异。地区均值越高，说明受访对象参加文化活动数量越多，从图2–23我们可以看到，甘肃临洮县的均值为1.94，甘肃省武威市柏树镇均值为

2.62，隆德县凤玲乡的均值为1.56，平罗县城关镇的均值为1.75，青海省西宁市大通县的均值为1.67，吴忠市同心县石狮镇沙沿村的均值为2.19，咸阳市的均值为2.09，新疆哈密市陶家宫的均值为1.96，新疆回城乡的均值为1.60。因此，甘肃省武威市柏树镇的受访群众文体、艺术类活动参与数量最多，吴忠市同心县石狮镇沙沿村次之，隆德县凤玲乡活动数量最少。

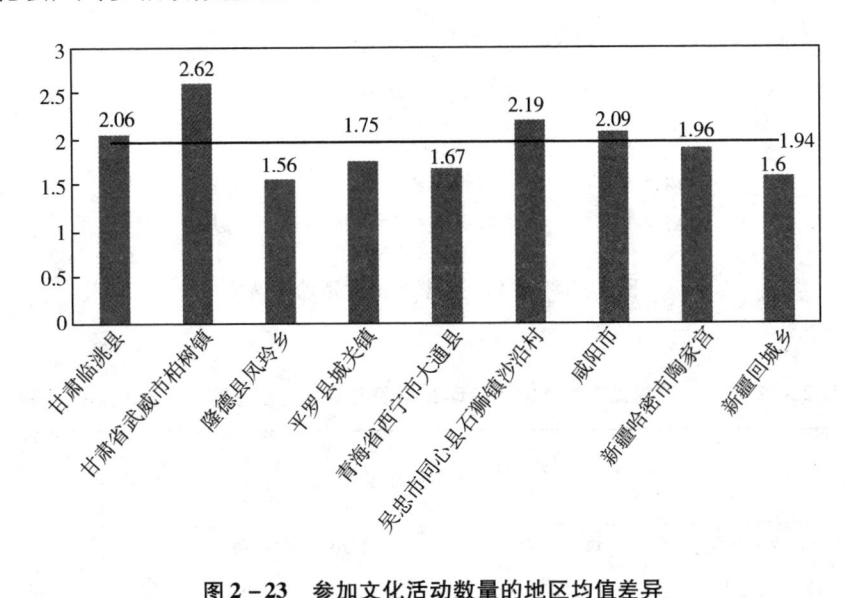

图2-23 参加文化活动数量的地区均值差异

三 宗教性文化活动参与情况

由于所调研的地区有部分为少数民族聚集区，因此我们的问卷涉及村民的宗教活动的开展。如图2-24所示，在受访对象中，15.99%的受访对象参与过"寺庙/教堂等宗教活动"，参与过"修缮宗祠祖坟"的受访对象占比5.14%，分别有10.69%和19.47%的受访者参加过"祭祀活动"和"庙会"。在受访对象之中，仍有43.50%的受访群众选择"其他"类宗教性文化活动，其中可能包括非主流、非正规活动，参与这些活动的村民普遍年龄大、学历学识低、思想观念旧、管理能力差，需要引起相关部门的注意。

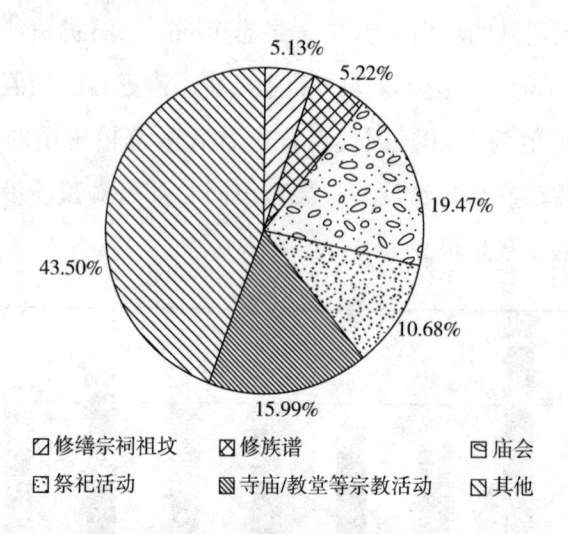

图 2-24　进行过宗教性文化活动的情况

饼图数据：
- 修缮宗祠祖坟 5.13%
- 修族谱 5.22%
- 庙会 19.47%
- 祭祀活动 43.50%
- 寺庙/教堂等宗教活动 15.99%
- 其他 10.68%

表 2-12　村民宗教性文化活动参与情况的地区性差异　　　　单位：%

	祭祀活动	庙会	寺庙/教堂等宗教活动	修缮宗祠祖坟	修族谱	其他
甘肃临洮县	1.55	21.28	5.70	4.84	12.70	8.38
甘肃省武威市柏树镇	26.35	3.40	2.07	1.61	0.00	12.95
隆德县凤玲乡	6.98	14.47	2.07	0.00	4.76	5.71
平罗县城关镇	3.88	8.94	2.07	4.84	0.00	8.76
青海省西宁市大通县	11.63	5.10	55.44	33.87	3.17	15.24
吴忠市同心县石狮镇沙沿村	2.33	0.00	20.73	3.22	0.00	5.71
咸阳市	20.93	40.85	10.36	25.81	66.67	6.67
新疆哈密市陶家宫	18.60	5.11	1.56	14.52	7.94	16.58
新疆回城乡	7.75	0.85	0.00	11.29	4.76	20.00
总计	100	100	100	100	100	100

表 2-12 所展示的村民宗教性文化活动参与情况存在地区性差异，在"祭祀活动"中甘肃省武威市柏树镇的受访对象参与人数最多，占比 26.36%，甘肃临洮县的受访对象参与人数最少，占比 1.55%；在

"庙会活动"中咸阳市的受访对象参与人数最多,占比40.85%,吴忠市同心县石狮镇沙沿村没有受访者参与过庙会活动;在"寺庙/教堂等宗教活动"中青海省西宁市大通县的受访对象参与人数最多,占比55.44%,新疆回城乡没有受访者参与过庙会活动;在"修缮宗祠祖坟"中青海省西宁市大通县的受访对象参与人数最多,占比33.87%,隆德县凤玲乡没有受访者参与过庙会活动;在"修族谱"中咸阳市的受访对象参与人数最多,占比66.67%,甘肃省武威市柏树镇、平罗县城关镇、吴忠市同心县石狮镇沙沿村没有受访对象参与过修族谱。

四 文化活动参与积极性

图2-25所显示的是文化参与积极性的地区均值差异,九个地区的均值为4.94,超过均值的地区有5个,分别为甘肃临洮县5.5、甘肃省武威市柏树镇6.32、隆德县凤玲乡6.06、吴忠市同心县石狮镇沙沿村5.28、咸阳市5.98;低于均值的地区有4个,分别为平罗县城关镇3.71、青海省西宁市大通县2.62、新疆哈密市陶家宫4.23、新疆回城乡4.78。据此,甘肃省武威市柏树镇受访对象文化活动积极性最高、隆德县凤玲乡次之,青海省西宁市大通县受访者文化活动积极性最低。

课题组通过"参加本地文化活动""积极参与组织各类文化活动""会把文化活动的现场图片、视频分享到社交媒介""会动员周围的村民一起参加化活动"这四个问题来了解受访对象参加文化活动的积极程度(见图2-26至图2-29)。当被问道"我会积极参加本地文化活动"的积极程度时,"偶尔"积极参加的受访者人数最多,占比46.31%,选择"有时"的受访对象占比24.61%,"经常"积极参加本地文化活动的村民占比9.20%,同时,2.24%的受访者选择"总是",另外,在受访对象中,17.65%的人"从不"积极参加本地文化活动。

当被问道"我会积极参与组织各类文化活动"的积极程度时,"偶尔"积极参与的受访者占比33.47%,选择"有时"的受访对象占

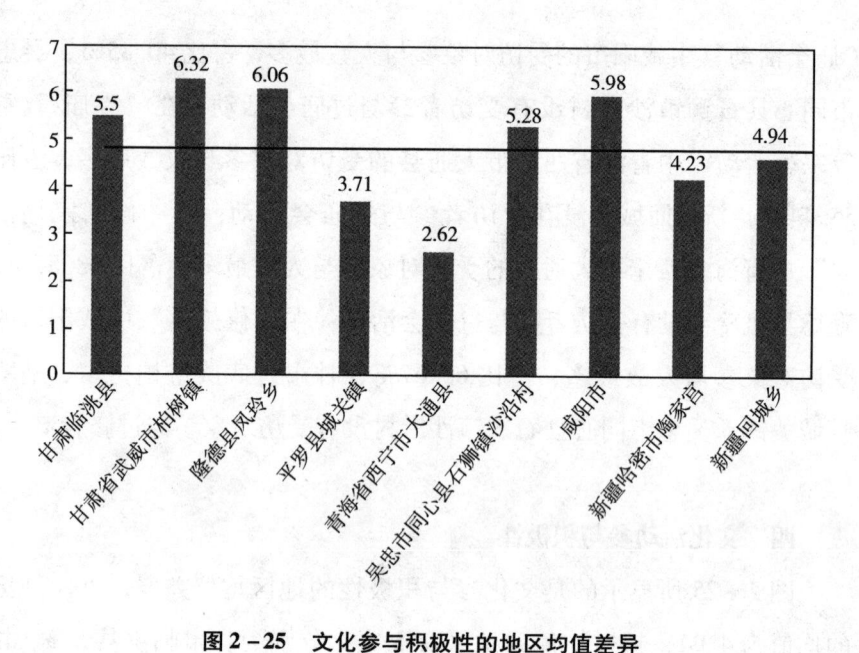

图 2-25 文化参与积极性的地区均值差异

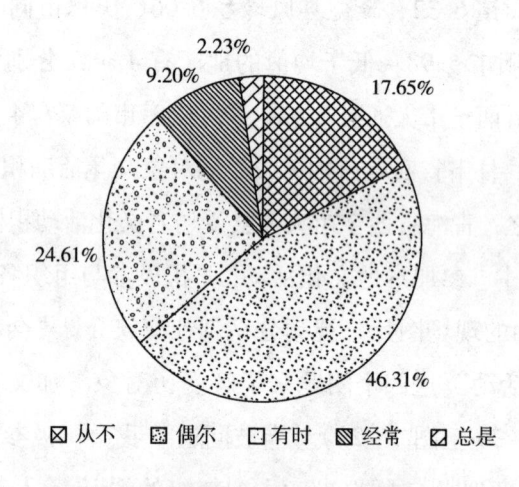

图 2-26 农民参加本地文化活动情况

比 25.52%,"经常"积极参与组织各类文化活动的村民占比 8.78%,同时,2.49% 的受访者选择"总是"。值得注意的是,在受访对象中,29.74% 的人"从不"积极参与组织各类文化活动。也就是说,群众参与组织文化活动的积极性较低、主动性较差、主观意识较为薄弱。

在激发群众参与组织文化活动的积极性方面需要下功夫。

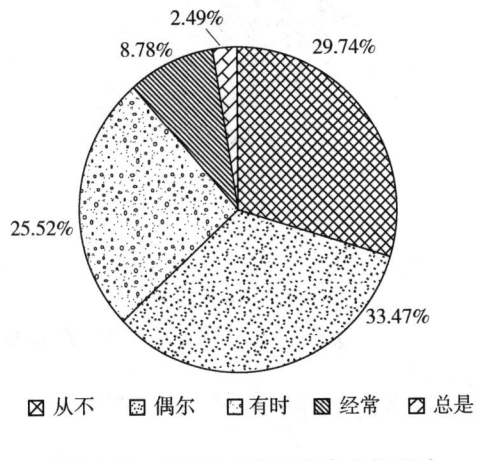

图 2-27　积极参与组织各类文化活动

（从不　偶尔　有时　经常　总是）

数据：从不 29.74%，总是 2.49%，经常 8.78%，偶尔 33.47%，有时 25.52%

当被问道"我会把文化活动的现场图片、视频分享到社交媒介"时，选择"偶尔"的受访者占比 35.71%，选择"有时"的受访对象占比 22.78%，"经常"会把文化活动的现场图片、视频分享到社交媒介的村民占比 9.86%，同时，1.41% 的受访者"总是"会通过网络媒体积极分享。在受访对象中，30.24% 的人"从不"在网络上分享活动图片、视频，其中很大一部分原因是参与各类文化活动的机会较少，还有部分村民习惯于面对面的人际交往，或由于注重隐私，分享欲较弱（见图 2-28）。

当被问道"我会动员周围的村民一起参加文化活动"的积极程度时，"偶尔"积极动员身边人的受访对象占比 30.99%，选择"有时"的受访对象占比 20.71%，"经常"会动员邻里、亲朋好友、家人等周围人的村民占比 8.78%，同时，2.40% 的受访对象"总是"会动员身边人。另外，在受访对象中，37.12% 的人"从不"会动员周围的村民一起参加文化活动，意味着接近四成的村民不会动员身边人，需要引起重点关注。

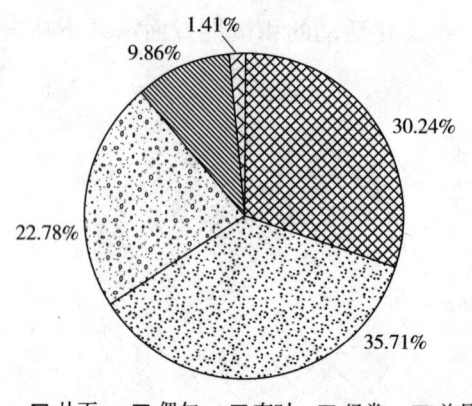

图2-28　会把文化活动的现场图片、视频分享到社交媒介

- 从不 30.24%
- 偶尔 35.71%
- 有时 22.78%
- 经常 9.86%
- 总是 1.41%

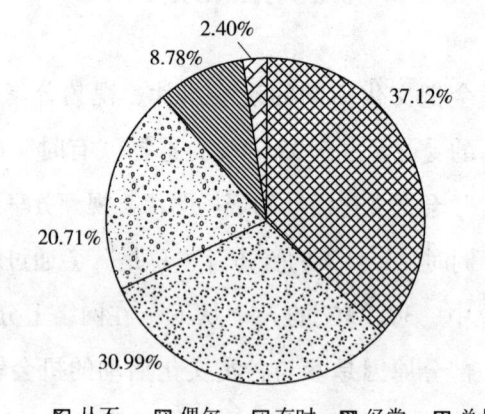

图2-29　会动员周围的村民一起参加文化活动

- 从不 37.12%
- 偶尔 30.99%
- 有时 20.71%
- 经常 8.78%
- 总是 2.40%

表2-13　　　　经常和总是参加文化活动情况对比　　　　单位：%

	经常参加	总是参加
我会积极参加本地文化活动	9.20	2.24
我会积极参与组织各类文化活动	8.78	2.49
我会把文化活动的现场图片、视频分享到社交媒介	9.86	1.41
我会动员周围的村民一起参加文化活动	8.78	2.40

在经常参加及总是参加文化活动情况和发生活动行为之间的关系中，经常参加"我会把文化活动的现场图片、视频分享到社交媒介"的人数比例最高，为9.86%，其次是"我会积极参加本地文化活动"人数比例，为9.20%。在总是参加的活动中，"我会积极参与组织各类文化活动"的人数占比最高，为2.49%，其次是"我会动员周围的村民一起参加文化活动"人数比例，为2.40%。

本章小结

在移动互联时代，媒介技术不断在乡村社会中渗透，新媒体在乡村治理中发挥着日益重要的作用，新媒体成为乡村治理的"助推器"。党的十九届五中全会提出，"十四五"期间要"实现巩固拓展脱贫攻坚同乡村振兴有效衔接"，网络治理体系和治理能力现代化是新时代的新要求，新媒体时代的乡村治理之路是实现现代化美好农村建设的必由之路。微信和快手是绝大多数受访者使用的社交媒体，因此可以考虑使用微信或者快手来拓宽农村借助新媒体参与乡村社会治理以及乡村文化的渠道，绝大多数受访村民每日花费在网络社交媒介的时间并不长，说明社交媒介对于村民尤其是偏远地区的村民来说，使用频率并不高。

乡村农村文化礼堂、图书室/农家书屋、休闲活动中心（如棋牌室）等公共文化设施较少，同时缺乏像样的乡村文化大舞台、村图书室、村文化活动室。文化基础设施建设、公共文化服务体系建设、乡村文化产业发展等多是由地方政府单向决策，很少听取农民的意见和建议，从而影响了农村居民的积极性。体育锻炼是受访对象参与人数最多的活动，科教类活动数量较少、不贴合群众生活实际、趣味性低、活动宣传力度不够等都是村民参与文体、艺术类活动较少的原因。受访村民参与乡村公共文化设施建设工作不甚乐观，但接近八成的受访者都参与过宗教性文化活动，有超过四成（43.50%）的受访对象选择其他，这其中不排除包括非主流、非正规的宗教性活动，需要引起重视，加强引导与管理。从不参与组织策划、从不分享活动感悟、从不动员周围人参与活动的人数较多，在乡村文化建设中，只有充分发挥农民的主体性，才能更好地推进乡村文化发展。发挥农民主体性有利于提高农民的整体素质，农民的主体意识、主体能力是决定乡村文化建设的内在因素，这些因素直接决定着乡村文化建设的实现程度。

我们探究了村民社交媒体使用行为对其乡村文化参与的影响，社交媒体使用行为主要从村民使用的种类和频率来考察，乡村文化参与则从文化活动参与和公共文化设施建设两个方面来分析。我们发现，在当下互联网时代，乡村村民的日常生活亦是"媒介"生活，社交媒体无形中拓展了他们的社会交往范围，拉近了彼此的纽带。研究结果启示我们，村民学会使用各类社交媒体将有助于他们更加积极地投入乡村文化活动中；提高村民对社交媒体使用的频率，也能提高他们参与乡村文化活动的热情。微信、抖音等平台实现了村民们在文化生活上的互动与分享，进而激起村民们积极参与线下娱乐和休闲活动，由此形成良性互动。

村民的社交媒体接触仍停留在休闲娱乐的文化活动上，在具体的乡村公共文化设施建设上，社交媒体使用的种类和频率对此并无影响，这就说明社交媒体上提供的资源并不能很好地满足村民自我发展的需求和实现村民共同建设的动力。当前的乡村新媒体平台还不能真正成为村民自发改善文化生活的重要途径。一方面，如何布局社交媒体平台上的乡村信息和资源，使村民更为主动积极地投入乡村文化事业的建设与发展中，是接下来需要思考的重要问题。另一方面，我们也欣喜地发现，鼓励那些大专及以上的高学历人群更多更频繁地使用社交媒体，可以更好地推动他们投入乡村文化事业的发展中。这一人群媒介素养较高，也是发展乡村文化的中坚力量，应该加强建设和发展。

第三章　乡村文化空间的群众文艺实践

第一节　"公共空间"的理论阐释

一　哈贝马斯的"公共领域"

"公共领域"（public sphere）这一概念最早由德国学者汉娜·阿伦特提出，她将古希腊城邦视作公共领域加以考察，认为城邦中人们的行动和言谈构建起了实体空间，成为超越私人领域的公共领域。①之后，第二代法兰克福学派学者哈贝马斯在论文《公共领域及其结构转型》（或被翻译为《公共空间的结构性转变》）中将"公共领域"理论真正推向世界，该理论后来也成为建构传播学思想体系的重要来源之一。在文中，哈贝马斯探讨了公共意见的产生与变迁，对于什么是"公共领域"，他这样解释道："在阅读日报或周刊、月刊评论的私人当中，形成一个松散但开放和弹性的交往网络。通过私人社团，他们自发聚集在一起。"② 公共领域的前提是自由参与，在这里，身份平等取代了等级森严的封建礼仪，人们由文学批判扩展到政治批判；同时，公共领域具有一定的开放性，一些出版物和报纸把市民阶层的私人成员联系在一起，逐渐造就了"公众"（the public）这样一个理性

---

① 王寅丽、陈君华：《浮上水面的潜流——汉娜·阿伦特论公共领域的衰落》，《华东师范大学学报》（哲学社会科学版）1998 年第 6 期。
② ［德］尤尔根·哈贝马斯：《关于公共领域问题的答问》，《社会学研究》1999 年第 3 期。

的群体。他们在考虑问题的时候，不仅仅局限于自己的私利，同时还本着理性的、"大公无私"的立场参与公共问题的讨论。

哈贝马斯的"公共领域"是在17—18世纪的欧洲资产阶级刚刚兴起的历史背景下提出的，只要能够贯彻自由、开放、平等、理性精神的，独立于国家和市场，由公民参与的论坛，都可以被称为公共领域。它既可以是面对面的聚会，也可以是在此基础上代替直接交流的各种媒体。但实际上，哈贝马斯所关注的是资产阶级的公共交往方式，忽视了资产阶级社交活动之外的公共话语。因为"只有那些有良好教育背景、有经济特权而无世袭头衔的有产者集团成员，才有渠道和意愿参与那些关于公共事务的批判性和理性探讨"①。从本质上讲，公共领域的概念就是意见交换，它建立在不同个体来到同一地点，平等地、面对面地对话、交流思想的基础之上。所包含的核心特征有：参与的开放性、论题的低门槛、讨论的理性思辨、共同利益的维护以及促进社群整合等。

随着资本主义的发展，尤其是19世纪末以后，公共领域出现了转型和衰落。在国家和市场的夹击下，过去生机勃勃的公共领域逐渐衰落，自由、平等、理性的交流论坛空间越来越小，逐渐让位于各种政治力量、经济力量所搭建的舞台上，"公共领域的真正参与者却成为台下的看客，公众意见被各种力量玩弄于股掌之上，公众只有在规定地方背书（endorse）的权利"②。

随着公共领域概念传入中国，学术界关于"近代中国是否存在公共领域"的议题争论不休。持存在说观点的王迪认为，"清初和清中晚期公共领域就已经存在，义仓、祠庙、会馆、学堂等都是公共领域

---

① 吴旭：《"公众空间"的特征及其在三种媒介形态上的比较》，《国际新闻界》2008年第9期。

② 刘海龙：《大众传播理论：范式与流派》，中国人民大学出版社2008年版，第310页。

的表现形式"①。徐纪霖也持同样的观点:"近代中国公共领域的出现,大致在甲午海战失败到戊戌变法这段时间,其出现的标志为拥有公共的交往空间和脱离于政治权力之外的公共讨论空间。"②他们认为随着资本主义生产关系的完善,长江上游等地区具备了公共领域发展所需要的政治空间,中国在明清时期已逐渐产生公共领域。还有一部分学者如孔复礼、王国斌、魏斐德等人却认为,"中国近世并不曾出现足以与国家形成对抗的自治空间。晚清活跃的公共空间仅是地方精英对权威发起的小范围挑战,并未对国家权威话语造成影响"③。另外,黄宗智主张用"第三领域"代替公共领域,因为"中国的'第三领域'与18世纪资产阶级的公共领域有鲜明的区别,是来自中央集权的大国和基层小农社会结合形成的中国特色体系,是政府与民间相互作用的空间"④。

本书认为,在近代中国社会发展中,的确孕育过产生公共领域的土壤,也拥有较为狭小且稀薄的发展空间,但当时的公共领域多成点状发展,较为分散,影响力较弱,无法对当时的国家权力形成制衡力量。当下,我国大部分地区的农村已普及互联网技术,本社区居民经常在网络空间里对公共事务开展讨论,并促成线下的公共行动。这一过程不仅强化了彼此的联结,也使村民对本社区产生了归属感与情感认同,从这个意义上讲,互联网技术为中国公共领域的发展提供了不竭动力。

二 社会化媒体中新兴公共领域出现的可能

社会化媒体（social media）也可译作社交媒体,学者彭兰将其定

---

① 王笛:《晚清长江上游地区公共领域的发展》,《历史研究》1996年第1期。
② 许纪霖:《近代中国的公共领域:形态、功能与自我理解——以上海为例》,《史林》2003年第2期。
③ 余新忠:《中国的民间力量与公共领域——近年中美关于近世市民社会研究的回顾与思考》,《学习与探索》1999年第4期。
④ 黄宗智:《重新思考"第三领域":中国古今国家与社会的二元合一》,《开放时代》2019年第3期。

义为"互联网上基于用户社会关系的内容生产与交换平台"①。今天人们对社会化媒体的重视,更多的是因为其在公共信息传播与社会事务中的价值,使用"社会化"一词可以更好地体现大规模的互动及其影响。

(一) 平权平台

社会化媒体往往被看作对平民的一次赋权,平民有了这些应用方式,就有了话语权。但这种赋权只是赋予了一种"权利",从"权力"的角度看,社会化媒体平台上并非永远人人平等。有些平台上话语权的差异非常明显,甚至可能比现实空间还要突出,例如在微博上,那些拥有话语权的意见领袖成为这些平台的权力中心,人们理想中的所谓"去中心化",实质上是一个去除某些专业媒体的中心地位而赋予某些个体中心地位的"再中心化"过程。但也有些平台上,人们的话语权力相对平等,如即时通信等。总而言之,是差序还是平权,取决于平台的技术与人为规则。而差序的平台,在很大程度上仍是现实空间话语权力落差的一种反映。

(二) 开放结构

从社会化媒体的发展线索来看,封闭结构发展为开放结构,是一种趋势。像微博、微信、抖音、快手等社交软件造就了一个个以个体为中心的社会网络的集合,每一个个体都可以根据自己的需要来构建自己的社会网络。这样一种开放结构为发展个体的社会关系提供了更多可能,哪怕其中多数关系只是"弱关系",在某些目标的驱动下,一些"弱关系"也可能发展成"强关系",这为个体的社会资本的获得提供了更多的可能性。

今天,现代社会的公共生活被媒介的发展所重塑,特别是社交媒介所提供的意见表达与交流的环境,是公共领域形成的基本条件。但

---

① 彭兰:《社会化媒体:理论与实践解析》,中国人民大学出版社2015年版,第2页。

笼统地说网络就是一种新型的公共领域的说法，是欠妥当的，在实践中也是无法实现的。譬如，同样是论坛，一些新闻网站的论坛可能会有公共领域的色彩，另外一些论坛则是松散的人群聚集之地。此外，互联网时代下的信息环境往往缺乏理性与严肃性，与其说是建构了多元对话，毋宁说是自我强化。尽管社交媒介未能完全达到哈贝马斯理想的商谈环境，但至少它可以向尽可能多的人开放，草根阶层的话语权力尽管微弱，但并非没有意义。"当某个具有公共价值的信息在某个草根用户节点上被引爆时，它同样可以开始扩散，并且逐渐从话语权利的底层向高层传递。微小的权力积累起来，会变成巨大的力量"①，最终会对政府决策乃至社会变革起到助推作用。

综上所述，社会化媒体所提供的意见表达与交流的环境，是公共领域形成的基本条件。在这样的环境中推进公共领域的实践，应该是未来的努力方向。

三 空间理论

空间（space）是人文地理学的核心概念之一，作为万事万物存在的场所以及人类实践活动展开的场域，它具有多方面的社会意蕴。在马克思和恩格斯看来，"人类实践与交往活动、社会关系、精神文化生活，在一定空间展开和持存的同时，本身又作为空间实践、空间事件、物质存在塑造着空间"②。马克思曾经以城乡空间变迁为标识来界定人类历史的分期："古代历史是城市乡村化，而现代的历史是乡村城市化。"③ 马恩强调在实践中认识空间，揭示了空间社会化和社会空间化相互生成的机制，将空间研究拓展至"社会空间"领域。因此，

---

① 彭兰：《社会化媒体：理论与实践解析》，中国人民大学出版社2015年版，第48页。
② 胡潇：《空间的社会逻辑——关于马克思恩格斯空间理论的思考》，《中国社会科学》2013年第1期。
③ 《马克思恩格斯全集》第46卷（上册），人民出版社1979年版，第480页。

空间理论也是唯物史观的重要组成部分。

"20世纪60、70年代以来，空间与空间性成为社会生活的重要内容，空间批判因此成为现代性批判的重要话语思想。"① 爱德华·索亚将批评领域对空间问题的关注称为"空间转向"（spatial turn）。有代表性的空间理论包括亨利·列斐伏尔的"空间生产"、米歇尔·福柯的"空间规训"、戴维·哈维的"时空压缩"、安东尼·吉登斯的"时空分延"、多琳·马瑟的"空间分工"等。他们都将空间视为一种生产话语进行考察，强调空间的社会性内涵以及权力和资本在空间意义上的体现。在诸多空间批判话语中，亨利·列斐伏尔空间生产思想和福柯的空间规训思想最具影响力。列斐伏尔认为空间生产包含三个要素：空间实践、空间的表征以及表征的空间。在他看来，"空间不仅包括外部的、物质的环境，还包括概念化的空间想象以及人们生活和感知的空间"②。列斐伏尔从政治经济学批判范式入手，强调空间在整个商品生产中的决定性意义；福柯从微观政治学批判范式出发，致力于考察权力如何在空间向度上发挥作用，就是通过对空间的"技术操作"来传递某种压制关系。③ 尽管二人对空间的批判视角有所不同，但归根结底，他们认为空间不仅具有自然的、物理的属性，还具有社会的、政治的以及心理的属性。恰如爱德华·索亚所言："空间在其本身也许是原始赐予的，但空间的组织和意义却是社会变化、社会转型和社会经验的产物。"④ 概言之，空间既是一系列物质的固定形态，也是产生、理解社会关系的场所。

很显然，现在我们生活于其中的空间，是一种人化的空间，是社

---

① 刘涛：《社会化媒体与空间的社会化生产：列斐伏尔和福柯"空间思想"的批判与对话机制研究》，《新闻与传播研究》2015年第5期。
② 石崧、宁越敏：《人文地理学"空间"内涵的演进》，《地理科学》2005年第6期。
③ 石崧、宁越敏：《人文地理学"空间"内涵的演进》，《地理科学》2005年第6期。
④ [美] 爱德华·苏贾：《后现代地理学》，王文斌译，商务印书馆2004年版，第121页。

会组织、社会演化、社会转型、社会经验、社会交往、社会生活的产物，是人类有目的的劳动应用，是一种被人类具体化和工具化了的自然语境，是包含着各种社会关系和具有异质性的空间，也就是福柯所言的"异位"空间，它与时间和社会存在三位一体，构成了人类生存的一切具体方面———一幅波澜壮阔的现实画面。

四 "公共领域"与"公共空间"的理论勾连

"公共领域"理论刚刚进入我国，就让几乎所有的社会科学如获至宝，成为研究公共传播、舆论学以及政治民主的重要理论工具。但一些学者主张："对一个理论的理解必须要放在概念和历史情境的两个脉络中考察，不但现实情境的变化会对理论的走向产生影响，个人在不同时期也会因应各种需要对自己的理论有不同表述。"[①] 哈贝马斯写作《公共领域及其结构转型》"主要目标在于从18和19世纪初英、法、德三国的历史语境，来阐明资产阶级公共领域的理想类型"[②]。尽管如此，公共领域的概念不应被局限于历史范畴，而应适应新情境的发展不断进行理论的修正，并用来分析中国的历史经验。"在公共领域中，像公共意见这样的事物能够形成。公共领域原则上向所有公民开放。公共领域的一部分由各种对话构成，在这些对话中，作为私人的人民来到一起，形成了公众。当他们在非强制的情况下处理普遍利益问题时，公民们作为一个群体来行动；他们可以自由地集合和组合，可以自由地表达和公开他们的意见，当公众的数量达到较大规模时，这种交往需要一定的传播和影响的手段；之前的报纸和期刊、广播和电视以及今天的互联网就是这种公共领域的媒介，当公共讨论涉及与

[①] 邵培仁、展宁：《公共领域之中国神话：一项基于哈贝马斯公共领域文本考察的分析》，《浙江大学学报》（人文社会科学版）2013年第5期。

[②] 王洪涛：《哈贝马斯公共领域思想研究》，博士学位论文，华东师范大学，2009年，第87页。

国家活动相关的问题时，我们称之为政治的公共领域，如果涉及公共文化生活，我们称之为文化的公共领域。"① 显然，这些表述对于研究当前的村落、社区、社群等小规模组织具有启示意义。本书认为，哈贝马斯公共领域理论之于中国现实，其最大的价值并非在于促进民主协商及公民参与，抑或是开放、理性和约束政府权力，而首先在于确立了广大民众的主体性地位，在社会生活空间中最大限度地确保了民众普遍的表达权；其次，促进了社会整合，进而实现了群体认同；再者，重新论证国家和社会的关系。

改革开放以后，我国逐步由政府"全权性国家"向多元力量转型，国家与市民社会之间形成了一种特定的互动关系："一方面，国家逐步放弃或退出了某些领域而在相当程度上交由市民社会自行管理，逐渐生长起来的市民社会开始拥有了自己的行动空间；另一方面，市民社会日渐获得自身的独立性与自主性，可以经由各种合法手段而扩大自身的生存空间并开始有意识地与国家讨价还价以进一步改变自己的生存环境。"② 应该说，公共空间促进了市民社会的形成，围绕着公共空间，公共组织力图将所有利益相关者纳入平等协商的范围中，专注于以合作的方式解决问题，推动公民的政治参与和文化参与，为弱势群体赋权等。总而言之，"公共空间"是中国语境下对"公共领域"的另一种表述。

五 乡村公共空间

关于乡村公共空间是人类学、社会学和乡村传播学研究的经典问

---

① [德] 尤根·哈贝马斯：《公共领域》（1964），汪晖译，载汪晖、陈燕谷《文化与公共性》，生活·读书·新知三联书店1998年版，第125页。

② 邓正来：《市民社会与国家知识治理制度的重构——民间传播机制的生长与作用》，载邓正来、[美] 杰弗里·亚历山大《国家与市民社会———种社会理论的研究路径》，中央编译出版社2006年版，第333页。

题，茶馆、饭市、文化礼堂、文化广场、乡村小卖部等乡村公共空间均有丰富的论著。这些公共空间具有展示自我的"表演空间"、与他人建立社会关系的"社会空间"、消遣娱乐的"游戏空间"、交换信息的"交流空间"、表达意见的"话语空间"，以及国家权力规制的"政治空间"等功能。按照万兰芳的定义，乡村社会的公共空间是指"农民走出家庭私人领域进行各种日常生活中的交往互动、采取集体行动参与社区公共事务的社会空间，村民自治是乡村社会的正式公共空间，生产劳动过程中的换工与雇工、农民家庭的红白喜事等则属于乡村社会的非正式公共空间"[①]。显然，作者认为"公共空间"是相对于"家庭私人领域"而言，但这样一个定义却未抽离出研究对象的共同本质特点。本书认为，所谓公共空间，是指免费向公众开放，能够举办各类活动、进行讨论交流的物理场所，就其本质，它是实现社会交往、促进社会整合的社会场域。

20世纪上半叶，投身于乡村社会研究和乡村建设实践的先驱就曾论述过乡村公共空间。梁漱溟在《乡村建设理论》中阐释了创办乡农学校的重要用意："第一个用意就是使乡村领袖与民众因此多有聚合机会。通过聚合，就可将他们共同困难问题拿出来互相讨论，通过教员提引问题，让农民自觉其同在问题中，往齐心合作解决问题里走。"[②] 梁漱溟在著作中提到的乡农学校，实际上就是乡村的公共空间，创办的目的一是在于启发农民对问题的自觉意识，二是展开商讨，结合教员的知识头脑与本地人的实际经验，最终达成共识以解决乡村问题。费孝通在《乡土中国》中对乡村宗族团体、氏族社群、村政府等公共空间进行了描述，认为它们对乡村社会整合和村民的生产生活发挥着重要作用，从文化的角度看，以上类型的公共空间同时承担着

---

① 万兰芳：《分化与整合：乡村社会的公共性构建研究——以橘村为例》，博士学位论文，华中师范大学，2017年，第14页。
② 梁漱溟：《乡村建设理论》，商务印书馆2015年版，第222—223页。

对乡村精神力的凝聚与文化教化职能。① 杜赞奇以华北农村为研究对象，揭示在国家政权现代化建设背景下华北农村社会、政治、经济图景。其中，作者阐释了闸会、庙会组织等空间有着提供村民社会交往、调节日常生产生活、传递信息、乡村教化等功能。② 从费孝通的乡土中国，到杜赞奇笔下的华北农村，祠堂、晒场、田间地头、水井边、公社中都形成了村民日常交往的公共空间，村民在各处聚集进行信息交换、互助活动，乡村公共秩序与村落共同价值在这些空间中逐步形成。

回到当下，学者们结合乡村振兴战略的政策背景，就乡村公共文化空间展开论述。这些研究主要沿着两条路径展开。一条路径是从乡村文化治理的角度，譬如黄梦航在考察了湖北 D 市的文化礼堂后，从政策创新的角度提出农村公共文化服务体系建设需要推动社会力量参与进来，以此实现政府政策资源、公共投入与社会力量管理效率的优势互补。③ 王国华、张玉露通过实证研究，认为公共文化空间创建的文化氛围和文化体验对村民的互动有持续性和深刻性影响。④ 纪程在对临沭县文化大院进行探访后，认为文化大院作为村落文化新形态，承担着政策宣传、知识普及和村民娱乐三项功能，已成为乡村建设和治理的重要途径。但文化大院在发展中也存在着青壮年参与度不强、文化大院发展不均衡、功能发挥不足、设施老化、运行前景堪忧等问题。⑤ 刘名涛以鄂中市乡村文化广场为观察对象，从空间、权力与日常生活三个维度探讨文化广场空间中的国家、乡村与民众的互动实践

---

① 费孝通：《乡土中国》，生活·读书·新知三联书店 1985 年版。
② 杜赞奇：《文化、权力与国家：1900—1942 年的华北农村》，江苏人民出版社 2010 年版。
③ 黄梦航：《农村公共文化服务体系建设中社会力量参与的路径问题——以湖北 D 市文化礼堂建设为中心的考察》，《福建论坛·人文社会科学版》2018 年第 4 期。
④ 王国华、张玉露：《我国乡村公共文化空间对村民人际互动的影响——基于河南省部分文化大院的调查》，《调研世界》2019 年第 5 期。
⑤ 纪程：《话语政治：中国乡村社会变迁中的符号权力运作》，中国社会科学出版社 2011 年版。

逻辑，展现乡村社会治理的实践策略。①

另一条路径是以文化传播的视角对文化空间在乡村文化建设中的意义展开论述。如陈波提出，在面对"农村文化建设主体的空心化、政府公共文化供给失衡以及传统乡土文化价值认同危机等问题时，重塑乡村文化空间是实现乡村振兴的重要途径"②。鲁可荣、程川（2016）认为公共空间始终是乡村文化传承和村落共同体延续的重要载体。③梁爽（2017）围绕甘南藏族地区乡村文化广场的媒介功能变迁展开研究，探讨该地区文化广场的建设对村民造成何种影响，村民公共生活和思想观念发生怎样的变化。申业磊（2016）关于永嘉县乡村文化礼堂的研究属于对策性研究，他主要从政府职能、队伍建设、资源整合等方面回答了怎样建设乡村文化礼堂的问题。④路璐、朱志平（2018）从历时性视角切入，梳理乡村文化空间在不同时期的流变，指出乡村振兴视域下的文化空间是一个多重张力下营造的新文化环境或文化主体，乡村文化空间与历史、社会、国家发展紧密勾连，在多重对话与沟通中完成重构。⑤简而言之，文化礼堂、文化书屋、文化大院等乡村公共空间具有意见分享和松散且弹性的社会交往属性，他们为农民的文化表达、意见交换以及乡村社会治理提供了场所。

由于这类研究数量较多，本书将不一而足。可以看出，关于乡村公共空间的研究多停留于经验层面的描述，或是提出某种建议对策，而理论建构型的研究较少。此外，这些研究大多观察的是村落的物理

---

① 刘名涛：《空间、权力与日常生活：乡村文化广场的空间政治研究》，硕士学位论文，华中师范大学，2018年。
② 陈波：《公共文化空间弱化：乡村文化振兴的"软肋"》，《人民论坛》2018年第21期。
③ 鲁可荣，程川：《传统村落公共空间变迁与乡村文化传承——以浙江三村为例》，《广西民族大学学报》（哲学社会科学版）2016年第6期。
④ 申业磊：《农村公共文化空间的重构——以永嘉县农村文化礼堂建设为例》，硕士学位论文，温州大学，2016年。
⑤ 路璐、朱志平：《历史、景观与主体：乡村振兴视域下的乡村文化空间建构》，《南京社会科学》2018年第11期。

空间，而忽略了网络公共空间。值得一提的是，牛耀红的博士论文采用微观公共领域视角，按照结构、表征、互动三个维度对一个西部乡村的网络公共空间展开了研究，目的是要探寻"离散化"的村庄如何借助网络公共空间实现社区整合的过程和机制问题。① 无疑，这一研究对于丰富媒介与公共空间研究、重建社区认同具有现实意义。

六 乡村公共文化空间

法国学者列斐伏尔在《空间的生产》一书中将人类生存的空间分为物质空间、精神空间、文化空间等，他反对传统空间物质观，认为空间存在于社会历史生活中，具有主体性、创造性、实践性。"空间应该是具有活力和创造力的，只有将精神灌注进物质的空间，空间才具有了生产和再生产能力，空间才能转变为更有文化创造力的社会空间"②。在这里，列斐伏尔强调了空间本身具有文化属性。段义孚从文化地理学的角度解释道："空间被赋予文化意义的过程就是空间变为地方的过程，这一过程也是'人化'的过程。"③ 在现代化浪潮冲击下，本土性（indigeneity）与地方性知识（local knowledge）日渐式微，这成为文化地理学关注文化空间的深刻背景。学者吴理财根据功能的区别，将农村公共空间分为政治参与空间、公共舆论空间、公共文化生活空间等，认为这几个方面是相互交织的，共同主导和促进了农村社会秩序的建构。④ 本书认为，在新媒体环境下，公共文化空间已超越了传统的物质空间，延伸至网络虚拟空间，它不仅强调空间的文化属性，还突出空间的公共性，依托于文化的习得、交流、传播、再生

---

① 牛耀红：《网络公共空间与乡土公共性重建——基于一个西部农村的考察》，博士学位论文，南京师范大学，2018年。
② 李春敏：《列斐伏尔的空间生产理论探析》，《人文杂志》2011年第1期。
③ 周尚意、戴俊骋：《文化地理学概念、理论的逻辑关系之分析——以"学科树"分析近年中国大陆文化地理学进展》，《地理学报》2014年第4期。
④ 吴理财等：《公共性的消解与重建》，知识产权出版社2014年版，第71页。

产等诸多环节,来实现人的公共交往和社会参与。

本章侧重考察以日常休闲为代表的公共文化生活空间,这也是观察农村日常生活和农村文化建设的重要视角。因为农村公共空间实际上是村民文化生活样态的体现,渗透在日常交往和公共生活之中。如前所言,农村社区公共空间不仅在日常文化生活中扮演重要角色,它也是人际交往的重要场所,并构筑了农民合作的社会基础。

具体而言,乡村公共文化空间具有以下三个方面的特点:

一是文化空间并不是自然和地理学意义上的空间,而是一种文化实体空间,具有丰富的文化内涵,特定的文化展演和民俗传统都在这一空间中得到展示,如乡村庆祝传统节日的庙会、进行文化表演的礼堂、文化广场等都能够视作文化空间。二是乡村公共文化空间具有社会交往功能。杜赞奇就认为这类文化空间"有着提供村民社会交往、调节日常生产生活、传递信息、乡村教化等功能"[①]。三是文化空间的存在离不开特定的社会经济与文化背景。文化空间生成于特定的文化环境,譬如本书所关注的固原地区文化大院的发展繁荣就与当地悠久的历史文化积淀以及多民族文化交融有关。本章将以万物皆媒的视角出发,从多学科视角考察乡村文化对西部社会文化发展的意义和价值。

第二节 公共空间与农民公共性的培育

一 中国乡村的"公共性"困境

公共精神是一个共同体或社会的灵魂,"它立足于公共生活与公共交往,以维护公共福祉为价值旨趣,以参与和管理社会公共事务为

---

① 杜赞奇:《文化、权力与国家:1900—1942年的华北农村》,江苏人民出版社2010年版,第201页。

实践导向的伦理精神，具有公共性、合作性与利他性等特质，它贯穿于现代国家治理的各个环节与过程之中。国家治理体系的优化和治理水平的提升都离不开公共精神的运用与发挥，公共精神的生长能为国家治理提供理性共识和价值引领，从而奠定国家治理现代化的精神基础"[1]。一个社会的公共精神越发达、越充分，这个社会的环境和氛围就越好，每个社会成员享有的社会资源和公共福利就越多。

然而，在我国广大农村，公共精神并未真正建立起来。人类学者阎云翔在20世纪80年代末对东北农村进行田野调查时，就认为公共精神的缺失实际上可以追溯到集体化时代，"社会主义国家是实现农民主体性以及高度自我中心的个人之崛起的主要推动者——这听上去颇具讽刺意味"[2]。通过集体化与大跃进，国家试图推动集体主义，从而使农民将其忠诚的对象从家庭转移到集体，最终到国家那里。因此，国家就必须摧毁旧的社会等级与家庭结构，将农民从家庭忠诚的成员变为原子化的农民。从家族共同体脱嵌出来的原子化个体被国家权力通过人民公社体制网络到行政化组织中，并最终在村庄建构起行政关联式公共性，这是一种与家族关联式公共性差别巨大的公共性形态。从公共交往来看，集体化时代所有的公共活动都是有组织的，社会交往永远都要在官方意识形态的框架内发展，其中特别强调的是个人对国家控制下的集体的服从。"在集体化时代，农民并没有在公共生活领域获得多少独立的自主权，因为国家不允许公共领域有西方式的个人主义和独立的社会自组织存在。相反，在集体化与户口制度下，农民对国家形成了'组织依附性'。"[3] 农民获得的力量很大程度上来自

---

[1] 陈富国：《推进国家治理现代化需要培育公共精神》，《中国社会科学报》2020年7月8日。
[2] 阎云翔：《私人生活的变革：一个中国村庄里的爱情、家庭与亲密关系（1949—1999）》，龚小夏译，上海书店出版社2006年版，第257页。
[3] 阎云翔：《私人生活的变革：一个中国村庄里的爱情、家庭与亲密关系（1949—1999）》，龚小夏译，上海书店出版社2006年版，第258页。

自上而下的影响，包括集体化、新婚姻法、国家政策、政治运动等一系列国家行为，而不是来自个人自发的并为之作出牺牲的自下而上的努力。

学者卢晖临和单世联在共和国成立六十周年的一次论坛中从公社制的角度谈及乡村的公共性问题。卢晖临认为，尽管人民公社制度使农村社会的组织化程度提高，方便国家从农民有限的剩余中抽取资源来反哺工业化和城市化建设，"但它恰恰从另一方面破坏了乡村社会原有的自组织能力，如有机的传统、习俗、宗族组织等，把乡村社会的人同质化了"[①]。单世联也认为："农民的生活、政治权利、社会权利、文化权利等应当是我们评价人民公社的另一方面，而恰恰是这方面，在改革之前，人民公社是有很大欠缺的。"[②]

由是观之，新中国成立之初的这种通过行政方式自上而下强制粘连起来的公共性，在乡村社会中缺乏内生性、自发性、草根性。"它之所以能够将农民整合动员到一起并服从国家的计划安排，并非基于人们彼此之间的相互依赖、相互联系，而是因为人民公社组织控制着农民生产生活和生存发展的必须资源，从而可以对社员产生强大的支配能力，并通过政治运动、政治权力运作、意识形态灌输等整合方式把公社的各种生产、组织、人员要素强制生硬地粘连在一起，属于'机械式整合'，无法使人们对公社产生心理认同与归属感。"[③]

至今，中国社会（乡村）又至少经历了两波个体化的浪潮："第一波是改革开放初期，人们从无所不包的计划经济体制和高度集中的全能社会主义国家中脱嵌出来；第二波大致是从20世纪90年代中期开始的，主要发生在人与人之间的社会关系领域，越来越多的人从地方性共同体、家族、家庭乃至亲密关系中解脱出来，把日常性生产和

---

① 王绍光等：《共和国六十年：回顾与展望》，《开放时代》2008年第1期。
② 王绍光等：《共和国六十年：回顾与展望》，《开放时代》2008年第1期。
③ 吴理财等：《公共性的消解与重建》，知识产权出版社2014年版，第225页。

生活关系转变为即时性交易关系。"① 这些个体日益成为"为自己而活"和"靠自己而活"的原子化个体,他们"显示出强调权利而忽视义务和他人个体权利的趋势"②,自我主义盛行于无公德的个人间的交往中。阎云翔把这些个体称为"无公德的个人"③。

相应的,社会主义的道德观也随之崩溃。既没有传统,又没有社会主义道德观,非集体化之后的农村出现了道德与意识形态的真空。与此同时,农民又被卷入了商品经济与市场中,他们便在这种情况下迅速接受了以全球消费主义为特征的晚期资本主义道德观。这种道德观强调个人享受的权利,将个人欲望合理化。于是,人们为满足个人权利和欲望的要求日益增加,以至于威胁到在激进社会主义之后残存的传统文化,比如人情文化。

20世纪80年代以来人口与信息的流动还带来了另外一个没有预料的后果。农民,特别是青年农民,受到了电视等大众媒介传递出来以消费主义为特征的现代生活形象的影响,尤其是一部分人还在城市工作过,想象世界的丰富提高了他们对生活的期待,但同时也使他们产生了无力、无助和失望的失落感,因为城市的生活方式是那么可望而不可及。这也可以解释为什么在现实生活中有那么多年轻人竭尽全力地向父母索要钱财,因为那似乎是他们实现家庭生活现代化梦想的唯一可能性。

目前还没有什么其他观念能够与这种自我中心的消费主义抗衡。如果中国存在独立的社会组织,如果农民能够参与公众生活,或许这就有可能产生另外一种在强调个人权利的同时也强调个人对公众与对他人之义务的个人主义。可惜现实并非如此,自20世纪80年代以来,公共生

---

① 吴理财:《论个体化乡村社会的公共性建设》,《探索与争鸣》2014年第1期。
② 阎云翔:《导论:自相矛盾的个体形象,纷争不已的个体化进程》,载贺美德、鲁纳《"自我"中国:现代中国社会中个体的崛起》,许烨芳等译,上海译文出版社2011年版,第2页。
③ 阎云翔:《私人生活的变革:一个中国村庄里的爱情、家庭与亲密关系(1949—1999)》,龚小夏译,上海书店出版社2006年版,第261页。

活衰落,社会秩序恶化,乡村社区也在解体。如果农民无法参与任何政治与公众生活,只得闭门家中,对道德滑坡、自我中心主义盛行等社会问题采取视而不见和曲意逢迎的应对态度,最终,无论是在公共领域还是私人领域,他们对群体和其他个人的义务与责任感也就日渐消亡。

二 乡村建设对于"公共性"的呼唤

当前,农民在日渐功利化的同时,也日益原子化、疏离化,使得传统社区公共生活走向瓦解。"农民善分不善和"不再是一个争论不休的价值判断问题,而是当下农村社会的现实写照。对于当下农民而言,个人利益远远超过了公共利益,公共事务陷入了"越是集体的越少有人关注"的自利经济学陷阱之中。

学者吴理财用"公共性的消解"[①]一词来概括改革开放以来我国农村文化变迁,他认为所有的农村文化之变几乎都是围绕着公共性的消解这条逻辑主线展开的:农民对自己的社区认同日益弱化,农村的公共文化生活日渐衰微,村庄的公共舆论日趋瓦解,农民之间的互助合作精神逐渐消解,曾经是农民生活的家园——村社共同体也处在解体之中。生产方式的转变、快速的城市化、现代信息技术的发展及所谓的现代性"下乡",以及国家自身在基层的治理转型,都对农村社区认同产生了深刻的影响。

那么,何谓公共性?如何建设公共性?就其本质而言,"公共性是在一个日渐分化、多元、差异乃至个体化的现代社会里重新建构起公共生活"[②]。进言之,"公共性是一种承认差异,尊重差异,让差异的个体得到合理和正义的共处的理论"[③]。公共性的建设一方面需要发

[①] 吴理财等:《公共性的消解与重建》,知识产权出版社2014年版,第3页。
[②] 吴理财:《论个体化乡村社会的公共性建设》,《探索与争鸣》2014年第1期。
[③] 张法:《主体性、公民社会、公共性——中国改革开放以来思想史上的三个重要观念》,《社会科学》2010年第6期。

挥地方政府的作用——当然这取决于政府的政策、制度与乡村社会的现实是否实现有效衔接，能否激发农民的主体性意识，增强农村社会的内在活力与凝聚力。总之，政府的介入是必要的且合理的，在推动经济发展的同时，致力于公共精神和社区认同的重构。另一方面，重建和繁荣乡村公共文化空间，通过文化活动及其文化传递，帮助人们分享和认同共同的价值观念，在此基础上对村庄舆论、村庄伦理的形成产生重要影响，并对政治性公共空间的形成产生影响。

第三节　作为乡村公共文化空间的文化大院

一　问题的提出

文化大院是西北农村非常典型和常见的公共文化空间，最初由村社利用村集体闲置房屋或是由农民中的文化能人利用自家庭院自发组建，配备以简单的器材、设备，在农闲时间组织农民举办各类文艺、体育活动。文化大院的文化展演的形式非常多样化，既有秦腔、剪纸、绘画、砖雕、书法、刺绣等传统民俗，也有歌舞等现代艺术形式。在发展过程中，政府对文化大院的发展因势利导，不仅制订发展规划，还提供资金及服务资源，使文化大院的数量和规模在短短几年间迅速增长。在笔者调研的宁夏回族自治区固原市，截至2020年就发展出花儿大院、秦腔大院、非遗大院、旅游大院、综合大院等各类文化大院240家，拥有骨干成员3000多人，每年演出节目逾1800场次，受益群众超过20万人次。[①]

文化大院有五种主要类型，包括文艺戏曲表演大院、红色文化收藏大院、民俗文化展示大院、书画创作交流大院、特色体育项目大院，其功能涵盖了日常文体活动、节庆礼仪、传统文化传承、爱国主义教

---

① 数据来源于固原市文化旅游广电局。

育等。很显然，这与我国南方乡村的文化礼堂、寺庙—博物馆、联合土地庙、乡贤馆以及乡贤长廊等空间的社会文化功能类似。尽管在现象层面有所差别，但发展路径、运作模式以及制度背景是相同的，这在某种程度上保证了基于西部地区乡村文化大院的经验材料可以"窥视"到全国类似的乡村公共文化空间的情况，避免了纯粹个案研究的某些局限性。

　　文化大院的遍地开花一方面体现出农民在乡村文化建设中的主体地位，另一方面国家也通过这一文化载体将政治话语嵌入农民的文化生活中，体现出国家的文化治理。就此而言，文化大院构建了各级政府、市场、社会组织、村民个体的多元参与格局，实现了国家文化体系与民间社会的世俗文化体系交织融合。"国家文化体系主要包括'国家认同''核心价值''道德规范'三个方面，同样的，民间社会世俗文化体系也有物态、行为、制度、观念等的表征，显现出一套不同的逻辑。"① 普通农民可能无法理解一些专业精深的话语，但是并不是他们没有文化，而是他们的文化以民俗活动、红白喜事、祖先崇拜等方式呈现。在文化大院的发展中，我们会看到这样一条清晰的脉络，即国家话语通过民间社会的文化体系去扩散、渗透，并形成了一种通俗的文化表达，最终形塑起符合国家审美的文化秩序：这恰恰体现出国家的文化治理。

　　我的田野调查主要的目的是想围绕"加强农村社区公共文化服务体系建设，树立农民主人翁地位""提高农民的文化自觉，使他们主动参与到乡村文化建设中来""推动乡村共同体建设，增强对农民对所在社区的认同感和归属感"等诸多问题展开。具体如下：

　　第一，以文化大院为代表的乡村公共文化空间，在西部农村有着怎样的社会文化意义？这种以农民自发为主的"文化实践"在国家文

---

① 姜亦炜：《互构与适应：文化治理的乡村逻辑》，《治理研究》2021年第1期。

化治理框架下具有怎样的特定意义？

第二，当代农民如何表达自己的文化及变迁？农民文化表达的当代价值是什么？我们又如何从中激活农村文化的活力？

第三，在新媒体所引发的文化环境变迁中，乡村文化空间面临哪些多重性生产的张力以及必须回应的挑战？

二 固原市的历史变迁与自然条件

文化大院在固原市的繁茂生长有其深厚的历史和文化土壤。固原市地处中国大西北，位于宁夏南部，东与甘肃环县、镇原县毗邻，南与平凉市为界，西与靖远、静宁县接壤，北与宁夏中卫、同心县相连，地处西安、兰州、银川三省省会之间的三角地带中心。现今的固原市，从行政区划上看，包括原州区、西吉县、隆德县、泾源县、彭阳县。

《读史方舆纪要》称固原是"左控五原，右带兰会，黄流绕北，崆峒阻南"，"据八郡之肩背，绾三镇之要膂"的咽喉要冲，"军门为天下第一"。固原在历史上设县、郡级行政建制在宁夏最早，是远古文化和农业经济发源地之一；隋唐时代，固原成为沟通东西方陆上"丝绸之路"上一个重要的贸易集散地；这里也是针灸医学鼻祖皇甫谧和大书法家梁鹄及大文学家王夫之的故里；是唐抗吐蕃、北宋御夏的前沿，蒙元屯兵重地，明清三边总制的驻所。作为军事重镇，这里曾发生过许多著名的历史典故：汉刘秀两征隗嚣，汉武帝六处安定，唐太宗瓦亭观马政，元太祖命殒六盘……1935年，毛泽东同志登上六盘山，创作了广为流传的《清平乐·六盘山》，赋予了这块土地气势磅礴的新意。新中国成立后，由于恶劣的生态环境，主要是干旱缺水，素有"贫瘠甲天下"之称的固原成为中央重点扶贫的"三西"地区之一，不仅受到几代党和国家领导人的关心，也拥有中央给予的特殊优惠政策。从20世纪80年代的"三西"扶贫，到十八大、十九大以来精准脱贫政策实施，历时半个多世纪的努力，终于使西海固地区实现了脱贫摘帽。

原州区（固原市政府所在地）是笔者的主要田野点，但调研不止于此，而是整个宁南山区。选择固原市，主要出于以下三点考虑。

第一，地理与自然条件。

固原地处于中原农耕文化和北方游牧文化交汇地带，在各种文化融会贯通的基础上形成了自己独特的地域文化。由于和陕甘两省交汇，当地的戏曲、民俗、方言等就带着这两省深深的烙印，秦腔、眉户剧、皮影戏等戏曲艺术和泥塑、彩塑、木雕、根雕、砖雕、草编、剪纸、刺绣、版画、书法等传统技艺在这里得都到了较好的保存，深厚的文化底蕴为民间文化的传播发挥了基础性作用。特别是戏曲文化由来已久，依自然地理划分，固原属于半农半牧地区，自唐代以来，就是兼有畜牧和农耕的，在后来历朝历代的更迭中，固原地区农牧业稳定发展，即便遭遇战乱，也奉行着"且耕且守，是以久安"的政策。在历史发展的长河中，农耕文明在这块土地上延续至今。今天的固原，依然以农业生产为主导，土豆、荞麦、糜、豆类、胡麻等成为主要农作物。农耕文化同样镌刻在固原人民的性格气质中，他们安土重迁、知足常乐；重礼教，重视血缘、亲缘关系，形成以差序格局为基本特征的社会基层结构。

第二，文化特色。

新中国成立后，特别是1958年宁夏回族自治区成立之后，在"开发大西部"的国家战略中，1958—1959年，有超过十万的东部沿海发达地区的青年知识分子响应党和政府"建设大西北"的号召，来到宁夏工作生活，当然，所支援的地区也包括了固原。大量随工厂搬迁的工业移民和风华正茂的青年知识分子为固原这个西部边塞小城带来了异质文化，增添了江南水乡崇文尚贤、重视教育的风气。

经济发展水平的相对滞后，并不意味着固原的一切都无可谈说。在文学领域，固原在全国可谓一枝独秀。21世纪以来，固原本土的文学创作蔚然成风,形成了"西海固作家群",他们的作品被誉为"西海固文学"。这些优秀的文学作品几乎都是作家在固原生活期间创作出来的,从固原的黄土地上、悠久的历史文化生产和人民广阔无边的生活之中取材的。这表明越是艰难困苦的人生环境,越能激发创作者的才情,使其产生尖锐而深刻的见解。中国古代的所谓"发愤著书""穷而后工",说的都是这个意思。就此而论,贫瘠的地域和苦难的生活使固原人民拥有更为强大的精神力量和价值情怀,而固原乡村文化大院的繁盛归根到底依赖于人民心灵的广阔、丰富程度以及情感的深度和厚度。

在固原,反映本地风土人情及历史文化的民间故事、诗词歌赋也异常丰富。固原市文化馆编纂的《固原谚语》就收集了上千条民间谚语故事,这些作品种类丰富,情感深厚,是当地老百姓智慧的结晶,同时也陶冶着他们的道德情操,激励着他们不断奋发向前。

除文学创作之外,秦腔也备受当地群众喜爱。秦腔是西北民间戏曲,在甘肃、陕西一代兴盛,自民国13年传入固原,戏曲爱好者自发组建班子开始走街串巷进行演出。1950年固原县成立人民剧团,当地秦腔艺术事业发展进入活跃繁荣时期。

第三,多彩的群众文化生活。

固原地区民间文化活动由来已久。民国时期,固原县便设有民教馆,主要负责组织农民的文娱活动。新中国成立后,各市县设立了文教科,并创办文化馆,在1950年以后又成立了人民剧团。当地的民间文化网络以汉民族传统的农村庄头、城镇街道结社为单位①,村中有声望的中老年精英被推举成为民间文化团体的负责人,他们被群众称为"社头",在他们的组织下,街道、村庄又会召集文化爱好者和具有经验和技艺的村民一起办戏班子、自乐班和社火队等,利用农闲时

---

① 固原地区地方志编纂委员会:《固原地区志》,宁夏人民出版社1994年版,第582页。

间排练节目，在春节或节假日开展娱乐演出活动。乡村文化大院形成之前，村里的文化活动仅限于每逢节日或庙会，由本村的艺术团体或请来的专业演员开展文艺演出，演出内容以秦腔、花儿为主，还包括皮影戏、歌舞表演等。这些文化展演活动通常是在村中较为广阔的空地举行，带有仪式功能，但文化表演并没有真正融入村民日常生活。为了满足自身的文化娱乐需要，部分村民还会自行组建小型文艺团体，在家中自弹自唱、自娱自乐，这种形式又被广大村民称为自乐班。

固原地区的群众文化活动丰富多样，除了单人唱山歌、花儿之外，2—3人或3—5人都能够组成小型文化团体，进行文化表演。农民之间不拘泥于形式，相互配合，吹拉弹唱，在田间地头或农家小院中自娱自乐，此时的农家自乐班成为小型的文化空间。在这些民间文化团体的组织下，双簧、秦腔、眉户、秧歌等民间艺术被很好地传承下来并广为流行。旧时的乡村文化表演大多选择在春节期间，正月初三开始在村庄街道演出，到正月二十三后到村外乡镇演出，人们称为社火队。

新中国成立之前，社火队表演大多为自发组织，新中国成立以后社火队需要在当地文化馆注册登记才可以组织群众聚会闹元宵，文化馆对这类文化活动给予了大力支持，会事先规划好各支队伍的行进路线，并征集群众喜欢的剧目进行表演，在表演结束后还会评定名次、发放奖励，鼓励民间团体蓬勃发展。为进一步推动乡村群众文化活动的发展，自20世纪50年代以来，各地文化馆纷纷派遣专业的文化艺术人员对村里的文艺积极分子进行辅导，并组织文艺汇演及文化下乡活动以丰富乡村文化表演的内容和形式。

随着固原地区的整体脱贫以及农民物质生活水平的不断提升，他们对精神文化的需求日益增长，仅限于节日举办的文化演出和文化活动已经很难满足农民的需要。正是这种现实的需要，为乡村文化大院的发展提供了生根发芽的土壤。

综上所述，固原丰富的历史文化资源以及在此基础上形成的独特的乡村共同体生活与文化空间生活，使之成为笔者非常理想的调研目的地，当然，这也要求调研者能从实践出发，在具体的社会文化和历史变迁中探寻农民表达的属性和特征。

三　作为乡村公共文化空间的文化大院

乡村文化大院一般位于传统的农家四合院中，在厅堂或庭院里通常建有小型戏楼，由于戏曲表演的虚拟性和时空自由性，它不需要专门的布景和舞台装置，舞台上只配备了灯光、音响、乐器等简单的演出设备，演出者就可以根据演出要求或观众多寡，来安排或大或小、或繁或简的场面。戏楼以幕布和近半米高的表演台鲜明地划分出台上、台下两个空间，如果场地允许还会在戏台正对面摆设一些座椅。台上演出者唱曲，台下观众听戏，构成了戏楼主体功能。文化大院偶尔也会利用戏楼举办一些小型展览或教学活动，以戏楼为中心，形成了聚合效应，使文化空间在发挥文化生产与传播功能的同时，进一步促进了社群整合。

（一）演出主体

文化大院的创办者大多来自本村的文化精英。固原市庙湾村梁云文化大院的创始人梁云自小便痴迷戏曲艺术，15岁开始学习家传手艺皮影戏，出于个人的兴趣爱好，他早年便在自家院落搭戏台子唱戏，从周围赶来听戏的村民常常把屋子挤得水泄不通。为了把老一辈的技艺更好地传承和发扬光大，也为了给前来看戏的乡亲提供更加宽敞的空间，2012年，梁云自己出资在自家后院加盖了几间房，搭建了室内戏楼，把露天的戏台搬进了自家后院的一方天地中。随后的几年时间，梁云文化大院不断发展壮大，成为占地面积1500平方米，具有表演、艺术品陈列、文化培训等功能的综合性文化大院。

原州区开城镇小马庄村的淑珍文化大院创办初始与此类似：创办人刘淑珍原本是秦腔剧团的演员，剧团解散后她回到村里，看到很多留守老人精神空虚没有寄托，于是就把村民召集到自己家中开展文艺活动。几年后，由她创办的秦腔自乐班自成气候，来听戏的村民多了便显得农家小院的空间太过局促，刘淑珍便自己出资建起了"淑珍文化大院"，原有的封闭化、内部化的农家院落逐渐演变为半开放的公共空间。

原州区小马庄村的农家自乐班成立于2001年，创办之初仅有三五个成员，年龄也都在45岁以上，主要是在农闲时间或傍晚聚到一起演唱本地区流传的经典戏曲。他们的表演形式简单随意：多为一人独唱或两人对唱，戏曲情节相对简单，遇到比较复杂而且有大段的唱词时，就很少由一人单独完成。在演唱过程中，配乐大多是由曲艺爱好者带来的三弦和二胡、扬琴、笛子等乐器，只有在稍大些的正式场合或节日中使用；当演奏者缺席时演唱者也会用提前准备好的配乐伴奏。理查德·鲍曼曾经提到："文化表演为一个社区的个体成员提供了特定的机会，使他（她）或者可以担当不同于日常生活的特殊表演角色，从而获得对日常生活中的自我更强、更深的确认。文化表演所强调的重点，就是这些角色的扮演，就是社会性的实践及这种实践的重复（social-doing and redoing）。"① 与构成事件象征性焦点的概念相结合的角色，创造了可表达的观念和可展演的阐释，从而为个体提高自我意识、强化社会认同建立了机会，特别是当表演中首要的符号载体是人类自己的时候。换言之，文化表演通过某种象征性手法，对社会生活进行透视，展现出人与人之间的互动方式以及他们与社会所建立的认同。文化表演激发了个人的文化创造力，使其获得了自我价值的实现。在此过程中，无论是表演者抑或观看者也不断加深了对本地域历史文化与社会生活的认同感。

---

① ［美］理查德·鲍曼：《作为表演的口头艺术》，杨利慧、安德明译，广西师范大学出版社2008年版，第90页。

图 3-1　固原文化大院戏台　拍摄者：宋歌

在固原地区，绝大多数文化大院脱胎于群众自发组建的自乐班。这些自乐班成员结构相对稳定，大家彼此熟识且有共同的兴趣爱好；每位成员最好能掌握两种以上的演奏乐器以便随时可以替代临时不能参与活动的成员。由于活动场所的限制，导致自乐班的发展规模较小，当有新的成员表达想参加的意愿时，组织者都会慎重考虑：比如对方身体是否有疾患、居住距离的远近以及家中有无年幼的孩子等。但即便如此，也无法阻挡农民参与文艺活动的热情。每逢农闲时节或大型节日，从周围村庄赶来听戏的村民常常把屋子挤得水泄不通，显然，此时的小型自乐班已经无法满足村民日益增长的文化需求。正因为如此，一批最早有文化自觉意识的村民开始扩大场地规模，利用家中闲置房屋或院落创办乡村文化大院，除了定期举办各类文艺演出外，也为村民提供了社会交往以及参与公共事务的场所，文化大院社会功能随之扩展。

由此可见，文化大院的创办往往经历这样一种过程：乡村文化精英基于自身对于文化的喜爱，召集村民到自家进行文艺表演，自娱自乐，一开始，表演的场所是分散的，其空间并不固定。文艺表演既可以在任意一位村民家里举办，也可以到村里的空地或是小学的操场上进行，这是一种小规模的流动的文化空间。随着时间的推移，演出的空间被固定下来便形成了文化大院。文化大院的建成将零散的文化空间都定下来，在固定的地点汇聚了多种文化表现方式，为村民提供了展示自我的舞台。可以说，文化大院脱胎于乡村文化，是传统的文艺形式（如业余剧团、自乐班）的转型升级，这种自发的舞台演出在很大程度上体现了农民文化生产的自主性。在文化大院的发展中，普通的农民还以不同的方式参与乡村文化空间的建设及文化生产中。譬如为文化大院捐赠发展资金，或是从最初的观众转变为后来的表演者，成为文化生产的一员。在文化表达的过程中，农民开始意识到乡村文化对于自己、亲朋乃至乡村社会的重要价值。

在经济发展相对落后的年代，农民整日为生计奔波，对文化的需求被"讨生活"所遮蔽，更遑论传统文化技艺的传承？民间文化只有在传统节庆和婚丧嫁娶等"仪式化展演"中才能感受到。如今随着乡村经济的发展，农民手头宽裕了，农业技术的进步使可供人们支配的"自由时间"多了起来，这为传统的乡土文化回归乡村社会、重返村民日常生活提供了条件。

综上所述，乡村文化空间的形成是基于村民自发建构的内生型公共空间，因而在对文化空间的考察中，最不可忽视的应是其生产者——村民。费孝通曾指出："'文化自觉'指生活在一定文化中的人对其文化有'自知之明'，明白它的来历、形成过程、所具有的特色和它的发展趋向……自知之明是为了加强对文化转型的自主能力，取得决定适应新环境、新时代文化选择的自主地位。"[①]农民在日常性的文艺活动中，重新认识自己的文化，并自主地适应新的时代。通过参与在文艺大院举办的文艺表演，农民找到了新的娱乐方式和快乐维度，增强了文化自信，更为关键的是，"这种活动逐渐成为大众参与的仪式性

---

① 费孝通：《反思・对话・文化自觉》，《北京大学学报》（哲学社会科学版）1997 年第 3 期。

行为，村民在其中形成了公共文化空间，在这一空间里，意义与快感也随之得到生产与传播"①。

(二) 演出内容

大型的演出往往有着比较规范的表演流程：在正式的节目开始之前，先要演几场神戏祈祷神灵能够保佑当地风调雨顺、老百姓平安顺遂，神戏唱过之后，演出正式开始。在表演的传统剧目中，演出频率最高的有《铡美案》《二堂舍子》《下河东》《辕门斩子》《朱春登放饭》《三娘教子》等，这类剧通过对民间传说、历史名人典故进行艺术化的再创作，教导人们从小就要珍惜时光、努力上进、尊老爱幼、礼貌待人、注重修养，建立友善、和谐的家庭关系。对于山区农村来说，戏曲几乎为老一辈农民提供了全部文化娱乐及文字教化，固原有句民谣"不看影戏，不知礼义。一口诉说千古事，劝善贬恶说春秋"，说的便是影戏中的文化。有些艺人一辈子没读过书，但有见识、知书达理，历史知识丰富，靠的全是戏曲。像《三娘教子》就传递出劝导人们在艰苦环境中用功读书、懂得感恩的教育意义。浅显直白的唱词蕴含着深刻的人生哲理，在反复的吟唱和聆听中逐渐内化成为当地民众的道德规范，最终形成了特定的思想认识。在固原地区的文化景观中，儒学和礼制的结合造就了根深蒂固的文化基础，深深地卷入了农民的生命和礼仪过程，千百年流行不可遏制。对于新一代的农民来说，他们一方面从日常的生活中获取道理，比如与邻里的交流、为人处世时的经验、看电视剧时的善恶对比等，另一方面也从群众性文化活动以及千百年来的历史文化传统中领悟道理、提升个人素质。

除传统剧目外，文化大院还会创编新的节目，将党中央的惠农政策和社会倡导的新风尚融入进来，像以"倡导婚嫁新风尚""生态移

---

① 韩鸿：《民间的书写：中国大众影像生产研究》，中国传媒大学出版社2007年版，第194页。

民政策好""扫黑除恶"等为主题的节目就屡见不鲜。笔者在梁云文化大院的歌本上看到了这样的唱词:

> 政府补贴办农保,多亏党的好领导;孩子课堂把书念,营养早餐吃鸡蛋;医院看病看很好,花钱多少有报销;安心养老不用愁,有了事儿来交流。
>
> 生态移民大发展,我们搬迁走得远;把咱们搬到黄河岸,那里土地肥沃水方便;浇水灌溉不用难,不下雨来还是保收田。

这些唱词不仅浅显易懂,十分贴近生活,还具有强烈的时代性,折射出国家与乡村社会的互动关系。当国家政策进入乡村时,农民从历史传统和现实生活的角度去理解,用自己喜闻乐见的形式去表达。通过文化大院这一传播载体,他们将传统的价值观念"忠勇""孝道"等与"社会主义核心价值观"有机结合在一起,构建出一种新的价值观念,譬如从"忠勇"发展出守诚信、崇正义;而这恰恰是黄纪苏所认为的"新时代伦理价值观的最优选择"①。

法国思想大师布尔迪厄在《文化再生产理论》中提到:"自我创造性是文化最根本的特性,即文化特有的超越自我、生产自我、更新自我、创造自我的特征。"② 我国乡村社会学者赵旭东也认为:"乡村文化不可能以'复制'的方式来发展,而是以'再生产'的模式来重建和更新。"③ 固原地区的乡村文化生产便鲜明地体现出文化的这种自我创造性,譬如农民创作歌词来反映手机对农村日常生活的影响:

---

① 黄纪苏:《中国到了重建自己文化形态的时候——30年价值观的变迁与反思》,《绿叶》2008年第1期。

② Bourdieu, P., *The Field of Cultural Production: Essays on Art and Literature*, Cambridge: Polity Press, 1993, p.23.

③ 赵旭东、孙笑非:《中国乡村文化的再生产——基于一种文化转型观念的再思考》,《南京农业大学学报》(社会科学版)2017年第1期。

手机是个害人的精，不拿哈个手机又不行；现实社会是现实的人，聊呀给了两天看开视频；还有一些年轻人，快手么耍着上了瘾；手机是个害人的精，你随便就聊着就上了瘾；照顾好孩子和父母亲，不要给影响了个你的精神；晚上耍的是个脑子昏，白天干啥去没精神；有些主播者靠胡诌，才艺的主播你靠边站。早睡者早起者多健康，不要给影响了好人品。不要给冷落了枕边人，保持了家和万事兴。

这段唱词描绘了现实生活中由于人们沉迷于手机，造成性格孤僻，对人际交往冷漠、感情疏远。唱词平白质朴，规劝意味十足，演唱时再配以小调，以一种轻松幽默的方式引发村民对这一现象的反思。

通过对文化大院唱词的收集与整理，笔者发现，不论是传统剧目的再演绎还是新唱曲、小品的创作，无不凝结着乡村群众的智慧，彰显了农民在文化创作上的主体性与自觉性。通过文化大院的舞台，农民展示了自己的生活与情感。郝瑞（Steven Harrell）认为民间文化具有双重性，在深受官方意识形态潜移默化的支配同时，也追求一定的行为自主性。①

就此而言，只有产生于乡村内部的自主性文化力量才是文化生产的不竭动力和源头活水，也使得乡村传统文化在时代的发展中具有了适应性。恰如沙垚所言："他们通过细腻的实践，根据农村社会的价值观念、情感结构和世道人心，在不同的时代和环境中探索适合自己的路径与模式。"② 而乡土中国的文化实践也进一步反映出国家话语在向乡村渗透和"嵌入"的过程中，逐步改变了传统的乡土意识。

---

① 王铭铭：《逝去的繁荣：一座老城的历史人类学考察》，浙江人民出版社1999年版，第414页。
② 沙垚：《吾土吾民：农民的文化表达与主体性》，中国社会科学出版社2017年版，第173页。

（三）演出的时间

和全国大多数地方一样，固原市在春节期间举办的节庆文化活动最隆重也最丰富。特别是近几年来兴起的乡村春晚，不仅是农民文化的集中展演，也最能体现每个大院的表演水准。农民们从自己的生活实践内部挖掘文化资源，表演给乡亲看，自己既是组织者，又是表演者，还是观众。村晚上的节目大多以勤劳致富、尊老爱幼、邻里和睦等为主题，展现出新时代农民的生活方式及价值观念的转变。还有一些节目在复制电视节目或者互联网上视频的基础上，根据自己的审美有所取舍，保留了一些适合当地农村、能够给村民带来快乐的元素。不妨说，一台"村晚"反映出当代农民在传统与现代、城市与乡村的文化碰撞中不断推陈出新，将诸多文化元素糅合到一起，创造出具有时代特色和地域特点的文化景观。这也表明当代农民经过了社会主义革命、建设以及改革的洗礼和锻造，已经有能力和自信来表达自己，创造出一种符合时代精神的新文化，而这恰恰是乡村文化发展的内生动力。

村庄构成了"村晚"的社会基础和文化空间，"乡村春晚"成为农村政治、经济、文化和社会资源的总动员。在这一过程中，村镇两级政府组织动员；村集体调度管理；当地村民，乡镇文化干部，春节返乡的大学生、打工者贡献智慧和才艺。就此而言，一台节目对于乡村和村民的影响或意义已经超越具体活动本身，一方面它让村民有了参与感、获得感，另一方面也成为农村文化共同体、集体记忆不可或缺的重要部分。

随着文化大院被纳入政府扶持的文化场所，由政府组织的各类比赛、活动也成为文化大院重要的演出契机。农闲时节，文化大院往往一个月就能够举办多场演出。日常和庆典相互交织，使新时期的固原乡村依然延续着集体化时期的文化传播图景；乡村文化活动中的集体主义与个体化娱乐相安并存，构建起农村集体（狂欢）与个体（日常）的时间和空间结构。村民们重新回到集体娱乐的轨道上，从而填补了因电视、手机带来的原子化的娱乐的缺憾。这种乡村文化实践留给我们的启示是必须以人民为主体，充分尊重人民在文艺实践的主体地位，同时在一定程度上进行社会化动员与组织化管理，才能保证乡村文艺的集体主义性质。"否则，在社会急剧变迁的时代，原子化的文艺无法应对种种社会危机，只能因其与生俱来的脆弱而导致最终的消亡。"①

从自乐班发展到已颇具规模的文化大院历经了十余年时间，这其中的文化浸润是潜移默化和持久深远的。通过一代代人对传统戏曲中"仁义礼智信、温良恭俭让"等优良品德的传承与弘扬，村落里鲜少见到村霸、赌徒等。随着乡村文化活动的兴起，进城青年到了周末与节假日返乡，与留乡老人同台表演，共同娱乐，不仅增强了乡土意识，也通过文化互动拓展了社会互动，进一步建构了乡村共同体意识，在某种程度上也弥合了因市场经济带来的经济理性和城镇化带来流动性所造成的情感疏离问题。从社会团结的视角，文化大院将原子化的农民有效组织起来，为重整乡土秩序以及重建精神家园发挥着越来越重要的作用（见图3-2）。

综上所述，农村文化大院与乡镇综合文化站、村级文化活动室相互补充、相互促进，为农村精神文明建设注入了丰富的文化内涵，促进了农村和谐稳定，提升了"乡风文明"水平，成为传播社会主义先进文化的阵地和农民休闲、娱乐、学习的重要场所。

第四节 作为国家权力的乡村文化空间

在乡村文化建设中，农民被赋予了极大的自主权，但文化的蓬勃

---

① 沙垚、梁君健：《人民性与组织化：20世纪下半叶民间戏曲兴衰的启示》，《上海大学学报》（社会科学版）2018年第6期。

图 3-2　当地群众在文化大院里吹拉弹唱　拍摄者：宋歌

发展离不开国家政策的扶持及现代化的治理体系。在本书第一章第二节就曾论述过党在新时期关于乡村文化建设的思想及政策。正是在国家宏观政策背景下，各种资源被源源不断地注入乡村文化建设中，文化大院也被列入民生工程而获得了地方政府的扶持。文化大院的发展绝非在一个缺乏管理与控制的真空下开展。因为对于单打独斗的文化个体而言，面临着由于自我组织能力有限所带来的持续发展动力不足的挑战，这就需要政府建立起乡村公共文化管理和维护的长效机制，促进乡村文化健康持续发展，并由此体现出国家的文化治理。

一　国家治理体系下的文化空间生产

固原市文化大院早在 2003 年就初露头角，但在一开始仅仅作为村民参与文化活动的民间场所，数量及规模都十分有限。自 2013 年之后，在国家"文化惠农"的大背景下，文化大院被列入乡村公共文化服务体系建设。从中央到地方，主要通过五个方面的举措来扶持文化大院的发展，由此，各类文化大院如雨后春笋般成长起来。

第一，给予政策上的支持。在国家层面，2013年，中组部、文化部等五部委联合下发了《边远贫困地区、边疆民族地区和革命老区人才支持计划文化工作者专项实施方案》，国家开展"三区"文化人才培训计划，旨在为这些地区的文化发展、公共文化服务提供人才支持。固原市属于该项目的受益地区，国家为每位参训的基层文艺工作者提供2万元的补贴，这对提高乡村文艺工作者的演出水平、组织能力起到了非常关键的作用。而基层文化部门也会因地制宜地对文化大院的骨干开展培训，比如创编人才培训、广场舞培训、秦腔培训、策展培训等，以提升文化水准和组织能力，并进一步向产业化方向发展。在地方层面，为了更好地发挥文化大院在基层文化服务供给中的作用，当地政府专门制定了《固原市文化大院创建实施意见》，作为指导性文件，明确文化大院创建的基本原则是以人为本、服务群众、民办公助、多元投入；因地制宜、突出特色、交流提高、动态管理，制定了政策引导、资金支持、业务指导的扶持措施等。

第二，政府制定了一套完整的评价机制对文化大院施行管理，评价体系包含以下几个维度：文化影响力、活动及培训的效果、在乡风文明建设中发挥的作用等，等级的评定直接与政府拨付的资金补助相挂钩，评定等级最高的大院每年可获得15万元的补助金额。文化管理部门要求文化大院不定期组织群众开展"热爱祖国""热爱家乡"等主题的文化活动，并将其纳入文化大院的年度考核，以增强文化大院在乡村文化中的传播力与引导力。通过引入竞争机制的方法来实现文化资源的优化配置，使优质的文化大院不断发展壮大。对个别极具特色的文化大院给予较大的扶持，比如对梁云文化大院的"场地改造"，马志学文化大院的"院坪场地硬化"等。对于市、区（县）、乡（镇）三级政府而言，每年都有创建任务，他们通过推荐制来选拔优秀的文化大院，以拓宽基层文化大院的基座。与此同时，固原市确立市级非遗代表性项目 55 个,市级传承人 152 人,市级传承基地 27 个;原州区梁云文化大院被中宣部、文化部确定为"服务农民、服务基层文化建设先进集体",原州区李存吉文化大院成为红色革命教育基地、爱国主义教育基地,通过对具有代表性的文化项目和文化传承基地挂牌,对优秀文化大院进行表彰,以发挥示范带动作用。毋庸置疑,在乡村文化建设的实践中,政府搭建一整套组织程序和制度,使"主体、艺术和传统都纳入其中,保证了社会主义文化的生产与传播,并规约着新时期的乡村文艺发展方向,使一整套社会主义文化的意识形态得以落地"[1]。

第三,政府为文化大院配套演出设备,进行业务辅导。每年年初,文化大院可以根据自身发展需要向文化部门提出设备申请,经审批后由政府来配置设备,一般情况下,配置一次设备可以支撑一个文化大院运行三到五年。之后,政府还会根据实际情况对设备进行更新与补充,保证文化大院生生不息的发展。2016 年至今,通过大院申请、集中采购方式,政府为文化大院配备了价值 1000 多万元的文化活动器材、设备,包括电视、电脑、DVD、音响等。市、县(区)文化部门选派专业人员,深入农村文化大院进行业务辅导培训,帮助开展活动。三年前固原市文化馆工作人员曾帮助三营镇马志学的花儿文化大院编排了花儿演唱作品,他带着这个作品参加了各地举办的花儿会、交流会、中国民歌花儿大赛等,取得了不俗的成绩,也收获了丰厚的奖金。还有些文化大院邀请文化馆的专业老师帮助他们编排一整台节目以此去承接商业演出,接着再用表演收入来缓解文化大院的经济压力。在组织培训之余,固原市文化部门会根据本地的文化特色,组织一系列文化展演及评比活动,发动乡村文化积极分子参与,以舞台表演的形

---

[1] 沙垚:《再谈农村俱乐部:农民的文化主体性与农村文艺的组织化》,《文艺理论与批评》2019 年第 4 期。

式来展现优秀的乡土文化和当代农民的精神风貌，以此支持乡村优秀文化团体的繁荣与发展。

第四，对"送戏下乡"进行经济支持。文化大院组织一场演出可以获得3000—5000元的补助资金；文化部门还通过各类演出的评比，以奖金的形式来资助文化大院的日常发展，激励大院提高演出水准，更好地满足村民的文化需求。

第五，政府鼓励社会力量参与到乡村文化建设中，探索以产促文的发展道路。主要做法有：吸引企业参与乡村文化活动，支撑小型文化大院的发展；培育挖掘本土文化人才，使一部分文化大院发展成为可以承接小型演出活动的文艺团体，不仅获得了收益，还能够反哺乡村公共文化事业的建设。原州区的郭霞文化大院最具典型示范作用，它依托固原秦声演艺公司，尝试以演养文的发展道路。每年承接文化演出近百场，包括市县（区）政府购买服务的"送戏下乡""戏曲进校园"、广场文化演出等，以及其他社会单位的演出需求，成为当地经营效益相对较好的文艺表演团体。

通过以上具体的措施，在此过程中，许多文化大院找到了自身发展的路径，内生动力被激发出来。农村文化大院连同乡镇综合文化站、村级文化活动室，为农村精神文明建设注入了丰富的文化内涵，促进了农村和谐稳定，提升了"乡风文明"水平，成为传播社会主义先进文化的阵地以及农民休闲、娱乐、学习的重要场所。

由此可见，文化大院的蓬勃发展与国家对乡村的文化治理密不可分。区别于自上而下科层制管理框架，当下国家在乡村的文化治理体现为联动个体、社会、政府等多方主体，生成能够自我管理、自我服务的社会机制，并且在此过程中强调政府的引导作用而非参与作用。对于民间文化活动，基层政权并非简单地规约和限制，而是在部分承认、支持群众活动的基础上，将自己的意识形态渗透到民间社会之中。具体来讲，这是一个交互的过程，既有民间社会透过基层政权对于国家文化秩序的形塑与影射，也有基层政权对于这些输入的吸收与调试，再有国家文化秩序通过渗透与延伸将国家主流价值观输入乡村民间社会的过程。更为关键的是，民间社会并非被动地接受，而是一种能动获取与再生产的过程，表现了"在地性"与"灵活性"，并持续形塑新一轮的国家文化秩序建构。

在乡村振兴的大背景下，政府"以政策支持、资源支持、智力支持以及宏观调控等方式"①，在促进乡村文化发展的同时，也解决了社会主义国家对于乡村文化的领导权问题。文化大院所搭建的物理及流动的空间，也成为有效联结国家与农民的"中间组织"（intermediate group）。

二 地域特色鲜明的公共文化空间

值得一提的是，在文化大院创建中，固原市充分利用已有的基础，鼓励利用村集体闲置房屋、农村文化能人自家庭院等，注重发挥当地悠久的历史文化底蕴、丰富的红色文化资源、独特的民俗文化优势等，同时会根据不同地区群众欣赏习惯和特长爱好，因地制宜，不搞"一刀切"。迄今为止，已发展出文艺戏曲表演大院、红色文化收藏大院、民俗文化展示大院、书画创作交流大院、特色体育项目大院等。

（一）文艺戏曲表演大院坐拥半壁江山

如今，固原市的市级文化大院已发展到66家，其中文艺戏曲表演大院占到了半壁江山——共有33家。

西吉县新营乡李金山文化大院融合秦腔、非遗、乡村旅游、体育健身等多种形态，并重点发展秦腔戏曲展演。这一大院拥有400多平方米的室内小剧场，演出设备齐全，很有档次，而且每周都组织活动，在西吉县小有名气。隆德县沙塘镇街道村的梁桂英文化大院，聚集了

---

① 吕方：《再造乡土团结：农村社会组织发展与"新公共性"》，《南开学报》（哲学社会科学版）2013年第3期。

图 3-3　文化大院参加戏曲演出的群众　拍摄者：顾广欣

一群秦腔及广场舞爱好者，每到农闲的清晨和傍晚，文化大院门前的广场上舞动着的身影和演艺厅里传出的悠扬的古韵腔调，为静谧的乡村增添了几分活力。泾源县大湾乡武坪村梁建平文化大院，注册登记了文艺演出公司，以秦腔表演为主，积极争取各类商业演出机会，探索文化大院的市场化发展道路。

（二）红色文化收藏大院彰显老区风采

固原市革命老区，红色遗存、革命文物广泛分布，一些文化大院便依托红色文化资源来推进乡村文化建设。笔者在调研中曾到访原州区开城镇寇庄村李存吉文化大院，这里收藏有遗落在全国各地的红色文物两万余件，其中一些文物有很高的史料价值。这里也发展成为宁夏一处爱国主义教育基地，经常有各地的参观者和记者慕名而来，寻找红色根脉，缅怀先烈。

原州区彭堡镇闫堡村夏得玉文化大院，以社会主义建设的历史足

图 3-4　文化大院的参观者　拍摄者：顾广欣

迹作为展览的主题，在300多平方米的展厅里，将新中国成立以来的老照片进行精心的装帧和布展。彭阳县王洼镇李寨村杜德鹏文化大院，以收藏红色革命物品、资料为主，兼顾地方民俗物品、书画资料等，特别是有关革命题材的地图资料和盲文书籍资料，极具文化特色，是一处很好的革命传统教育基地。

（三）民俗非遗收藏大院展现悠久历史

固原是古代中原农耕文化与北方游牧文化交流交融的前沿，作为古"丝绸之路"东段北道上的节点城市，农耕文明和草原文化在此交汇融合，悠久的历史遗留下大量农耕用具、早年的生活用品以及一些文史资料等。当逐步意识到这些老物件对于承载乡村历史记忆的重要性后，一些头脑灵活且有一定经济收入的农民便通过多种渠道收集这些物品，在数量达到一定规模后开始创建民俗文化大院，免费供村民参观。在原州区中河乡小沟村王耀祖文化大院里，专门设有农耕物品展览区，1000多件陶罐在四排展架上整齐排列，向参观者讲述着马家窑文化、齐家文化时期固原的辉煌历史。除此之外，王耀祖的文化大院还收藏了红色文化主题藏品 700 多件，农耕用具 800 多件，字画 2000 多幅，古钱币 5000 枚，丰富的藏品充分展现了新时代农民丰富的内心世界以及对文化传播倾心投入的热情。

隆德县是固原市非物质文化遗产项目保护和传承大县。温堡乡杨坡村杨氏彩塑文化大院保存了杨氏彩塑这个国家级非物质文化遗产项目六代 120 余年的传承历史，一组组精心设计、造型精巧的彩塑作品，向人们全方位地展示了国家级传承项目深厚的文化内涵。凤岭乡卜文俊文化大院，紧紧依托固原砖雕（魏氏砖雕）这一国家级非物质文化遗产项目，将砖雕非遗展示、项目传承发展相结合，走出了一条非遗项目的市场化发展之路。泾源县大湾乡牛营村李治明文化大院是以陶器展示为主题的大院，一件件造型别致、风韵独特的陶器将大院装扮成治陶非遗传承艺人的天地。在彭阳县翁金鼎文化大院，一组核桃木雕刻的沙发、茶几，一件别具风味的根雕作品，一堆毫不起眼的树根枯枝组成的"篱笆墙"，将木雕艺术的精妙构思和极简之美刻画出来。

从运营方式来看，文化大院呈现出多元化的发展路径。西吉县龙王坝文化大院走出了一条乡村旅游与文化融合发展的道路。隆德县陈靳乡新和村文化大院创始人赵世荣组建了隆德县民乐剧团，现有演职人员 46 人，常年活跃在庄浪、静宁、红寺堡、吴忠、固原等 10 多个市县 60 多个乡镇，年均演出 200 场，创收 80 余万元；同时剧团还为本村旅游项目提供民俗表演活动等，通过各种途径来提高剧团的收益。

综上所述，文化大院一方面通过发挥乡村文化精英的引领作用，带动一方或一村的文化活动；另一方面，以群众性文化活动来传播新时期党的方针、政策，培养文艺人才，丰富了农村群众文化生活，有效促进了农村和谐稳定。同时，也弥补了乡村公共文化服务供给不足、不平衡的难题。

一言以蔽之，以文化大院为代表的乡村文化空间充分体现了新时期党的群众文化路线。显然，对重建农村美好家园的欲望，没有谁比农民更为强烈;至于农村文化复兴的途径,也没有谁比农民更了解农村的历史、当下与未来的各种资源。农民才是农村的主人和文化的主体。

三 国家政策话语的渗透

在新的历史时期,党中央作出了"建设社会主义新农村""乡村振兴战略"等重大决策部署,如何将党的方针政策和建设目标落实到广大最基层的乡村,把党的意志转化为农民的具体行动,这是推进中国乡村改革与发展的关键。学者韩毓海曾指出:"中华民族的伟大复兴,首先肇始于中国革命以建立基层组织的方式,极大提高了社会组织能力和国家效率……要从根本上变革社会,那就非要从基层做起,从中国人口的大多数——农民做起、从土地制度做起不可;要真正变革社会,就非要找准中国社会的真正主体不可。"[1] 今天,我们如何承袭这一传统?答案是要将关于现代政党和国家政策化为乡土语言的话语,利用各种形式的媒介传递到分散的乡土社会,进行政治动员与资源整合。

"在语言学里,话语可以简单地定义为句子以上的语言单位。话语可以是说出来的,也可以是写下来的。话语是由两个相互依存的部分组成的,一个部分是话语内容,也就是言语者表达的思想内容;另一个部分是话语形式,也就是言语者借以表达思想的形式,这种形式就是语言。"[2] 关于话语的定义本书不再赘述,我们想引出的现象是,在广大乡村,国家使用各类符号不断灌输和强化国家的政治话语、经济/市场话语以及社会话语,主题涉及"生产、生活、乡风、村容、

---

[1] 韩毓海:《五百年来谁著史:1500年以来的中国与世界》(第三版),九州出版社2011年版,第3—8页。

[2] 纪程:《话语政治:中国乡村社会变迁中的符号权力运作》,中国社会科学出版社2011年版,第1页。

管理"各个方面，使国家发展理念渗透到乡村的日常生活中。在文化大院，国家话语不仅体现在农民的文化生产中，也展现于各类文化符号里，其内容主要侧重于当前我国农村文化的政策指向及政策内容。在淑珍文化大院门口的楹联上这样写道："文化创百姓精神家园，大院开黎民娱乐天地。"（见图3-5）展现出文化大院在国家宏观文化政策背景下对自身功能的定位，即传承乡土文化，服务基层农民。

图3-5　淑珍文化大院的楹联　拍摄者：顾广欣

与此同时，每家文化大院还会以条幅、展板等多种多样的形式（见图3-6），宣传国家乡村文化政策，例如"兴起文化建设新高潮，推动文化强区新跨越""贯彻十九大精神，推动文化大繁荣""坚定文化自信，推动社会主义文化繁荣兴盛"。这些政策话语通常悬挂在戏台的上方或张贴于大院的最显眼的院墙上。

在大院的文化墙上，还经常张贴有本村的"道德模范""先进典型""星级文明示范户""最美家庭""好媳妇""好妯娌""好邻居"

第三章　乡村文化空间的群众文艺实践　　131

图 3-6　文化大院的政策宣传展板　　拍摄者：宋歌

等优秀事迹的介绍。在抗疫期间，庙湾村梁云文化大院创作了剪纸作品《最美逆行者》张贴在大院显眼处，宣扬万众一心、同舟共济的守望相助精神（见图 3-7）。

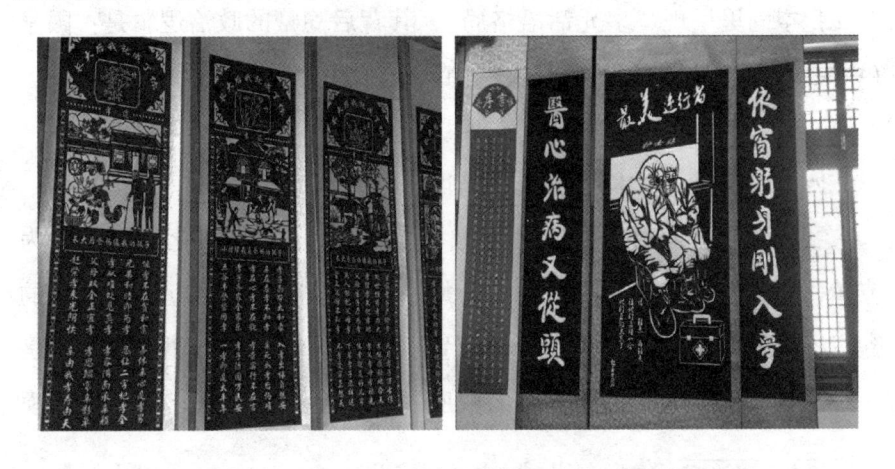

图 3-7　梁云文化大院抗疫主题的剪纸作品　　拍摄者：宋歌

很显然，乡村文化大院在传播文化的同时，也通过文化符号将国家意识形态话语和社会核心价值呈现出来。从这个意义上来说，"文化既是目的，又是工具。就目的而言，文化是人类维系自身生存发展和追求社会良善生活的状态"①。就工具而言，国家将富有教化意义的文化符号植入乡村文化空间内，用直白质朴的宣传画与标语将原本抽象的政策、观念变得具体可感，将主流价值观内化为农民的日常行为中，发挥潜移默化的教育功能作用，进而构成乡村社会治理的有机组成部分。

美国人类学家格尔茨曾指出，"文化是指从历史沿袭下来的体现于象征符号中的意义模式，是由象征符号体系表达的概念体系，人们以此进行沟通，延存和发展他们对生活的知识和态度"②。文化不仅仅是具象化的符号，更具有意义生产与建构的功能。斯图亚特·霍尔也认为，文化表征的生产与实践是就是概念、观念、情感等"在一个可被传达和阐释的符号形式中具体化"③。在固原市的文化大院，政府通过植入特定意义的文化符号，向人们传达社会主义国家的文化政策，对农民进行文化的动员。我们也可以从中窥见：在以文化大院为代表的公共文化空间里呈现"多元话语格局"，其背后隐藏的政治逻辑是：国家（中央政府）、地方（主要指县、乡镇）与农民之间话语的博弈与互动。

四 农民文化主体性的生成机制

我国现阶段农村公共文化服务体系由五大"重点文化工程"作为支撑，它们统一由国家财政拨款，每一项工程也都有相应的同一化的建设标准，例如空间布局、资源配置、内容提供、队伍建设等，这是一种从计划经济时代沿袭至今的政府主导型乡村公共文化服务供给模

---

① 李山：《中国农村文化政策 70 年：话语形态及其演变脉络》，《湖北民族学院学报》（哲学社会科学版）2019 年第 3 期。
② ［美］格尔茨：《文化的解释》，纳日碧力戈等译，上海人民出版社 1999 年版，第 103 页。
③ ［英］霍尔：《表征：文化表象与意指实践》，徐亮等译，商务印书馆 2003 年版，第 10 页。

式，属于自上而下的政府科层化的文化供给，如图3-8所示。

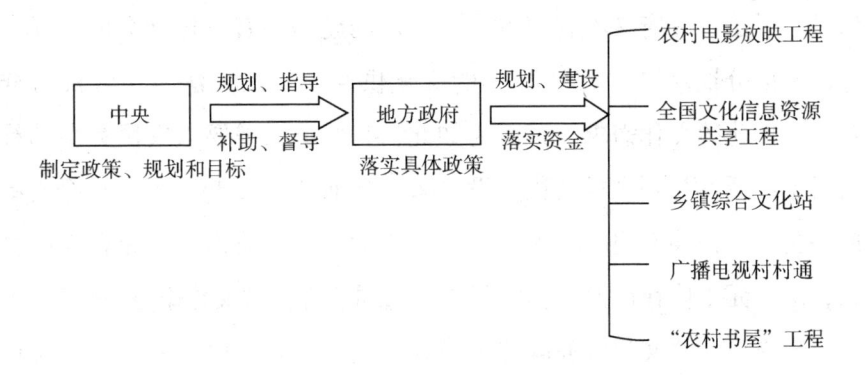

图3-8　农村公共文化服务传统运作方式示意图

这种模式的最大弊端在于效率低下，非政府的社会化主体包括社会化团体、民营企业、农户家庭等社会力量"不仅难以参与共建，甚至难以表达真实的文化需求。据调查，农村居民对政府组织的文化下乡活动满意度偏低，仅有22.3%"①。取消农业税后，国家开始向农村注入大量资源，特别是自2005年提出建设社会主义新农村以来，国家对乡村各项事业的扶持力度不断加大。"但是从治理角度看，其中相当一部分资源的注入是低效甚至是无效的。"②比如多地的农家书屋管理落后、图书陈旧、利用率低，原本利民便民的精神文明建设工程沦为"形象工程"。

针对这些忽视农民主体性的文化下乡，赵月枝批判道：其根源在于"城市中心主义的治理者居高临下的福利主义思想"。"'政府买单农民看戏'，农民是作为一种城市文化的接受者和消费者而被建构的，这是文化单向流动的模式。"③在农村特殊的经济条件下，尤其是老少

---

① 黄梦航：《农村公共文化服务体系建设中社会力量参与的路径问题——以湖北D市文化礼堂建设为中心的考察》，《福建论坛》（人文社会科学版）2018年第4期。
② 贺雪峰：《论农村基层组织的结构与功能》，《天津行政学院学报》2010年第6期。
③ 沙垚：《重构中国传播学——传播政治经济学者赵月枝教授专访》，《新闻记者》2015年第1期。

边穷地区，对公共文化技术设施、农村基础教育、公共文化事业等领域进行供给是政府义不容辞的责任。但问题是随着农村社会的不断发展，不区分地域"一刀切"式的文化供给政策已无法满足农民多样化、个性化的文化需求。正因为如此，我们迫切需要以农民为主的社会力量广泛参与到乡村文化建设中来，从而"建立起国家—社会、政府—公民、公共部门—私人部门相互依赖、互相协商、互相合作的关系，由多元主体在协商合作的基础上共同管理公共文化事务"①。

与农村公共文化服务的传统模式相比，宁夏固原市的文化大院代表了乡村公共文化服务的另一种类型——社会参与模式。从文化大院的本身属性而言，它由农民根据自身的文化需求自筹自建，演出者都是土生土长的农民，所表演的内容既传承了当地的艺术传统，又从农民日常的生产、生活中挖掘新的素材，用戏曲、快板等传统的艺术形式来表演，并利用现代媒介技术来广泛传播。其运作模式如图3-9所示。

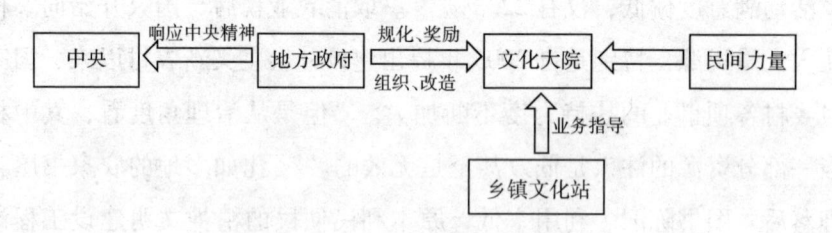

中央 ←响应中央精神— 地方政府 —规化、奖励 组织、改造→ 文化大院 ← 民间力量

↑ 业务指导

乡镇文化站

图3-9　文化大院的运作方式示意图

这种"从群众中来，到群众中去"的文艺路线不仅凸显了农民的主体性价值，也因为演出形式深深嵌入到当地的社会结构中，从而能够在广大西北乡村生根发芽。随着文化大院规模和数量的扩大，政府加大了对民间文艺团体的资金扶持、业务指导，以及创作内容的引导，解决了社会主义国家在广大乡村文化领导权的问题。

---

① 唐娟：《政府治理论》，中国社会科学出版社2006年版。

本章小结

通过梳理乡村公共文化空间的发展历史，不难发现，无论是新中国成立之初的读报小组、农村俱乐部，还是当下的文化礼堂、文化大院等，无不脱胎于农民自发性的文艺实践。伴随着国家权力的介入，它们的组织动员能力不断增强，不仅服务于农民的生产生活，也承担了社会主义思想和国家话语的传播。此外，乡村公共文化空间也发挥着文化治理的功能，作为非正式的文化场域，它们通过文艺演出及传统技艺的展示，在潜移默化中构建起个人与集体的行为规范，为维护乡村社会秩序、构建地方认同发挥着越来越重要的作用。更为重要的是，在此过程中，农民的文化主体性价值被激活，他们依托公共空间，创造性地将传统与现代结合起来，"将上一代的集体记忆和当下村庄的文化实践和社区共同体的意义生产联系起来"[①]，用一种文化集体主义的方式来对抗农村经济社会转型所带来的"原子化"困境。不妨说，这正是当代农民面对农村文化和价值困境的一种自觉探索方式。从历史到当下，不论乡村文化活动的具体形式如何变化，其内在的群众性，以及依托公共空间、共同社区生活，所表达的情感价值、世道人心不会改变。

---

① 沙垚：《重构中国传播学——传播政治经济学者赵月枝教授专访》，《新闻记者》2015年第1期。

第四章　新媒体对乡村文化空间的重塑

梅罗维茨在《消失的地域》中指出,"电子媒介一旦被广泛应用,它可能会创造出新的社会环境,而社会环境重新塑造行为的方式可能会超越所传送的具体内容"①。他将媒介对社会的影响概括为"新媒介、新场景;新场景、新行为"②,从而一举把场景纳入媒介影响社会重要因素之行列。梅罗维茨的媒介研究是基于电视的媒介场景,它的基本状态是"个体的身体是缺席的,缺乏即时互动,是剥离了'身体'整体感觉的、单纯依赖经过中介的视觉、听觉的传播,是低语境的。一个个体可以经由大众媒介'想象性地'被多个组合场景影响,却不能与媒介场景中的人展开即时互动"③。今天,以手机为代表的数字移动媒体构成的移动场景,与梅罗维茨《消失的地域》里描述的情形已截然不同。所谓"移动",有两重含义,"首先是实体空间之间的往来,人带着手机从一个物理场景移动到另一个物理场景中,这种移动展示的仍然是线性关系。移动的更深刻含义是,人在物理场景、大众媒介场景、微信熟人圈等多个场景的频繁穿梭,形成了多重场景并

---

① [美]约书亚·梅洛维茨:《消失的地域:电子媒介对于社会行为的影响》,肖志军译,清华大学出版社2002年版,第12页。
② [美]约书亚·梅洛维茨:《消失的地域:电子媒介对于社会行为的影响》,肖志军译,清华大学出版社2002年版,第34—36页。
③ 孙玮:《微信:中国人的"在世存有"》,《学术月刊》2015年第12期。

置、交叉、融合的状态。微信以及类似形态的新媒体产品，将移动、场景这两个原本水火不容的概念集合在一起，创造了人类社会一种前所未有的新'场景'"①。在场景研究中，我们需要抛弃社会场景仅仅是在固定的时间和地点发生的面对面交往的观念，而应研究更广泛、更有包容性的"信息获取模式"的观念。移动互联网媒介的广泛使用，重建了大范围的场景，物质场所和媒介场所构筑了人们新的社会场景行为。

第一节　社交媒介中的农民个体

当提及网络新媒体技术在中国乡村的使用，人们往往立刻想到了"数字鸿沟（digital divide）"，这个最早由美国智库提出的名词，在20世纪90年代被克林克政府变为政策，到世纪之交成为全球话语，直到今天依然有广泛影响。②它的基本假设是，在网络媒体高速发展的信息社会，最重要的社会结构特征是信息拥有者（information haves）与信息无产者（information have-nots）之间的对立。据此，一些研究者便带着这样的理论预设来观察乡村传播，尤其是新媒体技术环境下城乡之间的"信息分层"。然而，很多人很快发现，现实情况并非和数字鸿沟的概念预设的那样：要么极富，要么极贫。两极分化确实存在，如果把只鳞片爪汇集起来看，观察到的现象主体绝大多数是处在两个极端之间的。

在21世纪的前二十年里，中国城乡发生了巨大转变，网络新媒体技术在各种劳动者群体中迅猛扩散，当今的中国工人、农民，尤其是被称为"新生代"的农民工，早已同互联网密切地结合在一起，飞速

---

① 孙玮：《微信：中国人的"在世存有"》，《学术月刊》2015年第12期。
② 邱林川：《信息时代的世界工厂：新工人阶级的网络社会》，广西师范大学出版社2013年版，第11页。

发展的现代信息技术绝不仅仅惠及国家、资本和城市中产阶级，而且同样也日益植根于广大工人、农民群体之中，成为他们日常生活的一部分，甚至是他们获取政治、经济、文化、社会资本的媒介工具。当社交媒介进入中国传统村落，给偏居一隅的人们提供了新的技术世界和另一种生活空间。"然而，有着相同技术标准的社交媒体在与村民的碰撞过程中呈现出多样化的运用，个人生活经历、民族文化、地方情感和全球化经验等多重因素共同形塑和影响着人们对技术的创造性使用"①，即"媒体的在地化"。显然，西方的理论概念无法解释当下中国复杂的社会现实，在不同的时空、不同的文化环境里，我们应找到更准确、更全面，同时在中国宪政传统中更有意义的新东西，而这些新发现又可以帮助我们去诊断和解决社会问题。

一 作为制度的数字媒体

丹麦学者延森认为手机的独特之处在于，它"通过本地化和个体化的方式将多元模式的传播整合入日常生活中。手机的移动性体现在三个方面——空间、时间和语境"②。首先，空间的移动性指客体、人类和符号在空间中的位置变化。其次，时间的移动性是指不同的历史时期里，人们与环境中不同要素之间灵活的交流方式，这些不同要素也包含了其他社会个体。如人类学家爱德华·霍尔（Edward T. Hall, 1959）所说，个体和文化都具有相对的共时性（monochronic）和历时性（polychronic）：当人们有一系列事件或行动需要处理时，我们既可以通过逐一处理的线性方式完成，也可以多个任务同步处理的方式完成。最后，语境的移动性体现了社会关系整体结构的变化程

---

① 孙信茹：《社交媒体在地化：一种进入整体情境的方法论》，《南京社会科学》2021 年第 3 期。

② [丹麦] 克劳斯·布鲁恩·延森：《媒介融合：网络传播、大众传播和人际传播的三重维度》，刘君译，复旦大学出版社 2016 年版，第 112 页。

度——语境的变化。传播跨越时空传递着意义交流的语境，这些语境以虚拟的形式存在于传播者的头脑之中，并随着传播者从一个地方迁移到另一个地方。数字媒体使得的语境的移动性达到了一个新的程度。

尤尔根·哈贝马斯（1989/1962）的公共领域模型（见表4-1）①为我们考察媒介与其他社会机构之间的关系提供了一个十分有用的分析框架。公共领域是一个相互联系，同时又保持着彼此相对独立性的系统中的一部分。表4-1右侧是国家架构，它们提供并完善了社会交往的物质、法律和其他基础性环境，并垄断着最终的物理性暴力工具的使用。左侧的社会领域包含着私人经济实体。同时，私人领域代表着个体和家庭生活领域。而整个系统中的中介因素就是公共领域，它构成了最重要的政治与文化上启发思维的制度，并包含作为第四权利的新闻业。英美国家的哈贝马斯研究文献通常忽略了公共领域的两个组成部分：政治公共领域和文化公共领域。"哈贝马斯讨论了文学期刊与沙龙的公共文化领域如何孕育了当代意义上的政治审议与讨论的最初形态。通过将政治公共领域和文化公共领域相结合，公共领域最终通过不同的体裁强调两种不同的议程：简而言之，其一是通过小说（fictions）表达文化和艺术的'个体'事务；其二是通过事实题材（factual genres）表达政治和经济的'集体'事务。"②

电子媒介的兴起不断拓展了人们对空间的认识，尤其是手机等社交媒介的普及，为我们制造出一个个"虚拟空间"，与面对面的"物理空间"形成了多重空间并置。实际上，无论是实体空间抑或虚拟空间，都是在实践中发生的，在发展中受到社会关系和意识形态的影响，

---

① Habermas, J., *The Structural Transformation of the Public Sphere*, Cambridge: MA: MIT Press, 1962.

② ［丹麦］克劳斯·布鲁恩·延森：《媒介融合：网络传播、大众传播和人际传播的三重维度》，刘君译，复旦大学出版社2016年版，第115页。

空间必然是政治性的。

表 4-1 公共领域的模式（根据 Habermas，1989/1962；Mortensen，1977）

	社会		国家
	私人领域	公共领域	
客体机构	亲密领域 宗教，性取向，情感，友谊等 家庭	文化公共领域 论道，艺术，文学，音乐等 组织，俱乐部	国家（的机构）确保物质基础结构，整体经济稳定，执法，并通过经济、强制、法律和意识形态工具对冲突进行规范与管理
客体机构	社会领域 私人经济活动，生产和包括劳动力在内的商品的出售/购买 私人企业和商店	政治公共领域 "政治"和"经济"，包括社会事务 议会，机关，代表政党，新闻业	

如今，随着社交媒介的广泛使用，传统村落的民众早已被卷入乡村与城市、线上与线下的双重流动之中。然而，对社交媒介的使用绝不意味着"摆脱地方社会与共同体文化的束缚，这种使用仍深深植根于乡土社会结构和文化逻辑中"①。更为重要的是，人们将自身文化脉络里的知识库加以运用，在网络世界中创造出新的文化规则，进而拓展和生成了新的社会交往方式。社交媒介在日常生活中的崛起，尽管带来了大众化的普遍体验，但更为个体性的独特感受提供了平台。

二 农民使用社交媒介的动机

社交媒介主要指基于智能手机和移动互联网而建立起的媒体平台。主要包括微信、QQ、抖音、快手、全民K歌、西瓜视频等社交App。农民使用社交媒介的动机可以分为三个层面。"第一个层面是自我表现层面，包括自我表达（个人的个性、思想、能力的展示等）、自我形象管理、自我情绪调节等；第二个层面是社会互动层面，包括社会分享、社会交往、社会参与等，也就是各种形式的社会互动；第三

---

① 孙信茹：《社交媒体在地化：一种进入整体情境的方法论》，《南京社会科学》2021年第3期。

个层面是社会报偿层面，包括社会资本与社会归属等。"① 如图 4 – 1 所示。

```
        ┌─────────────────────────────────────┐
        │   社会资本              社会归属      │
        └─────────────────────────────────────┘
                         ↑
    ┌─────────────────────────────────────────────┐
    │  社会分享        社会交往        社会参与     │
    └─────────────────────────────────────────────┘
                         ↑
    ┌─────────────────────────────────────────────┐
    │  自我表达     自我形象管理    自我情绪调节    │
    └─────────────────────────────────────────────┘
                         ↑
                      ┌──────┐
                      │ 个体 │
                      └──────┘
```

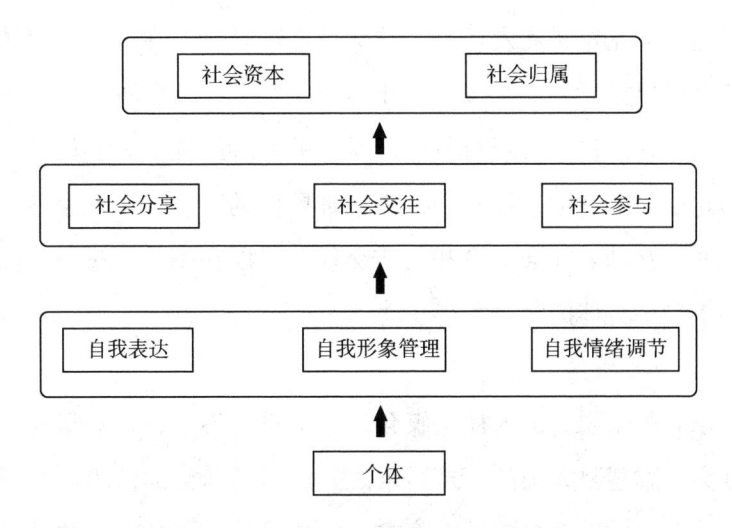

图 4 – 1　社交媒介中农民的需求结构

（一）自我表现

自我表现既是个体自我认知的需要，又是社会互动的基础。美国社会学家欧文·戈夫曼的"拟剧理论"认为，在我们的日常交往和生活中，人人都是表演者，在特定的情境、不同的舞台上认识到别人对我们行为的期待以及我们对他人思想、感情和行动的期待，不断根据自己身处的舞台以及交往对象调整自己的行为。戈夫曼认为，人们表演的区域有前台和后台之分。前台是人们正在进行表演的地方，后台则是为前台做准备的、不想让观众看到的地方。人们在前台的行为举止与后台是不一样的。② 社会化媒体给予了人们更多的表演舞台和表演手段，在这一载体中，人们塑造出更符合自己理想的自我形象，即

---

① 彭兰：《社会化媒体：理论与实践解析》，中国人民大学出版社 2015 年版，第 72 页。
② ［美］欧文·戈夫曼：《日常生活中的自我呈现》，北京大学出版社 2008 年版，第 19—25 页。

戈夫曼所提出的"印象管理"(impression management)。

(二) 社会互动

社会互动是维系和发展个人社会关系的基础。在社会化媒体中的社会互动可以以"社会分享""社会交往""社会参与"等不同形式表现出来，它们也是实现自我表现需求的一种外在方式。社会分享主要是信息层面的互动，社会交往是精神层面的互动，而社会参与则是行动层面的互动。社会分享和社会交往，可以在个体间进行，而社会参与则依赖于群体的集合和与互动。

(三) 社会报偿

对于农民来说，加入社交媒介的一个重要诉求，是获得社会归属感。社会归属感是人类的心理需求之一。以马斯洛的需求层次理论来看，它属于人类安全需求的一个方面，也是最基本的需求之一。在网络中，社会归属感的获得有多种方式，加入一些稳定的社群，以及加入某些特定的议题，是其中两种主要的方式。议程融合理论，可以解释社会化媒体中"内容"与"人的社会关系形成"这两者之间的关系。农民对于社会化媒体的使用热情，还与社会资本的需求相关。美国华裔学者林南认为，社会资本是"行动者在行动中获取和使用嵌入在社会网络中的资源"[①]。通俗来讲，对于个体而言，社会学意义上的社会网络多数情况下就是他的人际关系网络。这时，社会资本也就是个体在社交中的投入与回报。

从本质上看，由社交媒介所形成的人际关系网络，带给农民的不仅仅是交流所带来的即时报偿（例如情绪、情感、信息等方面获得的满足），还在于它所培养的社会关系能够带来的长期报偿。在现实生活中农民的关系网络规模有限，因为它的形成在很大程度上受限于物

---

① [美] 林南：《社会资本——关于社会结构与行动的理论》，上海人民出版社 2005 年版，第 4 页。

理空间、交际范围；此外，多数人在这样的关系网络中交往的活跃度大多不高，除了特别亲近的关系外，农民与一般社会关系的对象交流是相对偏弱的，而且这种关系网络没有显性化，也就是说很多时候农民并不完全了解自己所拥有的社会关系究竟有哪些。

而社交媒介在以上各个方面都有所改善。从规模上看，网络交流可以突破时空限制，这就可以使农民的网络关系中的节点超越传统的范围；从交流的活跃度上看，各种交流工具与手段的使用，可以有效地提高人们之间的交流频率和深度，从整体提高交流的质量，给人们带来更丰富的交流体验和报偿；从关系网络的显性化方面看，社会化媒体将人们的交流对象用"好友"等方式加以直接提示，人们可以随时看到自己所拥有的社会关系，同时还可以看到彼此共同的"好友"，在这样的网络中，弱关系的激活也要容易得多。

三 在网络中形成常态性自组织

传播学者彭兰认为，网络社群应具有以下特征："有明确的成员关系；有持续的相互交往；有一致的群体意识和规范；有一定的分工协作；有一致行动的能力。"[1] 虽然社交媒介中的群体存在于虚拟环境中，群体成员的关系却是实在存在的，如物理空间一样，群体成员间存在权力关系。在网络中很容易聚集起人群，但形成一个稳定的群体并不是一件容易的事，如果没有明显的权力中心，社群的凝聚力往往是不强的，作为一个整体的行动能力也不强。因此，权力中心的形成，对于网路群体的持续与稳定发展关系重大。网络中的群体传播，往往是在一定权力结构关系影响下展开的。个人对于某一事物的态度与意见的形成，不单纯取决于个人的既有倾向，在很多时候还取决于权力中心以及其他成员的态度。

---

[1] 彭兰：《社会化媒体：理论与实践解析》，中国人民大学出版社2015年版，第89页。

伴随着移动互联网的普及，微信等社交媒介被广泛运用到乡村的文化活动中。依托于文化大院，形成了因趣缘而联结在一起的网络虚拟社群。在调查中，笔者选取了 10 家文化大院的微信群进行长期观察和记录，发现它们的形成与发展基于组织成员相似的地域背景、兴趣和需要，经过一定时间的互动和合作，已成为一种相对稳定的网络社群，呈现出自组织特点，比如内部的分工逐渐形成，成员之间基于各自角色和特长形成较为稳定的互动关系。这类常态性自组织，在很大程度上与社会学意义上的群体是一致的，"有明确的成员关系；有持续的相互交往；有一致的群体规范；有一定的分工协作；有一致行动的能力"①。

网络中的自组织的自我协调机制主要来自两个方面：一方面是外部规则的约束，如相关部门的管理规定等；另一方面是内部契约的约束，这种契约是长期互动中成员间形成的一些心照不宣的共识。自组织的出现，使个体的力量被集合起来，成为一种群体性力量，个体的力量在这个过程中被放大。这不仅提高农民参与公共活动的积极性，也使乡村文化活动更加制度化。秦韵文化大院在演出中，由于缺少经费，负责人一面借助微信群在村民中募集资金，用于舞台布置及演出服的购置；另一面积极向村委会申请解决演出的电费问题，推动了活动的顺利举办。显然，这批最早具有了文化自觉意识的村民开始突破资源的结构性限制，通过移动互联网在文化传播活动中获得了主动性和能动性。

固原地区的传播实践表明，农民不仅可以自主掌握文化主导权，也可以实现传播自觉乃至文化自觉。另外我们也看到，依托于文化大院建立起的网络社群，已经具备了一个自组织的协调机制。这种协调

---

① 郑杭生等：《社会学概论新修》（修订本），中国人民大学出版社 1998 年版，第 190—191 页。

机制用于解决内部的矛盾，应对外界挑战。成员通过网络参与，不仅促成了统一的行动，也形成了他们"共在"的新家园。

第二节　移动传播时代乡村公共文化空间转型

媒介化理论认为，媒介不仅仅是组织、政党或者个人根据其需求选择是否使用的技术。它的存在已然成为社会和文化实践的一个结构性条件，同时存在于特定的文化领域以及作为整体的社会中。"媒介既是特定的社会和文化领域（家庭、政治等）的基本结构之一，又是一个半独立的机构，一则扮演着其他文化和社会制度之间的纽带角色，并为我们理解作为整体的社会提供了诠释框架，再则为公共讨论构建一个共同的舞台。"①

学者牛耀红将村落公共空间分为三种类型：第一类是场所类公共空间，这类公共空间形式多样，并与乡村社会有机镶嵌，是村民开展社会交往和获取外界信息最为广泛的场域，如小卖铺、文化广场、集市、祠堂、凉亭等；第二类是仪式类公共空间，它们通过正式或非正式的方式将村民组织起来以增进文化和情感的联结，比如节庆活动、祈福神会、红白喜事等；第三类是组织类公共空间，包括国家制度安排下的农村基层群众性自治组织——村委会，以及其他自治组织。② 村落公共空间曾是村民公共交往的重要场所，也是村庄秩序生成的场域，而文化类公共空间"通过文化活动及其文化传递，帮助人们分享和认同共同的价值观念，很大程度上决定了农民对日常生活意义的理解，在此基础上对村庄舆论、村庄伦理的形成

---

① ［丹麦］施蒂格·夏瓦：《文化与社会的媒介化》，刘君等译，复旦大学出版社2018年版，第5页。
② 牛耀红：《网络公共空间与乡土公共性重建——基于一个西部农村的考察》，博士学位论文，南京师范大学，2018年，第26页。

产生重要影响,并对政治性公共空间的形成产生影响"①。在当前流动性增强、乡村离散化的背景下,传统的公共空间逐渐式微,村落共同体面临着解体的危机。但随着移动网络的发展,村民重新聚集到网络公共空间里。在固原市,围绕着"文化大院"微信群形成的网络公共空间,已成为村落开展文化动员和组织活动的重要平台,某种程度上弥补了因传统公共空间的弱化而导致的乡村凝聚力、文化整合力、道德约束力的下降,同时,也推动了农民从家庭和私人领域向公共领域的回归。

一 作为乡村文化传播平台的微信群

(一) 对文化活动的组织与动员

如第三章所述,文化大院的动员机制集中体现为一些民间文艺积极分子对乡村文化事业的热心推动,主要依靠的不是行政力量,而是乡村文化精英自身的声望、人际关系与专业权威,即精英动员模式。动员的客体既包括资源动员,也包括行动动员,文化活动的参与者基于共同的兴趣爱好和价值目标,通过调动本社区内的人力、物力、财力,甚至连接村外的资源,以实现资源整合,进而达到推动本地文化事业可持续发展的治理目标。

在固原,文化大院微信群是基于现实生活中的交往关系形成的群,建群之初主要是为了方便信息的沟通,促成统一的行动。每逢演出之前,文化大院的负责人会提前在群里通知演出的时间,到了演出开始前,村民们便陆续汇聚到了大院里。演出开始后,到场的观众通常一边看节目,一边以文字、图片、视频的方式将演出现场发布到微信朋友圈和群组中,把社交媒介变成了直播现场;没到场的观众以点赞、评论和转发等方式呈现自己的存在感,实现了另一种意义上的"在

---

① 何兰萍:《公共文化生活空间与农村文化建设》,《江西师范大学学报》2011年第2期。

场"。就此而言，社交媒体突破了文化大院固定的演出空间与线性的时间规制，将更多的村民"重聚"在一起，而社交媒介也成为新的文化传承空间，如图4-2所示。

图 4-2　文化大院的虚拟空间

在美国社会学家戈夫曼看来，社会互动都是拟剧化"表演"。同样，我们也可以把社交性直播看作一种表演，直播现场就是一种"表演空间"。这样的表演让直播者体现了自我存在感，对于观看者而言，与同一生活圈子的人近距离的交流，也可以从中感受他人的陪伴。

（二）提升村民表演水平

微信群中戏曲片段的分享和对唱成为文化大院日常性互动的一部分，每当有成员在群里分享自己的秦腔唱段时，其他成员也会争相发送自己在舞台上的表演，不少成员还会询问："这是在哪里的演出，明天还会有吗？"线上的展示激发了线下的参与，形成了围绕文化表演的社会交往空间，不仅如此，社交媒体还能够扩展参与者的范围，纳入更多的"弱联系"和"同乡人"。

乡村文化中优秀艺术是乡村社会发展和维系的重要资源，需要以乡村文化共同体的形式传承下去，通过微信群中的文化分享，促进了群体之间对文化习俗、观念和价值观的认同，同时在微信群中与群成员分享日常生活与文化情感，逐步加强成员间的文化身份认同，只要村民愿意学习便可以在文化大院群中获得相应的资源和回复。移动互联网也为村民提高表演水平提供了另一种可能。有热爱文艺的村民在手机上申请与专业演员连麦，演唱后请对方做专业指导，这种学习方式较为灵活，不拘泥于特定的时间和地点，便获得了更好的学习资源。在交流群中，有专业的秦腔剧团演员义务为群成员提供线下或线上的教学活动。图4-3中线下培训的组织者是一名专业秦腔剧团演员，拥有自己的演艺公司，闲暇无活动时她会在群中发布培训或讲座信息，鼓励周围文化大院参与者前来学习，对他们进行免费培训，增强乡村演员业务能力，使秦腔这一民间艺术能够在乡村空间中更好地传承下去。微信群在文化传承与表达上没有边界，群中文化与知识的分享焕发出村民的民族认同和文化归属感，为乡村文化共同体的重建与发展提供了广阔的空间。

二 作为承载集体记忆的网络公共平台

关于记忆的社会属性的研究，最具代表性的学者当属涂尔干的弟子哈布瓦赫，他在涂尔干所提出的"集体意识"概念的基础上，首次

图 4-3　专业老师在微信里提供指导

创建了"集体记忆"（collective memory）这一概念并进行了系统的研究。他认为，"过去是一种社会建构，这种社会建构，如果不是全部，那么也是主要由现在的关注所形塑的"①。在哈布瓦赫的研究基础上，保罗·康纳顿（Paul Connerton）进一步提出了"社会记忆"的概念，他在所著的《社会如何记忆》中研究了仪式和过往历史的重现之间的关系。他提出："有关过去的意向和有关过去的记忆知识，是通过

---

① ［法］莫里斯·哈布瓦赫：《论集体记忆》，毕然等译，上海人民出版社 2002 年版，第 45 页。

（或多或少是仪式性的）操演来传达和维持的。"① 在康纳顿看来，"那些堪为族群价值认同和合法性来源的集体记忆，应是持久沉淀、庄重刻写和神圣操演的产物，应在身体实践和纪念仪式中得以传播和延续"②。

总体观之，"集体记忆是族群成员对历史的共同记忆，是在族群成员的互动、交往中形成的普遍感念和标准叙事；集体记忆是族群文化传承、更生的重要精神内容和意义之源"③。社交媒介在信息传播上的优势和特点为社会记忆的建构提供了新平台、新途径：一方面，它的交互性和开放性特征使人们可以就自己感兴趣的内容开展讨论或者进行转发，从而形成广泛的社会参与；另一方面，人们通过社交媒介相对自由地沟通信息、交流情感、回忆往昔等，社交媒体成为他们建构集体记忆的载体。我国台湾学者王明珂曾做出这样的总结："其一，记忆是一种集体社会行为，人们从社会中得到记忆，也在社会中拾回、重组这些记忆；其二，每一种社会群体皆有其对应的集体记忆，藉此，该群体得以凝聚及延续；其三，对于过去发生的事情来说，记忆常常是选择性的、扭曲的或是错误的，因为每个社会都有一些特别的心理倾向，或心灵的社会历史结构；最后，集体记忆依赖媒介、图像或各种集体活动来保存、强化或重温。"④

在梁云文化大院的微信群里，村民以这样一段文字书写了对于文化大院的记忆：

在我的印象里小时候不管路有多远，天有多冷，我们都会聚

---

① [美]保罗·康纳顿：《社会如何记忆》，纳日碧力戈译，上海人民出版社2000年版，第40页。
② 胡百精：《互联网与集体记忆构建》，《中国高校社会科学》2014年第3期。
③ 胡百精：《互联网与集体记忆构建》，《中国高校社会科学》2014年第3期。
④ 王明珂：《华夏边缘：历史记忆与民族认同》，台北允晨文化出版公司1997年版，第50—51页。

到这里听戏,体会过年的气氛。现在过年的气氛越来越淡,但是我们希望还是到这里来打一打鼓,唱一唱戏。把娃娃们也带过来让他们体会过年的氛围。

哈布瓦赫认为,"当我们把记忆结合到一起,是由于它们是一个群体共有的思想总体的一部分,而我们与这个群体的成员在某些时刻拥有某种关系。因此,只要我们把自己置于群体的角度,接受它的旨趣,采取它的反思倾向,就足以回想起这些记忆。当我们试图对时间更为久远的记忆进行定位时,也会出现完全相同的过程"①。我们看到,村民们对于文化大院的记忆折射了对于故乡的情感,社交媒介为情感的保存,也即记忆的保存提供了契机。故乡所代表的文化价值在代际间得到了相对完整的传承,但每一代人心中的故乡又各有不同。集体记忆定格于过去,却由当下所限定,并规约未来。人们如何建构和叙述过去,在很大程度上也取决于现实的理念、利益和期待。

中国乡村文化是从土地里生长起来的,以血缘和地缘关系为纽带的传统村落是传承农业文化的社会空间。作为传统文化的载体,春节、清明、端午、中秋等节日也与农事稼穑密切相关,与之对应的祭祖、庙会、社戏等庆典活动是民俗生活不可或缺的组成部分。然而伴随着中国城市化步伐的加快,经济资源、就业资源、教育资源、文化资源等越来越向城市集中,农民尤其是青年一代农民为了生存发展及子女教育,不得不选择离开村落,"'离土'也因此成为当代中国社会转型的主旋律"②。但近十年来学者们在研究中发现,农民即便生活在城市,"却依然在原有的关系网络中交换信息与资源,寻求支持与庇护。在交际网的建构中,亲缘和地缘关系依然是把他们联系起来的核

---

① [法] 莫里斯·哈布瓦赫:《论集体记忆》,毕然等译,上海人民出版社2002年版,第92页。
② 孙庆忠:《离土中国与乡村文化的处境》,《江海学刊》2009年第4期。

心要素"①。由是观之,"离土"并不意味着把农民"从经济到文化到意识形态上的所有价值"连根拔走。事实上,乡土文化并没有处于崩溃边缘,它正在按照自身的逻辑延续着,正如萨林斯所说:"文化在我们探寻如何去理解它时随之消失,接着又会以我们从未想象过的方式重新出来了。"② 这就是文化惯性的力量。

三 作为重建乡村"共同体"的网络趣缘群体

曼纽尔·卡斯特认为,地方环境本身并不能产生某种特别的认同,但是,人们为抗拒个体化及社会原子化,喜欢聚集在社群组织中,经过一段时间后,逐渐产生归属感,最后,形成社区及文化的认同。③ 当然,要达到如此结果必须经历社会动员的过程,也就是说,人们必须参与社会活动并在此过程中发现彼此共同的利益,以某种方式分享彼此的生活,新意义也就此产生。地方社区由集体行动建构,由集体记忆保存,因此它是认同的特定来源。

在当下的中国乡村,一方面,基于市场经济逻辑下的社会分工的作用,使整个乡村社会的异质性大大增强,人与人之间更多的是因社会契约、经济利益关系等"理性意愿"而相互连接,缺乏亲密、友谊、共同的信仰等情感要素;另一方面,现代化快节奏的生活逐渐使人们的情感变得粗糙麻木,原本相互亲近的亲朋好友因无暇交往而逐渐疏离。哲学家罗素曾说过,对长年累月定居一地的环境的亲切,源自人的慢节奏生活和观察。④ 而如今在快节奏的社会生活中,人们逐渐丧失了对于自身生活环境的情感体验,精神的荒漠化加剧,原子化

---

① 孙庆忠:《离土中国与乡村文化的处境》,《江海学刊》2009 年第 4 期。
② [美] 萨林斯:《甜蜜的悲哀》,王铭铭等译,生活·读书·新知三联书店 2000 年版,第 141 页。
③ [美] 曼纽尔·卡斯特:《认同的力量》,夏铸九等译,社会科学文献出版社 2003 年版,第 69 页。
④ 龙希成:《论罗素的"节奏"思想及其现代启示》,《自然辩证法研究》2007 年第 1 期。

的生存状态无疑令现代人倍感孤独。

在此情境下,如何与性情相同、志同道合的人彼此联系,并从共同体中获得温暖、归属和认同便成为一种现实需求。当人与人之间以传统的血缘、地缘、业缘为纽带的联结不断弱化的情境下,由于互联网技术的普及,以趣缘为纽带的群体开始在网络虚拟社区中大量出现,以文化大院微信群为代表的网络趣缘社群不仅推动了跨地域的社会聚合与文化实践,也使村民在群体互动中产生了对这一"生活方式"的意义体系的认同。

在本尼迪克特·安德森著名的"想象的共同体"理论中,他认为"民族是一种想象的共同体。因为即便是最小的民族的成员,也不可能认识他们大多数的同胞,和他们相遇,或者甚至听说过他们,然而,他们相互连结的意向却活在每一位成员的心中"[1]。简言之,"共同体"是通过共同的想象和意义的共享而建构并维系的。就网络趣缘群体而言,想象的共同体已然通过互联网技术被建构起来,它是"在社会分化的语境中出现的文化意义上社会重聚,在本质上是新时代'共同体'的重建"[2]。

从本质上讲,由微信技术建构起来的虚拟社区并未脱离现实的乡村社会结构及文化实践活动。在文化大院网络社群中,离土者通过与留乡者进行频繁而紧密的人际交流,获得了温暖、归属和认同,而凝结他们的纽带实际上是在实体空间里、在共同记忆中、在社会结构中存在的"某某村庄"。在现实空间和虚拟空间,村民们一方面积极主动地参与到文艺展演中,展现自我,在他人的反馈中获得自我身份的感知;另一方面在社交媒体平台与他人共享相同的表达方式与生活方式,从而形成对乡村生活意义的理解与认同。通过共享和认同,"拥

---

[1] [美] 本尼迪克特·安德森:《想象的共同体:民族主义的起源与散布》,吴叡人译,上海人民出版社2003年版,第5—6页。

[2] 蔡骐:《网络虚拟社区中的趣缘文化传播》,《新闻与传播研究》2014年第9期。

有共同信念、价值观以及生活方式的趣缘、地缘群体也就被彼此建构起来"①。由此，基于特定的时间、空间及社交媒介，构成了一般人群中具有需求共性与行为共性的共性场景，在此过程中，人们在这样的共同体中获得温暖、归属和认同。

传播的仪式观把传播看作文化共享的过程，"新闻不是信息，而是戏剧"，"人们由于拥有共同的事物生活在一个社区里；传播即是他们借此拥有共同事物的方法。他们必须共有的事物包括……目标、信仰、渴望、知识——一种共同的理解——就像社会学家说的想法一致（like-mindedness）。共识需要传播"②。在网络趣缘社群里，成员们因共同的兴趣爱好而彼此联结，他们不仅借助网络进行频繁而紧密的人际交流，甚至还发展出为社区成员所共享的"仪式"。人们在共同参与仪式中共享意义，确认秩序，由此建构并维系一个具有强凝聚力的文化共同体。

在网络民族志研究中，我们发现经常有村民在社交媒介的使用中标记和创造着自己的地理位置，这些位置来自真实的物理空间和实体空间，媒介使用者通过强调"我是哪里人""我在哪里""我正在做什么"，将特定地方人们的日常文化生活编织进社交媒介的地理位置里。与此同时，社交媒介又具有另一种形态，在固原地区的乡村，民间艺人将微信群打造成新的文化传承空间，并依照微信的技术结构组织来维系彼此的关系，以谋求社会资本的回报。这种对微信技术的创造性的使用基础来自当地社会深厚的文化传统。村民在微信朋友圈和群组中发布的视频、图文信息，彰显着当地独特的文化和村落共同体成员的交往方式。鉴于此，要理解这些内容，需要将其纳入村落社会文化和交往结构中。

---

① 蔡骐：《网络虚拟社区中的趣缘文化传播》，《新闻与传播研究》2014年第9期。
② [美] 詹姆斯·W. 凯瑞：《作为文化的传播》，丁未译，华夏出版社2005年版，第10—11页。

第三节 乡村文化的媒介化转向

我们的研究始于媒介社会学中的一个经典问题，即媒介如何影响更为广泛的文化和社会。然而，我们需要在一个全新的社会环境中寻找这个问题的答案；这个全新的社会环境，即我们所称的文化和社会的媒介化。传统意义上，媒介或被视为影响文化和社会的事物，或被看作个人和组织可以加以利用，从而实现不同用途和目的的手段。相应地，"效果范式"与文化研究取向构成了媒介与传播研究的两大传统。媒介化理论不同于上述的两种传统，它"关注于媒介在文化和社会中所扮演角色的长期结构性转变"[1]。总而言之，媒介化研究强调要理解媒介在现代文化和社会中的重要性，我们不能再依靠将媒介与文化和社会彼此分离的视角，"媒介不仅仅是政府、组织、或者个人根据其需求选择是否使用的技术，它的存在已然成为社会和文化实践的一个结构性条件，同时存在于特定的文化领域以及作为整体的社会中"[2]。鉴于此，我们用"媒介化"这样一个术语来表示媒介、文化和社会之间关系的长期、大范围的结构性变迁。

在本章，我们通过田野调查与理论反思的结合，试图探讨移动互联网技术在乡村社会和文化事务转型中的作用。然而，对媒介可能影响文化和社会变迁并不意味着媒介技术的发展所带来的最重要结果永远都是变革。正如菲舍尔对美国的电话发明和其社会用途的历史研究所呈现的，电话并非总是社会关系的现代化和重构的工具。对许多人而言，电话只是强化了预先存在的社会关系，使得生活的某些领域可

---

[1] ［丹麦］施蒂格·夏瓦：《文化与社会的媒介化》，刘君等译，复旦大学出版社2018年版，第4页。

[2] Livingstone, S., "On the Mediation of Everything: ICA Presidential Address 2008", *Journal of Communication*, Vol. 59, No. 1, 2009, pp. 1–18.

以对抗其他领域的现代化。① 因此，我们应当谨慎地避免将媒介发展中持续不断的、显而易见的新异性"newness"与社会和文化机制中的连续变迁相互混淆。最后，变迁和稳定之间并不是一个理论问题，而是一个需要加以分析证实的实证问题。

一　媒介化——一个新的理论视角

"媒介化"这一术语被运用于不同语境下描述媒介对各种现象的影响。早期被用于指涉媒介对政治传播的影响及其对政治的其他影响。瑞典媒介学者肯特·阿斯普（Kent Asp）最早提出了政治生活媒介化的概念，即"政治体系不仅在很大程度上受到大众传媒对政治报道的影响，而且还自我调节以适应大众传媒需要"② 的过程。阿斯普将媒介相对于政治资源日益增长的独立性视为媒介化的另一个标志。这意味着媒介获得了对其内容的更多控制权。挪威社会学者古德芒德·赫尼斯（Gudmund Hernes，1978）提出了"被媒介扭曲的社会"，他认为媒介对于一切社会机制及其关系有着根本性影响。尽管赫尼斯并没有使用"媒介化"这一术语，但他所提出的"被媒介扭曲的社会"这一概念以及该概念在社会整体观的应用，与媒介化概念在许多方面具有一致性。

另外，阿什德和斯诺（Altheide and Snow）也在著作中提出类似的观点，他们提倡开展针对"媒介所推动的社会制度变革分析"（analysis of social institutions-transformed-through-media）③，希望呈现媒介逻辑是

---

① Fischer, C. S., *America Calling*, *A Social History of the Telephone to 1940*, Berkeley: University of California Press, 1992.

② Asp, K., *Maktiga massmedier*: *Studier i politisk opinionsbildning*（*Powerful Mass Media*: *Studies in Political Opinion Formation*），Stockholm: Akademilitteratur, 1986, p. 359.

③ Altheide, D. L. and Snow, R. P., *Media Logic*, Beverly Hills, CA: Sage. —— (1988) "Toward a Theory of Mediation", in Anderson, J. A. (ed.) Communication Yearbook, 1979, 11, pp. 194-223.

如何塑造社会中产生并流通的知识储备。

与阿斯普相似，马佐莱尼和舒尔茨（1990）将媒介化概念应用于媒介对政治的影响。他们将媒介化描述为"现代大众传媒发展所带来的问题伴生或结果"。谈及影响，他们认为，"媒介化政治是指政治失去其自主性，其核心功能逐渐依赖于大众媒介，并依靠与媒介的互动而得以形塑"。[1] 但他们也强调，这并不意味着媒介将政治权力从政治机构中剥离，例如议会、政党等政治机构仍能够良好地控制政治，但这些机构越来越依赖于媒介，并不得不去适应媒介逻辑。

在媒介研究的其他领域内，媒介化概念也被用来描述媒介在知识的产生和科学的流通中扮演的重要角色。譬如魏因加特（Weingart, 1998）指出："科学媒介化理论的基础在于：随着媒介塑造公共意见的重要性日益增长，道德与感知以及由于科学对稀缺资源的日益依赖及由此产生的对公众认可的依赖，科学将越来越媒介化。"[2]

此外，舒尔茨（Schulz, 2004）试图寻求发展一个涵盖个体、社会机构或制度的媒介化类型研究。他区分了媒介改变交流与互动过程的四种类型。首先，媒介在时间和空间上延伸了沟通能力；其次，媒介替代了先前面对面的社交活动；再次，媒介带来的活动的融合，面对面交流与媒介化传播相结合，媒介也随着渗入日常生活；最后，不同领域的参与者不得不调整他们的行为以适应媒介的评估、形式以及惯例。[3] 显然，舒尔茨的上述类型可以成为媒介化研究的一个实用分析工具。

纵观以上研究，对"媒介化"概念的使用常常缺乏一个清晰或更

---

[1] Gianpietro Mazzoleni, Winfried Schulz, "'Mediatization' of Politics: A Challenge for Democracy?", *Political Communication*, 1999, 16 (3): 247–261.

[2] Peter Weingart, Science and the media, *Research Policy*, 1998, 27 (8): 869–879.

[3] Winfried Schulz, Reconstructing Mediatization as an Analytical Concept, *European Journal of Communication*, 2004, 19 (1): 87–101.

加通用的定义。在某些情况下，学者将"媒介化"宽泛地用于指代媒介对当代社会影响的持续增长；在其他情况下，学者的目的在于发展出有关媒介如何与政治关联的理论。该概念的另一个模糊之处在于，媒介化概念被应用于哪一层次或哪些领域。一些学者使用"媒介化"来描述某特定领域（政治、科学等）的发展，而另一些学者则将它用作新社会环境的总体特点，不论是基于现代性还是后现代性。

本书将"媒介化"作为研究现代乡村社会时必须要面对的基本背景和分析语境。这一语境提醒我们，"关注乡村社会群体或个人的社会结构变动、经济发展活动、文化变迁等问题时，应该把媒介及其传播活动纳入考量的范畴"[①]。文化和社会的媒介化使我们理解文化与社会时越来越依赖媒介及其逻辑的过程。"这一过程以二元性（duality）为特征，即媒介融入（integrated）其他社会制度与文化领域的运作中，同时其自身也相应成为社会制度。因此，社会互动——在不同制度内、制度之间以及社会整体中——越来越多地通过媒介得以实现。"[②]宏观上而言，"媒介逻辑"这一术语被用来描述媒介所具有的独特方式及特质（"媒介的特质"），从而影响其他制度与文化社会，因为后者越来越依赖媒介所控制的资源，以及媒介所提供的资源。

二 媒介化乡村的社会互动

社会互动是人与人之间在社会空间中传递信息、沟通思想和交流情感的过程，是构成和维系社会人际关系的基础。互联网突破了传统人际交往中的时空、地域、身份等限制，重构了一种全新的社会互动模式。网络互动中，交往双方不再需要面对面交流，而是借由各种网

[①] 孙信茹、杨星星：《"媒介化社会"中的传播与乡村社会变迁》，《国际新闻界》2013年第7期。

[②] [丹麦] 施蒂格·夏瓦：《文化与社会的媒介化》，刘君等译，复旦大学出版社2018年版，第21页。

络工具，以一种"身体缺席"的方式进行互动。此外，社交媒介使处于不同时空情境下的社会个体的交流互动成为可能，也使个体同时进行多种社会交流互动成为可能。用戈夫曼的话来说，我们借助媒介得以在多个平行情境下的前后台转换。社交媒介还使得传播者能够依据其自身利益使交流互动最为有效：它们减轻了使用者社会关系的负担，且允许对信息交换实施更大程度的控制。它们不需要人们像以前那样花精力来参与社会活动或获取信息。在网络中，人们还可以选择隐藏自己在现实世界中的真实身份，重新构建新的自我身份认同与个人社交网络。

由此，这一方面帮助人们突破现实社交局限，在更大范围内拓展新的交际圈和友谊网络，总体上增加了人们之间在线的甚至是离线的交流与互动，促进了人们以兴趣、公共利益等为纽带的社会参与，成为一种增加社会资本的重要资源；另一方面也不可避免地对既有的传统社会交往结构产生了一定程度的冲击。

与之相伴的是，在"媒介化社会"中，人们之间交往与互动的关系和规范也发生变化。戈夫曼指出，面对面交往时，参与者投入相当程度的努力以实现彼此尊重。他们彼此协调，建构所参与的社会情境，其间有些社会角色与行为被认为是与情境相关并被接受，而其他则不是。为了避免尴尬（例如对于情境的误解或举止不当而引起的嘲笑和/或责骂），参与者极大程度地致力于面子功夫（facework），目的在于维持参与双方当前情境下的尊严。换言之，社会情境下的社会规范由参与者相互协调而实现。媒介化互动延伸了互动领域，并使其复杂化，媒介通过一个单一的互动空间联结不同的物理位置和社会语境，但它们并不消弭物理和社会语境的现实。

在田野调研中，我们看到网络技术的进步不断加深着互联网的渗透程度，互联网已经成为乡村社会的有机组成部分。多种多样的网络应用使得人们的文化生活和社会生活日益网络化、虚拟化，网络短视频、网络游戏、网络社交等新的互联网服务形式为农民生活增添了新的色彩。乡村文化的实践主体利用互联网的便捷性和低成本，将其发展成为新的文化生产空间，而社交平台丰富的符号体系和多样化的手段也突破了传统文化单一的表达方式。

与面对面的交流相比，社交媒介另一大优势在于对交流内容的记录。信息的保存功能不仅可能对于后续的交流产生作用，也可能成为个人历史的一种记录。移动互联网时代，人际传播的手段与模式也在发生一些变化。例如，网络直播在某种意义上是人际传播方式的一种拓展。即使不像点对点文字交流那样深入，它带来的在场感与陪伴感也给了人们另外的报偿。

综上，社交媒介进入乡村社会中，将农民从实体空间的亲身参与中抽离出来，以虚拟在场的方式更灵活地参与文化活动。从个体层面上讲，作为农民，不仅可以利用网络来维系现实关系，而且也经常将网络关系延伸实体空间，进而在一种"公域与私域、现实与虚拟、线上与线下混杂互嵌的移动场景"中开启一种"崭新的存在方式"[1]。从群体角度讲，微信的群组功能给人们提供了结群的"革命方式"[2]，更为关键的是，它为农民文化活动重新日常化提供了新的地理场景和空间。"人们遵循这个空间里的逻辑和规则展开新的互动和交往，进而生成新的意义。"[3]

三 媒介化与乡村组织模式的重构

移动互联网所带来的社会结构转型，还体现在社会组织模式的变革上。首先，在准入方面，传统的组织往往对个人的加入有着明确的

---

[1] 孙玮：《微信：中国人的"在世存有"》，《学术月刊》2015年第12期。
[2] 吴秋林：《微信：结群革命与现代生存》，《民族学刊》2018年第6期。
[3] 孙信茹、王东林：《微信对歌中的互动、交往与意义生成——对石龙村微信山歌群的田野考察》，《现代传播》2019年第10期。

条件，而互联网具有平等、开放的特征，只要具有相同背景及兴趣爱好的村民都可以通过网络平台成为组织成员，使得网络组织在构成人群上呈现出个体差异大、异质性突出的特征。实际上，由文化大院延伸而来的虚拟社区（virtual community），仍具有生活共同的特征，尽管地域上的共同性已不是其主要特征，但是，意识、行为及利益的共同性仍然是它的重要特点。

其次，在组织运行上，网络也不同于传统的社会组织，虽然也有群主、管理员、成员等级设置，但从总体上看成员之间一般不存在确定的等级关系，相互之间的角色分工也不明显，组织内部的信息不是垂直的层层传递，而是以一种开放的网络结构在所有成员之间横向自由流动，这种扁平化的组织结构进一步强化了网络组织的开放与平等特性，信息权、话语权的分散，让成员之间的交流更多在平等的基础之上展开。

最后，虽然网络组织的成员在个体属性上往往千差万别，但其加入组织的动机经常是高度一致的，共同的兴趣、自觉的参与意愿是大部分网络组织能够形成的本质原因。这一方面使得网络组织成员的活动具有较强的主动性，另一方面也决定了网络组织的相对松散，成员流动性大。

媒介化是一个延伸（extension）、替代（substitution）、聚合（amalgamation）、接纳（accommodation）的过程，这个过程带来的是传播媒介和社会的变化[1]。正如麦克卢汉所描述的，"媒介是人的延伸"。这种延伸是多维度的，不仅包括对人的视觉、听觉等感官的延伸，而且包括对人的意见表达和思维活动等的延伸。

替代则是指媒介活动可以不同程度地代替或改变传统的社会活动，

---

[1] Schulz, W., Reconstructing Mediatization as an Analytical Concept, *European Journal of Communication*, 2004, 19 (1): 87-101.

如社交媒体的交往替代传统交往方式。聚合指非媒介活动和媒介活动可以相互影响融合，比如一个人在现场参与活动，同时通过互联网与没到场的人进行分享与讨论。接纳则指个人、组织、团体等适应媒介的运行方式，构建与媒介的和谐关系，这一过程是一种适应媒介逻辑（media logic）的过程。

何为媒介逻辑？Altheide 和 Snow 认为，媒介逻辑是确认媒介文化和新闻生产标准的一个重要窗口，也是描述和解读社会发展变化的重要思考路径。它包含媒介传播的物理形式，媒介内容的定义框架、选择标准、组织结构和呈现方式，以及媒介语法等[1]。媒介逻辑是媒介内容生产过程中发挥重要作用的一股力量，作为一种社会力量，它不是静态的，而是动态变化的，并直接关系到媒介效果和社会变化。

手机的媒介逻辑体现在它塑造了一个间距空间（interspace）。这个间距空间是个体在三个不同的场域（field），包括工作场域、家庭场域、社交场域之间转化。而这三种场域又在间距空间中处于不断叠加、冲突、协调中，直接或间接地影响个体对自我身份（identity）的认同和改变，以及社会生活方式的改变。

如前所述，当下，社交媒介正将有着相同价值追求、生活模式和文化特征的众多个体，以网络作为手段，为平台聚合到一起。传统的社会群体大多建立在血缘、地缘或其他现实社会关系的基础之上。互联网的出现，打破了人们交往中的地理、身份阻隔，共同的兴趣、关注点等"趣缘"要素成为人们在虚拟世界中联系在一起的重要基点。人们得以充分发展自己的兴趣、爱好，并在最大范围内寻找与自己有共同兴趣和爱好的人群并与其充分互动，甚至因为地域阻隔在现实社会中难以形成的群体也在网络上实现了聚合，真正最大限度上实现了

---

[1] Altheide, D. L. & Snow, R. P., Media logic and Culture: Reply to Oakes, *International Journal of Politics, Culture & Society*, 1992, 5 (3): 465-472.

"物以类聚，人以群分"。互联网的聚合作用，使农民对现实世界的政治、经济、文化领域的影响力日益提升，其活动与影响正逐渐"由虚拟走向现实"。

第四节 移动传播时代乡村公共文化空间转型

随着社会经济的发展，农村经历着消费升级和文化再造。由于受教育程度的差异，城乡知识沟的巨大差距导致农民拥有较少的文化资本，在文化生产中处于相对弱势地位。因此在新媒体未辐射到乡村前，乡村的文化生产相对落后，多为对传统文化的传承。但移动互联网在农村地区的普及、上网资费的降低以及村村通工程的落实，从技术上缓解了由信息不对称造成的文化生产差距，逐步打破了城乡文化不对等的僵局，为农民群体实现自我文化表达提供了平台。从文化参与的角度，由新媒体建构起的虚拟文化空间满足了农民群体自我表达获得社会尊重的心理需求，个体也会在积极或消极地参与文化实践活动过程中进行自我身份认同。与此同时，乡村传统文化在新媒体语境下获得了新的发展机遇：农民利用微信或直播平台进行文化传播，冲破了时间与空间所建构的文化"牢笼"。借助互联网平台，农民的日常生活场景以及带有仪式化特征的民风民俗获得了一种外部世界联通的方式。在此过程中，农民的文化主体性被唤醒，在现代化和城乡一体化背景下，他们创造性地"将乡土文化与都市文化拼接并置，展示出互联网时代特有的文化调用策略和逻辑，模糊了城乡二元对立，弱化了发展中的城乡权力差距"[①]。

一 乡村文化传播的空间转场与话语建构

与国家行政力量对乡村文化生产介入不同，网络对乡村文化建设

---

① 姬广绪：《城乡文化拼接视域下的"快手"——基于青海土族青年移动互联网实践的考察》，《民族研究》2018年第4期。

是潜移默化、持久深远的，它对乡村文化传播、农民的公共交往以及村落共同体的维系起到重要作用。文化大院微信群在乡村文化精英的倡导下，由农民自发建立。在这一虚拟空间里，短视频和图片是最主要的呈现和互动方式。每当有成员分享精彩戏曲表演视频，常常会引发众多的点赞和评论。一些村民还会询问："这是在哪个大院的演出，哪天还会举办？"希望能参与到线下的活动中去，还有一些农民会主动分享有关乡村文化的链接，显然，借助于互联网，文化大院从封闭的乡土空间发展成为开放流通的虚拟空间（见图4-4）。农民借助于短视频等方式进入社交领域，乡村日常生活的"可见性"被激活，乡村空间进入一种社会化的、关系化的、结构化的生产状态。

在传统乡土社会中，由于传播手段的局限与约束，乡土文化只能在特定的群体范围内进行传播，而依托于移动互联网技术的社交媒介打破了这种束缚，使乡土文化在更大人群范围内传播、相互学习交流，并与其他形态的文化碰撞、融合，最终实现创新发展。

另外我们看到，文化大院微信群由具有相同地域背景、共同兴趣爱好的村民组成，已发展成为乡村文化生产与传播的重要场域。虚拟空间打破了守土者和离乡者交流的时空界限，并在某种程度上弥补了他们之间存在的文化沟壑。微信使村民参与公共文化生活不再需要付出高昂的时间成本，不仅如此，他们还将线上聚合转化为实体空间的文化活动，参与者由此获得了"存在于众人中，存在于世间的存有感"①。

移动互联网也为村民提高表演水平提供了另一种可能。由于语音和短视频具有循环播放功能，村民可以反复观看专业老师在微信群中发布的教学示范；还有村民在手机上申请与专业演员连麦，演唱后请对方做专业指导，这种学习方式不拘泥于特定的时间和地点，非常灵活，使普通村民获得了更优质的学习资源。还有一些文化大院在筹备

---

① 孙玮：《微信：中国人的"在世存有"》，《学术月刊》2015年第12期。

图 4–4　虚拟空间的文化互动

演出过程中，遇到经费短缺的困境，负责人便利用微信群募集资金，用于舞台布置及演出服的购置，最终使活动顺利举办。显然，这批最早具有文化自觉意识的村民开始通过移动互联网来突破资源的结构性限制，从而在文化传播活动中具有了主动性和能动性。

在各村文化大院微信群的基础上，原州区文化部门为了便于联络和管理各村文化大院，也建立了微信群。通常情况下，由文化部门发布活动主题，各村文化大院依据主题来策划和组织活动，并通过微信群来汇报每次活动开展的情况。由于活动组织情况是文化部门对各村文化大院考评的重要内容，一些文化大院便安排专门的人员负责视频的拍摄和发布，利用微信对活动进行记录和展示。如固原市彭阳县孟塬乡双树村文化大院，依托村文化活动中心，每周至少开展两次活动，做到了活动有专人组织，活动内容有统一记录，发挥了农村基层文化活动主阵地的作用。

笔者发现，随着时间的推移，微信群逐步成为各村展示表演、交流经验的平台（见图4-5）。

图4-5 原州区文化大院群交流

显然，微信进入乡村社会后，使村民能够从固定的线下参与中抽离出来，更为灵活地参与文化生产生活，实现虚拟在场。农民个体也获得了更为自由的表演机会，随时随地地展示自己已成为新日常。就此而言，农民利用微信创造了属于自己的生活并确立自我的主体性身份[1]。社会化媒体不仅重新挖掘乡村传统文化资源，更为关键的是，使分散在不同空间的村民重新聚合起来，为乡村共同体的重建提供了更大的可能性。

二 短视频：乡村文化再造与价值重塑

进入社会化媒体时代，用户生产内容（UGC）成为网络世界一种典型的文本形态，"乡村逐渐从都市的叙事枷锁中挣脱出来，获得了自我言说的可能"[2]。相对于互联网时代语言和文字还牢牢掌握在都市精英那里，短视频的出场意味着一场"视觉赋权"。农民可以通过简单的随手拍摄而完成一次次视频创作。基于长期的网络民族志观察，笔者发现短视频是农民展现日常文化活动最主要的表达方式，视频能够直观生动地展现群成员日常文化表演和生活场景，并实现实时分享。显然，"当乡村短视频在社交媒体场域中流行，社会化媒体不仅挖掘并生产了乡村空间的可见性，同时赋予了农民组织和管理自我可见性的权力，使他们可以决定究竟是以何种可见的方式进入社交世界"[3]。或者说，社交媒体使乡村传统的文化空间得以扩展和重构，它通过消解城乡边界、跨越时空边界，"使乡村现实原本的'缺场'在新的媒介形态中可视化、具象化，进而达致一种新的乡村社会的呈现形式"[4]。

---

[1] 孙信茹、王东林：《微信对歌中的互动、交往与意义生成——对石龙村微信山歌群的田野考察》，《现代传播》2019 年第 10 期。
[2] 刘涛：《短视频、乡村空间生产与艰难的阶层流动》，《教育传媒研究》2018 年第 6 期。
[3] 刘涛：《短视频、乡村空间生产与艰难的阶层流动》，《教育传媒研究》2018 年第 6 期。
[4] 李红艳、冉学平：《乡村社会的另一种"凸显"——基于抖音短视频的思考》，《新闻大学》2020 年第 2 期。

于是，乡村日常生活逐渐进入社会化媒体的生产体系，譬如大棚中蔬菜成熟、农民进城的所见所闻等，这些短视频于细微之处展示着真实的乡村图景，构建出更加生动的乡村空间（见图4-6）。

图4-6 快手中的乡村日常图景

进入社会化媒体时代，那些被主流话语所遮蔽、忽略的乡村日常空间被大量生产和呈现出来。据统计，"乡村风景、农家饮食、民风民俗、家庭日常、田间农忙"[①]是乡村短视频最常见的类型，农民的

---

① 栾轶玫、苏悦：《"热呈现"与"冷遮蔽"——短视频中的中国新时代三农形象》，《编辑之友》2019年第10期。

拍摄随时就地取材，以一种碎片化的、娱乐化的、游击式的、反逻辑的方式完成了一幅乡村社会的"空间拼图"。

不同于传统的空间生产方式，社会化媒体语境下的"可见性"生产是结构化的、社会化的、关系化的。从社会互动的角度看，分享是人们证明自己存在的方式，也是与他人互动的重要手段。在由文化大院构建的虚拟空间里，通过录制与上传，乡村日常文化活动被媒体赋予了新的社交意义；而另一些村民在视频下方的点赞、留言——一来一往的注视赋予了村民日常文化生活更多的意义：他们渴望得到凝视、关注、被承认的心理需求由此获得了满足。

在社交媒体的虚拟空间中，评论、点赞、送礼物等一系列社交行为，构成了人情互动网络，实际上这是对现实乡村"熟人"社会的移植，村民之间在巩固彼此联系的同时，也在精神层面建立起对于乡土文化的认同。据笔者观察，文化大院发布的视频内容非常丰富，不仅有地方戏曲、皮影戏、剪纸等非物质文化技艺展示等，还会拍摄自编、自导、自演的短视频，以娱乐化、戏剧化的方式来呈现乡村社会（见图4-7）。

基于上述理由，我们认为，当乡村以短视频的方式进入社交网络，农民的"随手拍摄"便不仅仅是一种纯粹的娱乐行为，而是连同自己所处的空间一起被抛向了公众视域。更为重要的是，普通农民以自己的方式实现了"被看见的权利"。

三 村民文化共同体再塑造

随着城镇化的推进、大量劳动人口的外流以及多元价值观的冲击，乡村社会呈现出与过去完全不同的景象。承载着文化记忆的戏台、祠堂等在城市文化的冲击下早已失去原有的功能与内涵。受制于资本与市场逻辑，乡村文化被剥离了其生存的土壤，被标签化、符号化，剩下的只有表达的形式。照此逻辑，"农民的文化"与"农民的表达"

170 / 乡村文化建设中的社交媒介

图 4-7 文化大院在快手中的视频分享

渐行渐远。庆幸的是，21世纪初，农村文化活动中集体娱乐开始回归。文化大院的建设与发展体现了集体主义与个体化娱乐相安并存，建构起农村集体（狂欢）与个体（日常）的时间和空间结构。

文化大院还以多重方式重塑乡村文化精神。首先，在文化大院建设中，最先觉醒的乡村文化精英，他们以文化表演的方式唤醒村民记忆深处的文化情感，以此将村民个体与乡村文化联结起来，使村民广泛参与到乡村文化的生产与重塑中。其次，文化大院作为乡村文化公共空间，为村民提供了一个可以娱乐、交流的场域，空间内的形态、氛围、环境的营造与村民的交流行为相契合。通过文化大院公共空间的交往关系能够增进村落群体记忆和社群管理，加强群体间村落和文化认同意识，从而建构其新的精神共同体。最后，在新媒体环境下，这种乡村共同体的再造从线下逐渐延伸到线上，不断拓展并加深群体之间的文化联系。微信群中戏曲片段的分享和对唱成为大院中仪式互动的一部分，对于维系乡村文化认同具有一定意义，使乡村文化得到了新的发展机遇。吕宾认为，文化重塑并不意味着回归复古和重新构建乡村文化的价值体系和行为体系，而是将现代性因素融入到乡村文化之中，找到新的生长点，实现其从传统到现代的转型。①

乡村文化中优秀的民族文化和民间艺术是乡村社会发展和维系的重要资源，需要以乡村文化共同体的形式传承下去。在当下，这种共同体维系的最佳渠道是通过微信群中的文化共享。通过知识分享，促进了群体之间对文化习俗、观念和价值观的认同，同时在微信群中与群成员分享日常生活与文化情感，逐步加强成员间的文化身份认同，只要村民愿意学习便可以在文化大院群中获得相应的资源和回应。在交流群中，有专业的秦腔剧团演员义务为群成员提供线下或线上的教学活动。其中有一名线下培训的组织者是一名专业秦腔剧团演员，拥有自己的演艺公司，闲暇时她会在群中发布培训或讲座信息，鼓励周围文化大院参与者前来学习，对他们进行免费培训，增强乡村演员业务能力，使秦腔这一民间艺术能够在乡村空间中更好地传承下去。微信群在文化传承与表达上没有边界，群众文化与知识的分享焕发出村民的民族认同和文化归属感，为乡村文化共同体的重建与发展提供了广阔的空间。

文化认同是乡村社会发展的根本动力源泉。乡村文化空间在乡村共同体重塑、传统文化的承载和传承、村民公共生产、生活的复兴等方面起着至关重要的作用。在乡村文化大院、乡村微信群和乡村直播平台中的文化生产不断满足村民文化需求，激发村民的主体意识和归属感，引起村民自发的积极行为，成为乡村村社共同体重塑的助动力。

---

① 吕宾:《乡村振兴视域下乡村文化重塑的必要性、困境与路径》,《求实》2019 年第 2 期。

总而言之，以微信和直播平台为代表的新媒体不仅重塑着村民的交往方式，更是文化生产方式的重构和乡村文化共同体的再造，这种转变既是一种机遇，也暗藏挑战。随着移动互联网的发展，一部分线下文化大院表演者将演出转移到线上，虚拟文化空间开始蚕食挤压乡村文化实体空间。随着一部分乡村老龄人群去世或迁移，乡村文化空间的受众逐渐缩小，也会影响乡村实体文化空间的发展。受大众传媒的商业化影响和短视频推荐机制的制约，部分文化大院的生产者为了迎合商业市场的需要，获取更多点击量和观看人数，生产的乡村文化内容较为低俗且同质化现象严重，文化生产简单粗暴，不断改变甚至扭曲乡村文化原有形态，影响乡村文化健康持久发展。

但不可否认的是，文化大院中的生产者们通过互联网平台实现自我意见表达的多元化和开放化，以文化大院为中心的乡村文化空间在互联网这一虚拟空间中得以延伸，乡村文化价值在空间中重新联结并凝聚，促进文化共同体的重构。

第五章　社交媒体使用与乡村文化参与

村民社交媒体使用与其乡村文化参与的关系是本章的核心研究问题。村民的哪些社交媒体使用行为会对其乡村文化参与产生影响？又会影响何种文化参与呢？本章要使用课题组自主设计的"新媒体与乡村治理问卷调查"数据，着重探讨村民社交媒体使用对其乡村文化参与、文化设施建设等方面的影响。

第一节　变量与模型

一　变量设置与基本特征

（一）因变量

在探讨村民社交媒体使用与乡村文化参与的关系时，因变量有两个："文化活动参与种类"和"文化活动参与积极性"，共同衡量村民的乡村文化参与状况。

1. 文化活动参与种类

文化活动参与种类主要测量村民参加文化活动的丰富情况。根据问卷"C2. 下列文体、艺术类活动您的参与情况是（可多选）"的回答，生成取值为 0—9 的连续变量①。数值越高，意味着村民参加的文化活动种类越多，越丰富。

2. 文化活动参与积极性

文化活动参与积极性主要体现村民参与文化活动的频率。该变量是由问卷 C5 的量表题生成的一个连续型变量，具体包括"我会积极参加本地文化活动""我会积极参与组织各类文化活动""我会把文化活动的现场图片、视频分享到社交媒介""我会动员周围的村民一起参加文化活动"四项。首先将选项"从不""偶尔""有时""经常""总是"分别赋值为 0—4 分，获得这五项的综合得分，并进一步进行标准化处理（0—100 分）。数值越高，意味着参加的积极性越高。

其中，在探讨村民社交媒体使用对其参与乡村公共文化建设时，因变量是"公共文化设施建设"，主要反映村民参与乡村公共文化设施建设的情况。根据问卷"C3. 您是否参与过以下公共文化设施建设工作（可多选）"的调查结果，生成取值为 0—5 的连续变量②。数值越高，即说明村民参与的乡村公共文化设施建设越多。

(二) 自变量

本研究在分析村民社交媒体使用对乡村文化参与的影响时，主要核心变量包括"社交媒体使用种类"和"社交媒体使用频率"，以此来共同说明村民的社交媒体使用行为。

社交媒体使用种类是一个分类变量，将问卷"B1. 您平均是否使用以下社交媒体（可多选）"的回答结果进行操作化，划分为"0—1 种""2 种""3 种"和"4 种及以上"，分别赋值为"0"至"3"。

---

① 多选题在可以将选项按照"是"和"否"二分变量处理，因此不存在分类间距问题，也因此采用直接相加的方式来生成变量。同时，考虑到该变量严格意义上属于计数型变量，本研究也在后文中加入了泊松模型来进行检验，以确保结果的可靠性。参考自陈云松、张翼《城镇化的不平等效应与社会融合》，《中国社会科学》2015 年第 6 期。

② 该变量严格意义上也属于计数型变量，因此后文也会纳入泊松模型加以验证。

社交媒体使用频率是一个连续型变量，主要考察村民使用社交媒体的活跃度和积极性。针对社交媒体的使用状况，问卷"B3. 您使用微信、QQ、抖音、快手等社交媒介进行以下活动的情况"从分享信息、搜索信息、讨论话题、发表意见、进组群五个方面询问了受访者的行为频率，分别将"从不""偶尔""有时""经常""总是"赋值为 0 至 4 分。最后将这五个方面的值相加获得总分（0—24 分），数值越高，表明村民社交媒体使用频率越高，参与越活跃。

（三）控制变量

此外，针对影响村民文化活动参与的其他因素也进行了相应的操作化处理，具体包括性别、年龄、受教育程度、政治面貌、婚姻状况、家庭年收入、与村民的交往状况等变量。具体的操作化方式见表 5-1。

表 5-1　　　　　　　　控制变量的类型与操作化

控制变量	变量类型	操作化方式
性别	虚拟变量	男性赋值为"1"；女性赋值为"0"。
年龄	分类变量	"15—45 岁"为"青年"，"46—60 岁"为"中年"，"60 岁以上"为"老年"，分别赋值为"0""1""2"。
受教育程度	分类变量	"小学及以下"赋值为"0"，"初中"赋值为"1"，高中赋值为"2"，"大专"和"本科及以上"赋值为"3"。
政治面貌	虚拟变量	"党员"赋值为"1"；否则，赋值为"0"。
婚姻状况	虚拟变量	"在婚"归为"有配偶"，赋值为"1"；"未婚""离婚""丧偶"和"同居"归为"无配偶"，赋值为"0"。
家庭年收入	连续变量	将未填答者剔除，同时为了避免奇异值的干扰，对年收入大于200000 元的样本进行了均值填补，最后对家庭年收入进行加 1 取对数处理。
与村民的交往情况	分类变量	将"几乎不"和"很少"归为"不密切"，赋值为"0"，"一般"赋值为"1"，"比较多"和"交往密切"归为"密切"一类，赋值为"2"。

二　变量的基本情况

表 5-2 汇报的是纳入模型分析的相关变量的基本分布情况（连续

型变量呈现的是均值和标准差)。从因变量来看,村民的文化活动参与状况如下:村民平均参与文化活动的种类是 1.937 个(标准差为 1.141);参与活动积极性的标准化均值为 29.857(标准差为 20.792)。而在文化建设方面,村民平均参与公共文化设施建设 1.301 项(标准差为 0.702)。

从自变量来看,村民社交媒体使用频率的平均值为 8.384(标准差为 4.498),整体使用频率一般;在社交媒体使用种类上,受访者会使用 2 种的比例最高,为 37.86%,另外,会使用 0—1 种的占比 29.58%,3 种的占比 16.49%,4 种及以上的占比 16.07%。其他控制变量的数据分布情况不再一一说明。

表 5-2 变量的基本特征描述 (N=1207)

变量	均值	标准差	最大值	最小值	样本量
因变量					
文化活动参与种类(种)	1.937	1.141	8	0	1207
文化活动参与积极性(标准化)	29.857	20.792	100	0	1207
公共文化设施建设(项)	1.301	0.702	5	0	1207
自变量					
社交媒体使用频率	8.384	4.498	24	0	1207
控制变量					
家庭年收入(元)	41922.400	29987.390	200000	0	1207
家庭年收入(取对数)	10.218	1.579	12.206	0	1207

变量	类别/指标	频数	百分比(%)
自变量			
社交媒体使用种类	0—1 种	357	29.58
	2 种	457	37.86
	3 种	199	16.49
	4 种及以上	194	16.07
控制变量			
性别	男	680	56.34
	女	527	43.66

续表

变量	类别/指标	频数	百分比（%）
年龄组	青年	742	61.47
	中年	383	31.73
	老年	82	6.79
受教育程度	小学及以下	327	27.09
	初中	405	33.55
	高中	152	12.59
	大专及以上	323	26.76
婚姻状况	有配偶	844	69.93
	无配偶	363	30.07
政治面貌	党员	136	11.27
	非党员	1071	88.73
与村民交往的情况	不密切	210	17.40
	一般	500	41.43
	密切	497	41.18

三 分析模型

根据数据结构和具体的研究问题特征，本研究主要使用多元回归模型（OLS）来分析社交媒体对村民文化参与的影响。同时为了检验结果的有效性，在考察社交媒体与文化参与活动种类、与公共文化设施建设的关系时，会使用泊松回归模型（Poisson Regression）进行稳健性检验。

（一）多元回归

关于村民的文化参与方面，三个因变量均是连续型变量，主要采用多元回归分析进行估计分析。其模型估计如下：

$$Y = \beta_0 + \beta_1 x + \beta_2 z + \varepsilon$$

其中，截距是 β，表示回归系数，是指每变化一个单位，变量 Y 改变的数量。z 是指一组控制变量，表示残差项。

在考察村民参与公共文化设施建设时，本研究还纳入了社交媒体使用频率与受教育程度的交互项，来进一步考察村民社交媒体使用与其公共文化设施建设参与的影响。

(二) 泊松回归

由于因变量"文化活动参与种类"和"公共文化设施建设"具有计数特征，因此以标准泊松回归模型来对 OLS 回归结果进行验证。图 5-1 是本研究用于估计的文化活动参与种类和参与公共文化设施建设的样本分布图，且这两个因变量数据并非过度分散（方差不大于均值），故近似考虑泊松分布。因此，村民文化活动参与种类或参与公共文化设施建设的泊松回归模型如下：

$$\lambda_i = E(y_i \mid x_i) = \exp(x_i\beta), i=1, i=2, \cdots, i=N$$

λ_i 取 log 后，则：

$$\log\lambda_i = x_i\beta = \beta_0 + \beta_1 x_{i1} + \cdots + \beta_k x_{ik}$$

其中，i 为事件发生的频数，λ_i 为均值，β_0 指的是截距项。

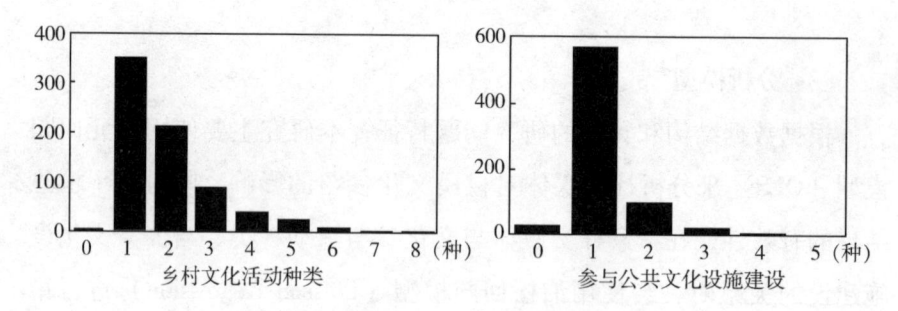

图 5-1 村民文化活动参与种类、参与公共文化设施建设的样本分布图（N=1207）

第二节 社交媒体使用与乡村文化活动参与

在考察村民社交媒体使用行为对其文化参与的影响时，主要分为两个核心问题：一是村民社交媒体使用的种类会对其乡村文化活动参与行为产生影响吗？二是村民社交媒体使用的频率会影响其乡村文化活动参与吗？接下来，本节将就此展开分析。

一 描述性统计分析

首先，在未控制其他变量的情况下，我们初步预测了村民的社交媒体使用状况与其参与乡村文化活动种类、文化活动参与积极性之间的关系。考虑到因变量均为连续变量，而自变量"社交媒体使用种类"为分类变量，"社交媒体使用频率"为连续变量，故分别采用方差分析和相关关系来预测。

表5-3呈现的是"社交媒体使用种类"和相关控制变量在参与文化活动种类和文化活动参与积极性上的方差分析统计结果，反馈在"显著度"一栏中。

表5-3　　　　变量的基本特征描述（N=1207）

变量	类别	文化活动参与种类		文化活动参与积极性	
		均值（标准差）	显著度	均值（标准差）	显著度
自变量					
社交媒体使用种类	0—1种	1.672 (0.987)	***	27.276 (18.950)	**
	2种	1.902 (1.054)		29.609 (20.849)	
	3种	2.116 (1.069)		33.197 (21.745)	
	4种及以上	2.325 (1.494)		31.765 (22.344)	
控制变量					
性别	男	1.943 (1.135)		30.643 (19.787)	
	女	1.930 (1.151)		28.843 (21.999)	
年龄组	青年	2.051 (1.168)	***	31.317 (20.448)	**
	中年	1.744 (1.072)		27.856 (21.103)	
	老年	1.805 (1.094)		25.991 (21.392)	
受教育程度	小学及以下	1.737 (0.965)	***		***
	初中	1.862 (1.194)			
	高中	2.112 (1.221)			
	大专及以上	2.152 (1.158)			

续表

变量	类别	文化活动参与种类		文化活动参与积极性	
		均值（标准差）	显著度	均值（标准差）	显著度
婚姻状况	有配偶	1.906（1.116）		29.961（21.014）	
	无配偶	2.008（1.197）		29.614（20.293）	
政治面貌	党员	2.397（1.405）	**		***
	非党员	1.879（1.090）			
与村民的交往情况	不密切	1.948（1.313）			
	一般	1.834（1.004）	*		***
	密切	2.036（1.186）			

注：1. $*p<0.05$，$**p<0.01$，$***p<0.001$；2. 若方差分析统计结果不显著，"显著度"一栏为空。

在村民文化活动参与种类上，使用社交媒体的种类与村民参与活动的种类上成正相关关系，会使用的种类越多，文化活动参与也越丰富。另外，青年群体相比于中年和老年群体，参与乡村文化活动的种类更多。学历为高中和大专及以上的村民比小学及以下和初中学历者在文化活动参与的种类上要多。相比于非党员，党员群体参与更多的乡村文化活动。而与村民交往一般的受访者在文化活动参与性上要弱于其他两者。此外，不同性别和婚姻状况的村民在文化活动参与种类上无明显差异。

在文化活动参与积极性方面，社交媒体使用种类为"3种"的村民比其他人参与积极性更高。同时，青年群体、大专及以上学历者、党员以及与村民交往密切者相对有较高的文化参与频率。而不同性别和婚姻状况的村民在文化活动参与积极性上没有不同。

接下来，我们将初步考察村民的社交媒体使用频率与其文化活动参与的关系。表5-4汇报了村民社交媒体使用频率与文化活动参与种类和参与积极性的相关关系，并设置95%置信区间，生成了两者的预测图。可以发现，在未控制其他变量的情况下，村民社交媒体使用频率与其文化活动参与呈显著的正相关关系。

表 5–4　村民社交媒体使用频率与文化活动参与的相关性验证

	文化活动参与种类	文化活动参与积极性
社交媒体使用频率	0.194***	0.402***

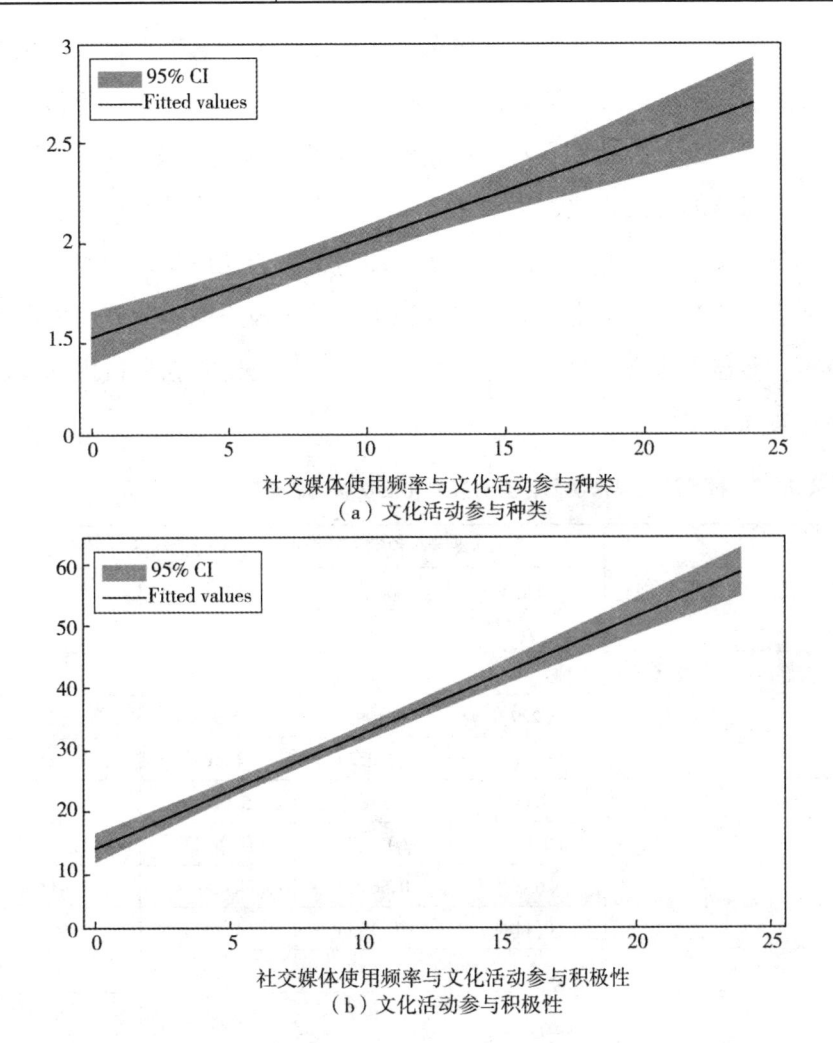

图 5–2　村民社交媒体使用频率与文化活动参与的关系（95%置信区间）

（a）文化活动参与种类

（b）文化活动参与积极性

二　社交媒体使用种类与文化活动参与

村民社交媒体使用的种类多少会如何影响其文化活动参与行为呢？

首先，在文化活动参与种类上，表5-5中的模型1是在未控制其他变量的情况下，来估计社交媒体使用种类对村民参与文化活动种类的影响。可以看到，会使用2种及以上社交媒体的村民比最多只会使用1种的村民参与文化活动更多。模型2是在模型1的基础上进一步纳入了性别、年龄、教育、婚姻状况、政治面貌、家庭年收入、与村民交往的情况等变量。结果显示，在控制相关变量后，与最多只会使用1种社交媒体的村民相比，会使用2种、3种和4种及以上社交媒体的村民参与文化活动类型比前者要多。即当村民会使用2种及以上社交媒体后，会对参与文化活动的多样种类产生积极影响，会使用的种类越多，参与文化活动的类型也越多。此外，党员比非党员村民的文化活动参加类型更多。

表5-5 村民社交媒体使用种类对其文化活动参与的影响（OLS模型）

变量	文化活动参与种类		文化活动参与积极性	
	模型1	模型2	模型3	模型4
	β	β	β	β
社交媒体使用种类（0=0—1种）				
2种	0.229**	0.199**	2.333	1.626
	(0.072)	(0.072)	(1.463)	(1.421)
3种	0.443***	0.388***	5.921**	3.817*
	(0.092)	(0.097)	(1.832)	(1.886)
4种及以上	0.652***	0.562***	4.490*	1.413
	(0.119)	(0.135)	(1.847)	(2.056)
性别（0=女）		0.031		0.936
		(0.067)		(1.201)
年龄组（0=青年）				
中年		−0.144+		−1.094
		(0.078)		(1.424)
老年		0.012		−0.553
		(0.142)		(2.672)

续表

变量	文化活动参与种类		文化活动参与积极性	
	模型1 β	模型2 β	模型3 β	模型4 β
受教育程度（0=小学及以下）				
初中		0.058		6.081***
		(0.085)		(1.598)
高中		0.203+		8.869***
		(0.113)		(2.035)
大专及以上		0.172		13.006***
		(0.108)		(2.059)
婚姻状况（0=无配偶）		0.077		3.135*
		(0.093)		(1.426)
政治面貌（0=非党员）		0.421**		6.247**
		(0.130)		(2.031)
家庭年收入（取对数）		-0.009		-1.303***
		(0.029)		(0.358)
与村民交往的情况（0=不密切）				
一般		-0.031		4.917**
		(0.101)		(1.504)
密切		0.191+		12.093***
		(0.105)		(1.590)
截距	1.672***	1.568***	27.276***	25.009***
	(0.052)	(0.343)	(1.096)	(4.169)
N	1207	1207	1207	1207
R^2	0.039	0.073	0.010	0.113

注：1. 括号内为稳健标准误；2. $+p<0.10$，$*p<0.05$，$**p<0.01$，$***p<0.001$。

其次，在文化活动参与积极性方面，模型3在未纳入其他变量的情况下考察了村民社交媒体使用的种类对其活动参与积极性的影响。结果显示，相较于仅会0—1种社交媒体的村民而言，会使用3种或4种及以上的村民有更高的文化活动参与性。接着，模型4进一步控制了相关变量后发现，会使用3种社交媒体的村民明显比最多只会使用

1种社交媒体者在文化活动参与上更积极，但会使用4种及以上社交媒体的村民在参与活动的积极性上与只会使用0—1种的村民并无统计学差异。也就是说，会使用3种社交媒体的村民参与文化活动的积极性是最高的，而正所谓过犹不及，超过3种以上反而会影响人们参与文化活动的热情和频率，当人们游于各类社交媒体之间，花费在这上面的时间也相应增加，从而影响其参与线下文化活动的时间与热情。与此同时，与受教育程度小学及以下的村民相比，受教育程度相对较高的村民有着相对较高的文化参与积极性；有配偶者比无配偶者更乐意参加文化活动；党员比非党员在文化活动参与上更为积极。另外，与村民交往密切者、家庭年收入相对较低的人参加文化活动的积极性更高。

三　社交媒体使用频率与文化活动参与

接下来，继续考察村民的社交媒体使用频率会对其文化活动参与产生怎样的影响呢？多元回归模型结果呈现在表5-6中。

在文化活动参与种类方面，模型5仅纳入了社交媒体使用频率这一变量，结果表明，村民的社交媒体使用频率越高，其文化活动参与的类型也就越多，即呈现积极的正相关关系。模型6在此基础上进一步控制了性别、年龄、教育等相关变量，可以得出，在纳入控制变量后，社交媒体使用频率在统计学上依然显著。这说明村民社交媒体的使用频率会影响其文化活动参与的种类，社交媒体使用频率越高，村民参与文化活动的类型也越丰富。此外，党员参与文化活动的种类更多，而相比于青年人，中年人参与文化活动的种类相对更少，老年群体则与前者无明显差异。

同时，在文化活动参与积极性方面，当未控制相关变量时，村民社交媒体使用频率越高，其参与文化活动的积极性也就越高（见模型7）。而在模型8中，在纳入其他变量后，社交媒体使用频率依然显著，也就是说，不同社交媒体使用频率的村民参与文化活动的积极性不同，社交媒体使用越频繁的人在文化活动的参与上也越积极。此外，老年人比年轻人在乡村文化参与上更加积极；学历相对更高的村民比小学及以下学历者有更强的参与积极性；与村民关系越密切，参加文化活动的频率越高；党员比非党员在参与积极性上更高，而家庭年收入越高的人，反而在参加文化活动方面上的积极性偏低，这与他们在时间上相对不足有一定关系，但具体原因有待考证。

表5-6 村民社交媒体使用频率对文化活动参与的影响（OLS模型）

变量	文化活动参与种类		文化活动参与积极性	
	模型5	模型6	模型7	模型8
	β	β	β	β
社交媒体使用频率	0.049***	0.039***	1.858***	1.830***
	(0.007)	(0.008)	(0.139)	(0.147)
性别（0=女）		-0.016		0.177
		(0.066)		(1.114)
年龄组（0=青年）				
中年		-0.180*		0.648
		(0.078)		(1.261)
老年		-0.014		4.901*
		(0.138)		(2.357)
受教育程度（0=小学及以下）				
初中		0.047		3.959**
		(0.084)		(1.446)
高中		0.165		4.736*
		(0.117)		(1.919)
大专及以上		0.140		6.773***
		(0.112)		(1.942)
婚姻状况（0=无配偶）		0.014		3.173*
		(0.088)		(1.285)
政治面貌（0=非党员）		0.417**		6.328***
		(0.130)		(1.866)

续表

变量	文化活动参与种类		文化活动参与积极性	
	模型 5	模型 6	模型 7	模型 8
	β	β	β	β
家庭年收入（取对数）		-0.011		-1.623 ***
		(0.029)		(0.331)
与村民交往的情况（0 = 不密切）				
一般		-0.040		5.090 ***
		(0.101)		(1.458)
密切		0.178 +		10.738 ***
		(0.106)		(1.535)
截距	1.525 ***	1.607 ***	14.279 ***	17.265 ***
	(0.063)	(0.332)	(1.175)	(3.771)
N	1207	1207	1207	1207
R^2	0.037	0.069	0.162	0.234

注：1. 括号内为稳健标准误；2. $+p<0.10$，$*p<0.05$，$**p<0.01$，$***p<0.001$。

四 稳健性检验

由于"文化活动参与种类"属于离散型变量，具有典型的计数型特征，故接下来采用泊松回归对上述 OLS 模型结果进行稳健性检验，以降低统计结果的偶然性，提高估计的稳定性、有效性和可靠性。泊松回归模型如表 5 - 7 所示。

首先，模型 9 估计的是村民社交媒体使用种类对其文化活动参与种类的影响。从泊松模型拟合优度来看，P 值远大于 0.05，意味着泊松回归模型能够很好地估计该数据。从结果来看，控制其他变量后，与仅会使用 0 - 1 种社交媒体的村民相比，会 2 种社交媒体的村民参与文化活动是前者的 1.120 倍 [exp (0.113)]，使用 3 种的村民在参与文化活动种类上是前者的 1.227 倍 [exp (0.205)]，会使用 4 种及以上的村民是前者的 1.325 倍 [exp (0.282)]。这一结论与上述 OLS 结果一致：当村民会使用 2 种及以上社交媒体后，会对其参与文化活动种类产生积极的正效应。

其次,模型10考察的是村民社交媒体使用频率对其文化活动参与种类的泊松回归分析。同样,模型拟合优度显示泊松模型能很好地拟合该数据。在结果上,纳入控制变量后,社交媒体使用频率越高,村民参加的乡村文化活动种类也就越丰富。因此,OLS 结果得到检验,村民社交媒体的使用频率会对参与文化活动的种类产生积极的正向影响。

表5-7　村民文化活动参与种类的 Poisson 回归模型分析

变量	模型9 β	模型10 β
社交媒体使用种类		
2 种	0.113 **	——
	(0.041)	——
3 种	0.205 ***	——
	(0.050)	——
4 种及以上	0.282 ***	——
	(0.063)	——
社交媒体使用频率	——	0.020 ***
	——	(0.004)
控制变量	已控制	已控制
截距	0.457 **	0.483 **
	(0.173)	(0.169)
AIC	3651.93	3650.633
BIC	3728.368	3716.88
模型拟合优度(P 值)	1.000	1.000
N	1207	1207

注:1. 括号内为稳健标准误;
2. $+p<0.10$, $*p<0.05$, $**p<0.01$, $***p<0.001$;
3. AIC 和 BIC 分别表示赤池信息准则(Akaike Information Criterion)和贝叶斯信息准则(Bayesian Information Criterion),是模型拟合优度的重要指标。一般认为 AIC 和 BIC 的值越小,意味着模型拟合估计越好;
4. P 值用于判断泊松模型的拟合优度。统计结果显示,P 值不显著($P=1.000>0.05$),意味着泊松模型很好地拟合了该数据。

第三节 社交媒体使用与乡村文化建设参与

在探讨了村民社交媒体使用如何对参加乡村文化活动产生影响之后，我们将在这一节继续从乡村文化建设参与方面来探究社交媒体使用对其的可能性效应。

一 描述性统计分析

表5-8是纳入研究的相关变量的基本特征，同时以方差分析法初步检验了不同群体在参与公共文化设施建设上的差异，结果呈现在"显著度"一栏中。

针对自变量"社交媒体使用种类"，可以发现，使用种类越多的村民在公共文化设施建设上参与越多，并在统计上显著（$p<0.05$）。

从控制变量来看，青年、中年和老年在参与公共文化设施建设上存在差异，表现为青年人参与的项数要高于其他群体。不同受教育程度的村民对参与公共文化设施建设明显不同，受教育程度越高，参与建设的项数越多。同时，无配偶者比有配偶的村民参加更多公共文化设施建设。相比于非党员，党员参与公共文化设施建设更多。另外，不同性别、与村民的交往状况在参加设施建设上没有不同。

表5-8　　　　　　变量的基本特征描述（N=1207）

变量	类别	公共文化设施建设	
		均值（标准差）	显著度
自变量			
社交媒体使用种类	0—1种	1.244 (0.649)	*
	2种	1.274 (0.650)	
	3种	1.362 (0.745)	
	4种及以上	1.407 (0.842)	

续表

变量	类别	公共文化设施建设	
		均值（标准差）	显著度
控制变量			
性别	男	1.309（0.694）	
	女	1.290（0.712）	
年龄组	青年	1.364（0.760）	
	中年	1.209（0.582）	***
	老年	1.159（0.598）	
受教育程度	小学及以下	1.168（0.542）	
	初中	1.222（0.649）	***
	高中	1.382（0.771）	
	大专及以上	1.495（0.820）	
婚姻状况	有配偶	1.269（0.657）	*
	无配偶	1.375（0.792）	
政治面貌	党员	1.610（0.944）	***
	非党员	1.261（0.654）	
与村民交往的情况	不密切	1.295（0.769）	
	一般	1.294（0.626）	
	密切	1.310（0.744）	

注：1. $*p<0.05$，$**p<0.01$，$***p<0.001$；2. 若方差分析统计结果不显著，"显著度"一栏为空。

进而我们以相关性分析来初步预测村民的社交媒体使用频率会对他们参加公共文化设施建设产生怎样的影响，具体结果可见表5-9。图5-3在95%置信区间上生成两者的预测图。可以得出，在不控制其他变量的情况下，村民社交媒体的使用频率与其参加公共文化设施建设存在积极的正相关关系。

表5-9 村民社交媒体使用频率与公共文化设施建设的相关性验证

	公共文化设施建设
社交媒体使用频率	0.113***

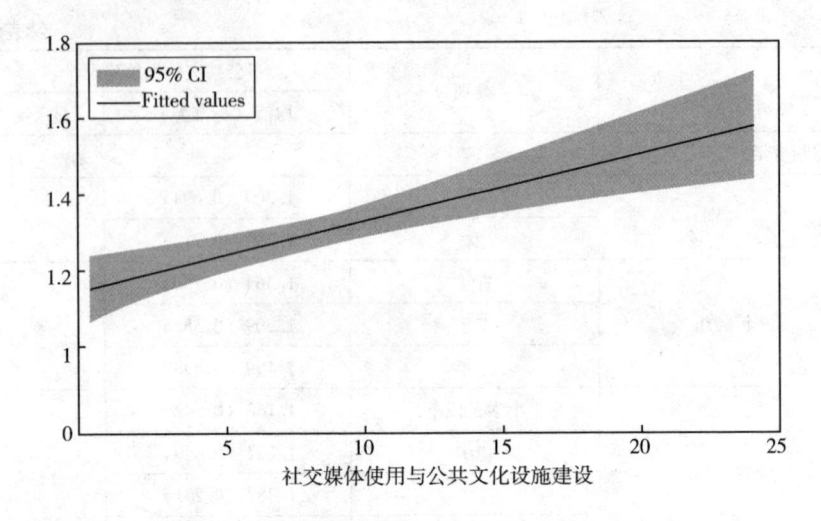

图 5-3 村民社交媒体使用频率与公共文化设施建设的关系（95%置信区间）

二 社交媒体使用种类与公共文化设施建设

本研究采用 OLS 回归模型来分析村民社交媒体使用种类与公共文化建设参与的关系，在分析策略上仍采用逐步加入变量的方式来估计其对参与公共文化建设的影响，表 5-10 汇报了模型结果。

根据模型 11，在未控制其他变量的情况下，社交媒体种类有显著的正效应。具体来说，与仅会使用 0—1 种社交媒体的村民相比，会使用 4 种及以上社交媒体的人参与了更多的公共文化设施建设，但会使用 2 种或 3 种的村民与前者并无不同。当进一步纳入性别、年龄、受教育程度、婚姻状况、政治面貌、家庭年收入，以及与村民交往的情况等变量后，即模型 12，社交媒体使用种类在 $P<0.05$ 的统计意义上不显著。也就是说，控制相关变量后，村民使用社交媒体的种类数量对其参与乡村公共文化设施建设没有影响。村民掌握越多的社交媒体，也并不能有效促使其投入更多的乡村文化设施建设。

另外，相比于受教育程度仅为小学及以下的村民，高中和大专及以上学历者会参加更多乡村的公共文化设施建设。党员更乐意参与到更多的文化设施建设中。但家庭年收入越高，参与乡村文化设施建设反而更低，可能的解释是，那些家庭收入较高的村民往往有其他职业，忙于赚钱，在时间上相对不足，也就较少能够参与到乡村公共设施的建设之中。

表 5-10 村民社交媒体使用种类对文化设施建设参与的影响（OLS 模型）

变量	模型 11	模型 12
	β	β
社交媒体使用种类（0=0—1 种）		
2 种	0.030	0.002
	(0.046)	(0.049)
3 种	0.118^{+}	0.052
	(0.063)	(0.066)
4 种及以上	0.164*	0.023
	(0.069)	(0.077)
性别（0=女）		0.029
		(0.040)
年龄组（0=青年）		
中年		-0.072
		(0.047)
老年		-0.122
		(0.091)
受教育程度（0=小学及以下）		
初中		0.022
		(0.050)
高中		0.150*
		(0.070)
大专及以上		0.256***
		(0.070)
婚姻状况（0=无配偶）		0.007
		(0.055)

续表

变量	模型 11 β	模型 12 β
政治面貌（0=非党员）		0.274**
		(0.086)
家庭年收入（取对数）		-0.056**
		(0.020)
与村民交往的情况（0=不密切）		
一般		0.064
		(0.058)
密切		0.112+
		(0.064)
截距	1.244***	1.672***
	(0.034)	(0.229)
N	1207	1207
R^2	0.007	0.069

注：1. 括号内为稳健标准误；2. $+p<0.10$，$*p<0.05$，$**p<0.01$，$***p<0.001$。

三 社交媒体使用频率与公共文化设施建设

社交媒体的使用种类并不能增强村民参与公共文化设施建设的积极性，那么从社交媒体使用频率方面，能否对其参加乡村公共文化设施建设产生可能的效应呢？不同乡村群体使用社交媒体的频率会对其参加公共设施建设产生不同的影响吗？根据变量特征，这一部分的研究依旧采用的是 OLS 回归模型。

表 5-11 中的模型 13 和模型 14 分别考察了不控制和控制其他变量的情况下，社交媒体使用频率的影响效应。结果显示，当未控制相关变量，村民社交媒体使用的频率会对他们参加文化设施建设产生显著的正效应，但纳入其他控制变量后，社交媒体使用频率这一变量并不显著。于是，我们在模型 15 中进一步分析了村民使用社交媒体频率与受教育程度的交互项。统计分析得到，村民社交媒体使用频率对其

参与文化设施建设的影响存在学历差异：社交媒体使用频率对大专及以上学历的村民参与公共文化设施的影响要显著大于小学及以下者，即社交媒体使用频率对大专及以上学历的村民在参加公共文化设施建设方面更为有用。也就是说，使用社交媒体频率对村民参加文化设施建设的影响因受教育程度的不同而不同，推动大专及以上学历的村民积极使用社交媒体，可以比其他群体更为有效地推动他们参加乡村公共文化设施建设。

另外，党员、家庭年收入相对较低的村民参与了更多乡村公共文化设施建设，这一结论与上述一致。

表5-11　村民社交媒体使用频率对文化设施建设参与的影响（OLS模型）

变量	模型13 β	模型14 β	模型15 β
社交媒体使用频率	0.018***	0.008	0.018**
	(0.004)	(0.005)	(0.007)
受教育程度（0=小学及以下）			
初中		0.016	0.057
		(0.049)	(0.084)
高中		0.137⁺	0.166
		(0.071)	(0.170)
大专及以上		0.237**	0.494***
		(0.073)	(0.130)
社交媒体使用频率*受教育程度			
社交媒体使用频率*初中	—	—	-0.007
			(0.011)
社交媒体使用频率*高中	—	—	-0.006
			(0.018)
社交媒体使用频率*大专及以上	—	—	-0.027*
			(0.012)
性别（0=女）		0.023	0.016
		(0.040)	(0.040)

续表

变量	模型 13	模型 14	模型 15
	β	β	β
年龄组（0 = 青年）			
中年		-0.067	-0.057
		(0.046)	(0.047)
老年		-0.103	-0.077
		(0.088)	(0.088)
婚姻状况（0 = 无配偶）		0.004	0.001
		(0.053)	(0.053)
政治面貌（0 = 非党员）		0.272**	0.260**
		(0.086)	(0.085)
家庭年收入（取对数）		-0.057**	-0.055**
		(0.020)	(0.020)
与村民交往的情况（0 = 不密切）			
一般		0.066	0.062
		(0.059)	(0.059)
密切		0.109⁺	0.106
		(0.065)	(0.065)
截距	1.153***	1.638***	1.560***
	(0.037)	(0.224)	(0.222)
N	1207	1207	1207
R^2	0.013	0.071	0.074

注：1. 括号内为稳健标准误；2. $+p<0.10$，$*p<0.05$，$**p<0.01$，$***p<0.001$。

四 稳健性检验

和"文化活动参与种类"一样，"公共文化设施建设"同样属于计数型变量，直接采用 OLS 回归模型可能会导致估计有偏，因此本研究也会同样以泊松回归模型来对结果进行检验。统计处理结果见表 5-12。

模型 16 和模型 17 检验了村民社交媒体使用频率对其公共文化设施建设的泊松回归分析。模型拟合优度 P 值均大于 0.05，说明该数据适合采用泊松模型进行估计。在结果方面，控制相关变量后，社交媒体使用频率每增加一个单位，对大专及以上学历的村民参与公共文化设施的影响效应[exp(0.015) + exp(-0.021)]要显著大于小学及以下者[exp(0.015)]。由此验证了OLS模型结果，即村民社交媒体使用频率会对其参与公共文化设施建设产生正效应，不同学历村民的社交媒体使用频率对其参加公共文化设施建设的影响效应不同。相比其他学历的村民，鼓励大专及以上者提高社交媒体使用效率，可以更为积极地推动他们参与乡村公共文化设施建设。

表5-12　村民公共文化设施建设的Poisson回归模型分析

变量	模型16 β	模型17 β
社交媒体使用频率	0.006[+]	0.015**
	(0.004)	(0.005)
受教育程度（0=小学及以下）	已控制	
初中		0.058
		(0.070)
高中		0.155
		(0.126)
大专及以上		0.374***
		(0.090)
社交媒体使用频率 * 受教育程度		
社交媒体使用频率 * 初中	——	-0.006
		(0.009)
社交媒体使用频率 * 高中	——	-0.007
		(0.013)
社交媒体使用频率 * 大专及以上	——	-0.021*
		(0.009)
其他控制变量	已控制	已控制
截距	0.274*	0.229[+]
	(0.134)	(0.137)

续表

变量	模型 16	模型 17
	β	β
AIC	2961.062	2965.299
BIC	3027.309	3046.833
P 值	1.000	1.000
N	1207	1207

注：1. 括号内为稳健标准误；
2. $+p<0.10$，$*p<0.05$，$**p<0.01$，$***p<0.001$；
3. AIC 和 BIC 分别表示赤池信息准则（Akaike Information Criterion）和贝叶斯信息准则（Bayesian Information Criterion），是模型拟合优度的重要指标。一般认为 AIC 和 BIC 的值越小，意味着模型拟合估计越好；
4. P 值用于判断泊松模型的拟合优度。统计结果显示，P 值不显著（$P=1.000>0.05$），意味着泊松模型很好地拟合了该数据。

本章小结

本章考察了村民社交媒体使用行为对其乡村文化参与的影响，社交媒体使用行为主要从村民使用的种类和频率来考察，乡村文化参与则从文化活动参与和公共文化设施建设两个方面来分析。

在乡村文化活动参与上，着重探究了村民社交媒体使用的种类和频率会如何影响其参与文化活动的种类和文化活动参与的积极性。其一，从村民社交媒体使用的种类来看，村民社交媒体使用的种类超过两种及以上，就会对其参与文化活动的种类产生积极效应，即会使用的种类越多，参与的文化活动就越丰富；会使用三种社交媒体的村民参与文化活动的积极性是最高的，但会使用四种及以上社交媒体的村民与最多只会一种的村民在参与积极性上并无统计学差异。实际上，这也体现了过犹不及的道理：超过三种以上反而会影响人们参与文化活动的热情。其二，就村民使用社交媒体的频率而言，社交媒体使用频率越高，村民参与文化活动的类型越丰富，参与文化活动的积极性也越高。其三，非党员的村民文化活动参加类型相对更少。在文化活动参与积极性上，受教育程度相对较高、有配偶、党员的村民有更强的参与积极性，而家庭年收入越高的人反而在参加文化活动方面的积极性偏低，这可能与他们在时间上相对不足有一定关系，但具体原因有待考证。

在乡村公共文化设施建设方面，我们主要分析了村民社交媒体使用的种类和频率对参加公共文化设施建设的影响。一是从村民社交媒体使用的种类来看，控制相关变量后，村民使用社交媒体的种类对其参与乡村公共文化设施建设没有影响。村民掌握越多的社交媒体，也不能有效促使其投入更多的乡村文化设施建设。二是就村民使用社交媒体的频率而言，使用社交媒体频率对村民参加文化设施建设的影响因受教育程度的不同而不同。相比其他学历的村民，鼓励大专及以上者提高社交媒体使用效率，可以更为积极地推动他们参与乡村公共文化设施建设。最后，高中和大专及以上学历者、党员、家庭年收入相对较低的村民参与更多的乡村公共文化设施建设。

第六章 乡村文化治理的媒介化转向

2013年,党的十八届三中全会指出推进国家治理体系和治理能力现代化,文化治理作为国家治理体系的组成部分,以其独特的治理特点及功能在我国乡村建设中发挥着重要作用。换言之,"文化治理是国家治理体系在文化领域的体现"①。

从历史来看,自西周开始,中国逐渐形成了一个政治、文化共同体,今天叫统一的、多民族的大国。在西周之前,中国还是一个部落社会,统治者通过分封制即"家天下"的方式,建立起以西周为中心的统一。这是通过血缘关系来勾连政治关系方式,但是血缘关系随着繁衍慢慢会淡化,如果没有政治交往、经济交往、文化交往,血缘关系就会慢慢淡化。②回望历史,我们看到,一个完整的国家,不仅要有共同的领土,而且,更重要的是需要形成共同的文化。

本章将通过文献来梳理当前乡村文化治理的困局,并结合媒介学的理论,辅以案例来探寻一种新的文化治理路径。

---

① 沙垚:《乡村文化治理的媒介化转向》,《南京社会科学》2019年第9期。
② 《家、国和天下》,摘自朱苏力2021年5月25日在第四届中国特色新闻学高级研讨班暨首届新闻教育圆桌会讲座。

第一节　文化与治理性

一　文化治理的理论溯源

文化治理的概念最早源于英国文化研究学派,其代表人物威廉斯、霍尔等人因受马克思主义文化意识形态相关论述及葛兰西"文化霸权"思想的影响,较早将治理引入文化研究中。其间,经过布迪厄、伊格尔顿、威廉斯等人对文化霸权的诠释,使基于霸权的文化治理研究逐渐浮于水面,引发众多学者的深思。

从文化治理的字面含义入手,它共有文化和治理两方面的研究,早先学者大多致力于文化思想的研究,但随着社会的变迁以及国家观念的提出,很多学者开始了社会治理领域的研究。溯源文化治理不得不谈及米歇尔·福柯,他所提出的"治理术"打破了自马基雅维利以来的君主通过外部施压、单向度自上而下统治国家的"治理艺术",提倡在考虑到被治理者自由的基础上以多样式的治理方式对其进行动态化治理。不妨说现代学界不断倡导的治理主体多元化是由福柯"治理术"理论所演化而来。

深受福柯治理性(governmentality)思想影响的另一位英国文化研究学派学者托尼·本尼特认为:"福柯著作的优点在于它主张在作用于社会的特殊的制度体制背景下,行为者在特定知识框架中行动,他们如何组织和使用文化资源的方式在一定程度上建构了人们的生活方式,在这个意义上,文化应该被看作既是政府统治的工具又是统治的对象,文化和政府在同样程度上既在同一方又是对立面。"[①] 在福柯的基础上,本尼特主张通过将政策融入文化来实现文化与政治的结合,

---

① [英]托尼·本尼特:《文化·治理与社会:托尼·本尼特自选集》,王杰等译,东方出版中心2016年版,第18页。

认为"对于处在下层阶级社会的风习、道德、行为而言，文化是治理的对象；而对于用于规范言行的艺术、智性活动等而言，文化又是治理的工具"①。

之后，又有一些学者结合乡村这一特殊场域，将文化治理引用于斯，形成了对乡村文化治理方面的研究。这其中最有代表性的实为杜赞奇，他提出中国乡村社会"权力的文化网络"模式，认为"文化网络"由乡村社会中多种组织体系以及塑造权力运作的各种规范构成，它包括在宗族、市场等方面形成的等级组织或巢状组织类型。这些组织既有以地域为基础的有强制义务的团体（如某些庙会），又有自愿组成的联合体（如水会和商会）。还包括非正式的人际关系网"②。很显然，由多元主体构成的文化网络连接起了国家政权与乡村社会，使旧的封建帝国的权力和法令得以行之于乡村。

通过对文化治理理论的梳理，我们不难发现其中的逻辑脉络，即"治理—文化治理—乡村文化治理"。"福柯弃管理而取治理，开创了多元治理主体概念的先河；本尼特将福柯的'治理术'与文化结合，形成了文化治理的雏形；杜赞奇则从乡村这一特殊场域中发现了文化与权力共融形成治理网络的现象，开辟出乡村文化治理研究的新范式。"③综上，笔者认为，乡村文化治理是国家治理体系的组成部分，能够体现出国家治理体系和治理能力的现代化水平。区别于文化领域传统的行政管理模式，这是一种多元主体参与的新型文化治理模式。具体表现为，"尽管国家依然是乡村文化治理的主导性力量，但这种力量已经不再是改革开放以前以意识形态为主导的纯粹政治力量，而

---

① ［英］托尼·本尼特：《文化与社会》，王杰等译，广西师范大学出版社2007年版，第162页。
② ［美］杜赞奇：《文化、权力与国家——1900—1942年的华北农村》，王福明译，江苏人民出版社1996年版，第13—14页。
③ 侯青青：《乡村文化治理的实践、效能及其因素分析——基于山西L村的个案分析》，硕士学位论文，山西大学，2020年，第4页。

逐渐转变为以关注民生、顺应民意,并利用公权力来不断促进乡村发展的力量"①。这种文化形态与农民的生活伦理紧密融合,拉近了国家与个体之间的关系,特别是在塑造人心秩序方面,让乡土文化与现代政治文化逐渐加深融合。

二 乡村公共文化内卷化困境

伴随着现代化、城镇化推进,中国乡村在由传统的"熟人社会"向"半熟人社会"转变过程中,"原子化"问题日渐凸显,集体主义意识逐渐消散,乡村公共精神流失,集体认同遭遇断崖式下滑,取而代之的是个体自利主义兴起。具体表现为以下几方面。

(一)价值困境

在乡村振兴和推进乡村城镇化进程的建设中,乡村社会发生了深刻的变革。农业用地征收导致土地大幅减少,农村劳动力纷纷涌向城市,乡村治理问题频发,乡村传统文化在与城市文化交融中受到冲击,为村民提供道德和伦理规范的乡村文化逐渐衰败,稳定的乡村社会秩序被打破,导致矛盾增多。虽然在居住方式上传统村落依旧保留以大队、村落为单位的社群居住环境,但当下的农村却呈现出鲜明的碎片化、原子化特点,邻里间缺乏交流,乡村感情淡漠,并在市场经济和城市文化的影响下,部分村民深受金钱观影响,背弃传统乡村伦理道德,自私、逐利观念盛行,难以守望相助,城镇化带来的高流动性更导致村落共同体难以形成。

在调研中,不少驻村干部都提到村民参与乡村治理的意识较为薄弱,对于农民个体而言,他们更多关注于国家政策对自己的补贴能有多少,对乡村治理的关注多是与自身相关的内容,对于乡村整体规划

---

① 袁君刚、李佳琦:《走向文化治理:乡村治理的新转向》,《西北农林科技大学学报》(社会科学版)2020年第3期。

和管治理层面并不关注。在乡村治理进程中，多元主体共同参与已成为主流趋势，但在基层治理实践中，大部分村民对乡村基层治理参与热情不高，态度消极，对村落缺乏认同感，导致乡村社会治理中公共性不在。由此可见，"公共性缺失已成为我国乡村社会治理内生力量薄弱的重要因素"①。

加之，"上面千条线，下面一根针"，面对上级政府布置下来的纷繁复杂的工作，往往使基层组织无暇顾及村落的文化建设工作。在调研中，宁夏固原市一位驻村干部表达了这样的担忧：

> 县、乡这两级政府把大量的时间和精力用在完成上级下达的各类经济建设和社会管理任务指标上。从县到乡，再从乡到村，压力层层传导。比如说我们每个月会开一个近期重点工作部署会议，每次开会，上级部门可能会下达十几项任务，这其中没有一项是涉及文化活动的。等开完会工作布置下来以后，乡、村干部便埋头去准备这些工作了，文化工作无暇顾及。另外，现在基层各种考核、评估、督查、普查太多了，把大家压得喘不过气来，没有人有这功夫去搞乡村文化。

（二）文化困境

随着我国城乡一体化进程的加快，传统以亲缘、地缘为基础的乡村社会结构产生不同程度的消解，乡村社会结构与社会治理状况更为复杂，乡村居民日益增长的公共文化需求和现代治理体系不匹配问题日益严重，村民价值观多元化、需求层次多样化，导致基层治理力不从心，社会治理难度加大。长期以来，乡村文化建设中重视文化基础

---

① 李乐：《媒介变革视野中的当代中国乡村治理结构转型》，《新闻与传播研究》2020年第9期。

设施建设，如文化广场、书屋等外部硬件设施齐备，而忽视了乡村文化对乡村社会起到治理功效和重要价值，文化设施闲置荒废、无人维护成为基层文化建设的硬伤，浪费了大量公共资源，这种单向的文化灌输、千篇一律的文化建设更是影响乡村文化的建设。同时，乡村劳动力大量外流，村落空心化严重，乡村的凋敝导致传统乡土文化的发展后继无人，还带来了更多因文化道德缺失造成的社会治理问题。乡村基层治理中过度强调民主与自治，导致在基层治理中村民自说自话，干群矛盾、基层政府与群众矛盾突出，村民对村落的归属感和认同感下降，从而加深了乡村离散化情况。

由此，在基层乡村治理中，需要重视乡村优秀文化对基层建设的引领作用，重视基层文化建设，凝聚乡村居民共识，通过优秀的乡土文化培育良好乡村风尚，重塑乡村价值共同体。根植于乡村的优秀传统文化和符号对重塑乡村共同价值、形成村落群体归属感、集体记忆和同质化价值规范起到重要作用，并深刻影响着乡村治理效能的发挥和乡村长效治理机制的发展。可以说，优秀的乡土文化对乡村社会建设的影响是持久深远的，其繁荣发展关乎乡村社会的延续和稳定，乡村振兴的要义就是要通过唤醒乡村文化，重聚乡土精神来重塑乡村共同体，借由文化振兴助力乡村社会振兴。在这一过程中就需要从传统乡土文化中吸取有益成分，并将其融入乡村文化的基层治理中，构筑起新型乡村社会治理模式。

（三）基层行动困境

在乡村基层治理中，新媒体虽承担着基层社会治理的传声筒角色，乡村管理依旧高度依赖村委会、村大队等基层组织，基层组织的运行效果关乎乡村社会治理效果，然而基层组织结构单一，治理模式简单粗暴，在实际管理中往往呈现"一言堂"特点，地方权威主体缺乏监督，导致村民无法参与或不愿参与基层共治，难以实现利益协商。从基层治理实践中看，当前以行政村为单位的乡村自治组织发展滞后，管理人员的素质水平、沟通交流能力和公信力的高低影响着乡村自治组织参与基层治理的效果，但在村民自治组织中存在行政依赖、管理能力薄弱等问题，未能有效配合乡村基层治理的发展。在基层治理中，基层政府与村民间的关系被简单化为管理与被管理，村民参与基层治理的根基与动力不足，无法承担起乡村社会基层管理职责。由固有乡土关系所延续的乡村民间组织发展迟缓、管理不规范，影响着村民乡村自治效率的发挥。近年来，乡村劳动力大量外流造成乡村劳动力缺乏，老龄化现象严重，导致乡村基层自治队伍结构失衡，且参与者素质较低，无法履行好乡村基础治理。此外，各级乡镇更多关注于对乡村经济和基础设施的建设，注重上级政策在基层社会中的落实与践行，忽视对乡村治理体系的优化，这使得原本分散的乡村治理力量更加破碎，加剧了村民参与基层治理能力不足、有效性差等状况。

　　由于乡村基础建设资金有限，不少基层将有限的资金投入乡村基础设施的建设中，而对乡村民生和文化发展关注不足，教育、文化等软实力在乡村发展中缺失，村民精神难以维系，导致参与公共事务能力和素质不足，严重阻碍乡村基层社会治理。此外，在乡村基层管理中，村民素质较低，对基层干部工作不配合，通过辱骂、闹事等方式阻挠基层工作的推进，村民出于"强龙压不住地头蛇"的心理与政府工作人员讨价还价，争取原本不属于自己的利益，部分基层干部无法应对。部分基层治理中，干部疲于应付各种书面工作和上级检查，对乡村基础情况不了解，出现民强官弱的情况，基层干部管不住、不想管、不敢管等现象频发。

三　乡村治理中的文化治理路径

　　我们看到，单一的政治或经济改革无法解决乡村发展遇到的诸多问题，而必须要发挥文化治理的效能。譬如从 20 世纪 80 年代开始，国家在西北地区开展了移民搬迁工程（电视连续剧《山海情》中所表现的)。政府将贫困地区农民集中搬迁,一方面需要解决"吊庄移民"的生存及脱贫问题,另一方面,这是一个持续的、有组织的社会化过程。其中,党组织不仅要发挥政治引领功能,还要发挥社会整合功能,因为移民都来自不同地域。不妨说,这是一场中国独特的社会实验,就此,就需要学者们去关注从中央到地方如何在文化上开展实践的?我们看到,这一实践充分体现出中国共产党人的智慧,他们将当地各种各样关于仁义礼智信的传统美德作为一个源泉,把人们联结起来形成社会共同体。如果找不到这种文化之源,就无法完成农民的再社会化过程。

当前,在乡村振兴的战略规划下,国家加大了对乡村公共文化体系的建设力度,并不断增加优秀文化产品的供给,力图为广大农民提供高质量的精神文化产品。然而长期以来,国家的文化治理实践基本上是沿着行政化路径展开的,具体表现为在乡村文化建设中,政府是管理者、治理者,村民是公共文化服务的被动享用者,其文化创造力和参与文化建设的主体性价值被忽略了。历史实践证明,村民自治是最适合中国乡村的治理模式,同理,在文化建设中发挥农民的主观能动性才是最为关键也是亟待解决的问题。

乡村治理的文化路径完全不同于行政命令式的强制型治理机制,它是一种软性治理形式,"通常强调以多元化的治理角色为主体,以村落社会公共空间为行动单位,以乡土文化资源为载体,以国家权力、基层组织、产业运作为着力点,展开农村社区治理与文化营造"[①]。

第二节 传播学视野下的乡村治理困境

在乡村治理过程中,国家、社会组织、新乡贤及农民等多元主体

---

① 袁君刚、李佳琦:《走向文化治理:乡村治理的新转向》,《西北农林科技大学学报》(社会科学版) 2020 年第 3 期。

都应该发挥各自的积极作用,形成政府、市场、社会三者间的"三角形"式稳定结构,并在各自确定的行动范围内展开主体间的互补配合行动。然而在现实生活中,乡村治理却面临着诸多困境。学者蒋旭峰从传播学的视角归纳为三个方面的困境,即"国家传播的悬浮化、精英传播的内卷化和农民传播的碎片化"。[①]

一 国家传播的悬浮化

国家传播的悬浮化是指国家信息的传播与农民信息的需求不对等,从而造成中央政策纵向传播效率的低下,而农民信息需要却得不到满足。

(一)中央政策纵向传播效率低

秦晖认为,在传统乡村内部,信息的传播呈"横向畅通而纵向阻滞"的特点[②]。"横向畅通"是指内生于乡村内部的信息在传播上处于畅通无阻,甚至"无隐私权屏障"的状态,具有极高的信息开放性和共享性,"纵向阻滞"则是指由于乡村与国家最高层的"等级壁垒",造成产生于乡村外部的信息很难在乡村引起反应与传播。现代社会大众传播虽然打通了纵向传递的阻滞,但由于传播管道较长,加之指向性较弱,使得传播效率低下,其客观结果是县市及以上政府"悬浮"于乡村社会之上。

改革开放前,国家的传播策略是传者本位,采用强制手段。乡村中的"国家—农民"的传播通道走的是组织传播,比如"群众大会"、典型示范、参与学习等制度化的会议动员系统。群众大会属于一种强制灌输型传播方式,其传播效果很强。麦克卢汉曾提出的"媒介即讯

---

① 蒋旭峰等:《抗争与合作:农村治理中的传播模式》,浙江大学出版社 2011 年版,第 161 页。

② 秦晖、苏文:《田园诗与狂想曲:关中模式与前近代社会的再认识》,中央编译出版社 1996 年版,第 283—284 页。

息"的著名论断,如果我们将"群众大会"看作一种"媒介"的话,那么"群众大会"本身也向农民传达了一种信息,即"大会上所传达的政策指令是必须执行的"。

改革开放后,乡村社会政治传播的通道有了很大改变,大众传播媒介逐步成为农村中"政策下达"最主要的传播通道,而会议动员等组织传播手段变成了一种辅助,但实际上,其背后仍然需要国家权力或乡土权威作为支撑。大众传播是一种更加典型、更加普遍的灌输型传播手段,"通过丰富的信息传递,潜移默化地影响着村民对外部世界的想象,并形塑着他们的思想、行为乃至价值观"①。但大众传播作为非制度化的政治传播通道,通常存在于政治系统之外,指向性不强,强制力不够,传播效率一般也不高②。

（二）农民需要的信息缺乏

传统农耕时代,农民生产自给自足,农户生活村庄供应,农民对信息的需求量很小,因而国家信息的缺位并不影响农户的生产和生活。随着科技和市场的发展,农业与信息的关联度越来越高:农民生产需要化肥、农药、种子等现代科技信息的支撑;另外,在大市场面前,小农信息能力相对较弱,在这种情况下,农户需要国家信息的支持③。

事实上,国家也为农户提供政策信息、科技信息、市场信息、就业信息等,但这些信息基本上是自上而下的安排式供给,与农民的客观需要不能较好地对接。在笔者组织的一次课堂讨论中,一位来自乡村的同学就谈到,农业科技发展日新月异,但国家为农村配置的农业技术类图书资料内容陈旧,无法满足农民对于农业科技信息的需求。

---

① 丁卫:《复杂社会的简约治理》,山东人民出版社2009年版,第14页。
② 李广:《中国乡村治理中的政治传播与控制》,博士学位论文,华中师范大学,2007年,第93页。
③ 李广:《中国乡村治理中的政治传播与控制》,博士学位论文,华中师范大学,2007年,第112页。

加之在自上而下的大众传播中，有时信息供需错位，传播效果不佳。

（三）信息的不对称

在调研中，笔者曾遇到了这样一则事例：2019 年，宁夏在全区农村推进"厕所革命"，政府出资为每家每户修建水冲厕所，这本是改善乡村人居环境的民生工程，却遭到农民的抵触，私下里说是政府在搞"形象工程"。等厕所修建好、水冲马桶配备好之后，由于农民的观念和生活方式还跟不上，水冲厕所便真的成了"形象工程"。

信息的不对称可能是造成上述结果的原因。基层干部首先基于自己对于国家政策的理解再将其传达给农民，这其中往往会造成信息的走样；而农民通过各种渠道知晓了中央政策，却不了解政策在实施过程中会遇到的各种复杂情况，一旦"好政策"出现"坏结果"，便会直接引发农民对基层政府和干部的抵触情绪，使农村地区更加处于"失序"的状态。基层政府要在这种局面下继续推进工作，同时还要"控制大规模群体事件以维持地方稳定，就有可能进一步实施过激的行为，一个恶性循环开始了"[1]。

除此之外，大众媒体的批评性报道也会增加农民对地方的不信任感；正面宣传"强化了农民对于国家的依赖，但同样也削弱了基层权威，增加了基层政权行政难度"[2]，使其在推进工作过程中，可能会遭到农民的排斥或者有选择地支持。

二 乡村传播的内卷化

"内卷化"是指一个社会或文化模式在达到某一发展阶段后，便停滞不前或无法转化为另一种高级模式的现象，简言之，就是没有发

---

[1] 刘岳、宋棠：《国家政策在农村实践过程中的理解社会学》，云南人民出版社 2006 年版，第 114 页。

[2] 车英、袁松等：《试论新闻传播在乡村治理中的反作用》，《武汉大学学报》（人文社会科学版）2008 年第 1 期。

展的增长。本书借用这个概念说明乡村传播尽管在信息量和渠道种类上不断增加，传播技巧不断改善，但传播效果却难以得到突破，造成乡村干群沟通不畅，进而无法建立起多方参与乡村治理的机制。

乡村干部沟通的困境某种程度上与乡村治理的历史及其集体记忆存在深层的联系。换句话说，乡村干群沟通机制内嵌于乡村治理的社会、权力互动结构中，只有历史的、整体地理解村庄，才能把握干群沟通的完善机制。当前，乡村政治精英与农民之间互动模式的重构还未能适应乡村治理中传播格局的新需要，这主要是由于传者、受者、渠道等方面产生的缺位。

一是传者的缺位。我们把乡村干部视为国家面对农民传播的"代理者"，而这个代理者身处科层化色彩浓厚的体制内。在自上而下的压力型体制和数字管理的政绩考核模式下，村干部的工作重点并非旨在培养农民的主体意识和乡村共同体，而主要是完成上级领导下达的"政治任务"。国家原本希望促进基层政府的公共管理和公共服务角色转型，将"主要精力和时间用于本村的公共事务，使其更好地发挥维护保障农民合法权益的职能"①。然而，在实际当中这种"服务型"机制还未建立起来。

二是受者的缺位。表现为受者对传者的消极接受以及受者能动性不足。单向度的乡村传播，仅仅注重于信息的传达和控制，往往忽视了农民的参与性与主体性。一种强调双向互动、主动参与、认同导向的乡村传播思维需要得到强调。

三是渠道的缺位。在乡村内部，其信息传播主要表现为自下而上的传播，社交媒介虽然为农民提供了发表意见的平台，但如果没有畅通的沟通渠道，会降低农民的政治参与热情，导致普遍的政治冷漠，

---

① 徐勇：《村民自治、政府任务及税费改革——对村民自治外部行政环境的总体性思考》，《中国农村经济》2001年第11期。

一旦发生矛盾冲突,又极易发生发泄愤怒等暴力冲突行为。

三 以乡村集体经济推动文化治理

时下,农民传播呈现出典型的碎片化状态。表现为乡村社区正在"陌生化",人际关系的纽带逐渐松散,村民普遍存在寂寞感和孤独感。由于集体活动的缺乏,农民的集体关怀减少,乡村社区的向心力和凝聚力弱化。在一些村庄,村组织管理实效,造成社会秩序混乱,村庄自然环境遭受破坏,失地农民权利难以得到保障。学者武中哲等认为,"出现这种情况的根本原因在于改革过程中农村社会公共性的缺失。集体经济和土地增值收益是当下重建农村社会公共性的重要方面,而这些需要与农村社会相契合的法律和制度做保障"[①]。

众所周知,现代化农业必须以市场化为导向,因为分散的农民无法成为真正的市场主体,其市场谈判地位弱。从经济发展来看,农民必须组织起来,以农民协会或农业合作社的形式进入市场,才能提升其谈判地位。从乡村社会发展来看,农村的基础设施、公共服务等也需要农民组织起来,共同参与。因此,农村需要建立起农民参与村庄治理的制度化渠道。但存在的困难有:大部分农民要么在家务农,要么外出务工,对农村公共事务缺乏热情,或认为缺乏参与的途径。

在西部乡村的调研中,我们发现大力发展村集体产业早已成为乡村干部和群众的普遍共识。笔者曾经调研的宁夏固原市原州区官厅镇薛庄村在 2014 年的时候,还是个名副其实的贫困村,建档立卡户占到常住户的 30%,村民的经济来源以种菜为主,一年到头收入不过千元。由于村子小、人口少、耕地少,依靠"小蓝提卖"的传统农业无法实现本村村民的整体脱贫,更遑论文化建设。自 2017 年开始,薛庄

---

① 武中哲、韩清怀:《农村社会的公共性变迁与治理模式建构》,《华中农业大学学报》(社会科学版) 2016 年第 1 期。

村开始实施农村土地产权制度改革，将村上闲置多年的二百多亩山地和一百亩农民的土地集中起来，成立土地股份合作社来发展集体经济，吸纳114户农民加入合作社，共同搞特色农产品的种养殖。他们具体的做法是，农民既可以用土地入股，也可以拿钱买股，他们还规定了每户入股的限额，这样就保证了"人人入股，户户收益"，每户农民都能充分享受到集体经济发展的红利。

薛庄村最初培育起来的产业是香菇种植，地方政府提供产业扶贫资金260多万后，帮助他们修建了现代化日光温棚。在香菇种植获得收益后，他们开始完善产业链条，比如建冷藏室和烘干室来延长香菇的销售期。最后逐步发展多元化产业。薛庄村采取"合作社+农户+基地+互联网"的运营模式，入股分红按照7∶2∶1的比例进行分配，即70%留作集体经济发展，20%股民分红，10%用于考核奖励，保证合作社的良性循环。同样，村集体经济也很好地支撑了本村的文化建设。不仅如此，农民还可以留在本村就业，从而解决了村庄的空心化和原子化问题。

很显然，村集体经济走出了一条与"资本下乡"截然不同的道路，后者仅仅利用国家政策或套取国家资金，把农民手里的土地以低廉的价格收购过来，农民只能赚取微薄的劳动收入。从本质上讲，乡村文化治理一定是建立在村集体经济的发展基础之上的。

第三节　新媒介与乡村文化治理

当下，网络新媒体在中国乡村快速推进，使用范围越来越广泛。新媒体的兴起在创造一种完全不同于既往的交往格局，并给乡村治理增添了多种可能性。及至当下，以微信为代表的社交媒介将"去疆域化""去地域化"的特性发挥到极致，同时也成为乡村组织、村民等参与乡村文化治理的媒介。有论者指出，"微信与中国乡村'熟人社会'的性质相契合，这是它在乡村治理中得到越来越广泛应用的重要原因"。

一　文化治理的多方参与

在前面的章节里，我们着重分析了以文化大院为代表的乡村公共文化空间以及依托于物理空间建立起的虚拟社群。从治理主体来看，微信在乡村文化治理中的运用主要有三种类型。第一类是乡村组织主导的微信群，如每个村都建有村民群、党员群、村干部交流群等，覆盖全村每户家庭，并且每个微信群至少有一名村干部负责管理。微信群通常会制定群规，要求成员共同遵守（见图6-1），体现出作为组织要素的群体规范。

第二类为地方文化精英主导的微信群，文化大院微信群就属于这一类，其建立的目的主要是为了便于更好地开展群众文化活动。

第三类是作为村庄公共网络平台的微信公众号。譬如固原市西吉县杨河村创建全区第一个村级同步语音播报微信公众号——"吉美杨河"，发布利民惠民富民政策、招聘信息、种植养殖技术等事关群众切身利益的信息，使村务更加公开透明。

可见，以村委会为代表的基层政府、新乡贤为代表的社会力量以及市场主体、村民个体都通过微信等社交媒介参与到乡村文化建设中来。历史实践证明，"村民自治是最适合中国乡村的治理方式。而如何激发村民的自治意识，发挥其主观能动性一直以来都是亟待解决的问题"[1]。在媒体维度上重塑乡村治理结构的难点是使乡村民众成为主动、有力的乡村治理主体。离开乡村民众的参与，乡村治理就会失去"自治"这个重要维度。

---

[1] 侯青青：《乡村文化治理的实践、效能及其因素分析——基于山西L村的个案分析》，硕士学位论文，山西大学，2020年，第31页。

中梁村《三、四组》通知群

《群规》

无规矩不成方圆,为了方便群的管理,定以下群规,请大家共同遵守。群规不是为了约束大家,而是为了防止一些不好的风气和不好的信息来到本群,谢谢。

以下是全体群规:

1:群内尽量避免与本村无关的言论,杜绝反政府言论和图片。
2:文明聊天,友善待人,群内杜绝有损群形象的言论和图片,杜绝在本群借钱,说脏话、粗言。
3:群的内部个人资料,未经个人允许,不得转载。
4:群内未经群主、管理员允许,不得擅自乱发图片、广告宣传,或不明链接(特别是带有病毒性的网站)。
5:群内聊天不限,谈天说地,和谐畅聊,原则上希望大家多多沟通,为了更方便,请大家尽量在本群填写真实姓名。
6:本群内有老有小,希望大家说话注意,尊重自己就是尊重别人,切记:尊重自己,换位思考。
7:对违反群规者,第一次警告⚠第二次删除,群是大家的,希望咱村人共同维护。 谢谢。

图 6-1 村落微信群群规

二 新媒介维度下的乡村文化治理结构重塑

有线广播、电视等传媒未能给乡村民众提供多少与乡村组织、国家机构展开互动的机会,也未能从横向上将乡村民众联系起来。微信等社会化媒体的出现改变了这种局面,它们不仅使乡村民众在纵向上主动与乡村组织、国家机构开展互动成为可能,而且在横向上打破了因人口流动所造成的空间阻隔,将村庄社区成员在网络空间中集结起来。实际上,后者是前者的基础,乡村民众只有在横向上经由交往而集结起来,才能主动与乡村组织、国家机构开展有效的互动,达成观念和行动上的共识。

除媒介特性之外，特定交往关系的形成还与主导媒介运行的人存在紧密关联。在乡村治理实践中，无论是乡村民众在网络空间中的集结，还是他们在网络空间中的横向互动，都离不开乡村精英的引导。乡村精英不属于乡村干部，他们没有体制内的职务，本身就是乡村民众的一部分，因自身的某些素质和出众表现而在民众中享有一定的威望。乡村精英群体将自己在现实人际交往中所累积的威望迁移到网络空间中，成为网络互动的组织者。实际上，不仅乡村精英在网络中扮演主导者角色有赖于现实的人际交往，而且一般乡村民众在网络空间中的互动也是以线下面对面的交往为前提的。这说明微信等社会化媒体在乡村民众中发挥联系作用，离不开人际传播的支撑。由于人际传播是微信等社会化媒体在乡村民众中发挥联系作用的前提，所以，线下的乡村社区公共活动对良好的治理来说仍然是不可或缺的，政府公共文化服务下乡和乡村社区内生的文化活动都应该将增进人际交往作为重要目标。

综上，"人际传播—社会化媒介"这种组合为村民个体、新乡贤组织参与文化治理提供可能性，而电视、县级融媒体中心以及传统的乡村媒介比如大喇叭等，有助于巩固国家在乡村治理结构中的主导和支配地位，从而使乡村治理主体在力量对比上达到平衡，塑造了合理的乡村治理结构。

第七章　乡村传播与基层社会治理

第一节　公共传播对于乡村治理的意义

一　关于乡村治理中的"民主商议"

中共十九届四中全会明确到新中国成立一百年时，全面实现国家治理体系和治理能力现代化。① 强调现代化的国家治理，体现了我国改革深化阶段在政治与社会实践基础上形成的设计思路。乡村治理体系建设是国家治理体系的一个重要组成部分，也是实现乡村振兴、巩固党在农村的执政基础、维护农村社会稳定的必然要求。

在我国现阶段，提升乡村社会治理水平的迫切性主要缘于以下四点原因：

第一，市场经济的发展使乡村的经济生活、社会生活逐步迈向市场化，市场规范（market norm）取代了社会规范（social norm），"守望相助，患难相恤、有无相通"的社会传统丧失，换言之，原来人与人之间联系的原则、纽带、方式、场合都被打破，亟须通过乡村这一基层社区的治理体系来重新实现"社会整合"。

第二，过度的市场化造成了农民的原子化问题，使得传统的村落

---

① 参见《中共中央关于坚持和完善中国特色社会主义制度、推进国家治理体系和治理能力现代化若干重大问题的决定》，中华人民共和国中央人民政府网站。

共同体解体，一旦遇到需要全体村民共商解决的公共事务，或需要维护集体利益，这种"马铃薯"的集合体就无法应对。此外，随着市场的不断扩大，各自分散经营、独立决策的农民根本无法与大市场衔接，需要通过有效的合作组织参与国内甚至国际市场，这类合作组织的建立与功能的发挥就需要通过乡村治理来解决。

第三，党的十九大提出我国社会主要矛盾已经转化为"人民日益增长的美好生活需要和不平衡不充分的发展之间的矛盾"，人民的美好生活不仅包括物质水平的提高，还包括"在此基础上衍生出来的获得感、安全感、幸福感以及尊严、民主权利、公平正义等需求"[1]——这一需求恰恰与国家治理体系和治理能力现代化的目标相契合。

第四，我国广大农村在推进现代化、城镇化发展过程中，各种新、旧矛盾纷繁复杂，"依靠'行政命令'手段的传统乡村管理模式难以适应多变的基层社会环境，乡村治理亟需转型和升级"[2]。十九大报告中，现代化的乡村治理体系是建构"自治、法治、德治"合一的体系，而自治的关键在于提高农民的公共意识，实现政府与公众、民间组织等多元主体之间的协同治理——这不仅是乡村振兴战略的必然要求，也是一个在向现代化迈进的国家弥补城乡发展鸿沟所必须解决的难题。在学者曹锦清看来，"将缺乏自我表达与自我组织的广大村民引导到能够自我表达与自我组织的现代公民之路上去，是中国农村现代化的核心任务"[3]。

通过民主商议来解决公共事务是落实村民民主自治权利的途径。一方面，协商民主理论认为，"公民与官员之间就共同相关的政治问

---

[1] 唐皇凤：《社会主要矛盾转化与新时代我国国家治理现代化的战略选择》，《新疆师范大学学报》（社会科学版）2018年第4期。
[2] 张新文、张国磊：《社会主要矛盾转化、乡村治理转型与乡村振兴》，《西北农林科技大学学报》（社会科学版）2018年第3期。
[3] 曹锦清：《黄河边的中国：一个学者对乡村社会的观察与思考》，上海文艺出版社2013年版，第161页。

题进行直接面对面的对话与讨论，是政治民主最基本的要素之一。政府与公民的协商，既是达到民主决策的必要环节，同时这种协商本身就是一种民主的实践"①。我国基层治理实践也表明通过增强政府与公众之间的对话协商，可以更为有效地避免决策失误，提高了决策的科学性。另一方面，"公民通过公共讨论，感受到自身作为对话参与者所能起到的对政府公权力的监督和制衡，并因此提高对决策的支持率和满意度"②。就此而言，农民通过自由而平等的对话、讨论、审议等方式，参与公共决策和政治生活，这是实现乡村治理现代化的应有之义，也是培育公民现代性的重要渠道。长期从事乡村治理研究的学者贺雪峰就认为："以政治发展为主导的乡村建设切合了当前村治的内涵，政治发展意味着社会成员政治参与广度与深度的增加。"③

在这样的宏观背景下，围绕着"乡村社会治理中如何推动民主协商和农民的政治参与"受到了来自公共管理、政治学、社会学等多个学科研究者的关注。传播学者主要从公关传播的视角入手，探讨基层政府、村民、社会组织如何"基于公共性展开对话与沟通，以达成相互间的认同与整合"④。闫文捷（2017）用量化研究的方法考察了浙江省温岭市与乐清市基层乡村通过民主恳谈会的形式开展的民主商议，对于提高政府权威以及培育现代公民特征等方面的影响；⑤ 牛耀红（2018）考察了某互联网公司在微信中开发的公众服务号在西部一个

---

① 俞可平：《总序》，载［美］詹姆斯·博曼《公共协商：多元主义、复杂性与民主》，黄相怀译，中央编译出版社2006年版，第2页。
② 闫文捷：《作为公共传播的民主商议及其意义——一项针对浙江基层商议实践的问卷调查》，《新闻与传播研究》2017年第11期。
③ 贺雪峰：《乡村治理与秩序——村治研究论集》，华中师范大学出版社2003年版，第12页。
④ 胡百精、杨奕：《公共传播研究的基本问题与传播学范式创新》，《国际新闻界》2016年第3期。
⑤ 曹锦清：《黄河边的中国：一个学者对乡村社会的观察与思考》，上海文艺出版社2013年版，第12页。

乡村的运行情况，她发现这样一个数字化的社区公共平台，促进了村民的民主协商，进而使分散在不同空间的"原子化"农民被重新凝聚起来，实现了真正意义上的村民自治。①

二 社交媒介蕴含独特的政治潜能

随着互联网、新媒体等基础设施的发展，城乡之间的"接入鸿沟"不断在缩小，应用覆盖性也在逐渐增强。社交媒介已全方位地参与到乡村社会的经济、政治、文化以及社会关系的重构中。譬如基层政府职能的发挥、村民参与村务管理、村级议事协商制度、乡村文化建设等，会使用到社交媒介。社交媒介的跨时空性和共在性将身处遥远空间的人们连接起来，在当下的社会交往中呈现出鲜明的"去地域化"特质。社交媒介为村民与政府间信息对话与交流提供了新的平台，形成了多种形式的社会参与，进而对原有的社会治理模式产生挑战。社交媒体打破了"公域"和"私域"间的界限，给身处在社交媒体中个体进入公共空间参与社会治理带来了更多的可能，个体借助媒介工具参与乡村社会事务讨论，并可借助这一工具在一定情境下提升个体话语权，更好地参与乡村社会治理。

以微信为代表的社交媒介为村民的自由发声提供了平台，每位村民在虚拟空间中参与到微信群对乡村公共事务的讨论中，成为乡村基层治理的重要力量，实现乡村多元主体的"共同在场"。以地缘和亲缘为基础的乡村社会关系通过社交媒体不断加深，并将线上线下交往联结起来，原本的村落熟人关系得以加强，分散的异质化、原子化的村民在虚拟空间中再次凝聚。

譬如在西吉县吉强镇，为更好地宣传基层政策和乡村规划等，驻

---

① 牛耀红：《建构乡村内生秩序的数字"社区公共领域"——一个西部乡村的移动互联网实践》，《新闻与传播研究》2018年第4期。

村干部建立起微信群,将每户村民拉入微信群中,在群里发布政策相关信息,并对政策进行解读,解答群众关切,听取群众意见。一些在外务工的中青年村民眼界较为开阔,乐于在群中分享意见,参与乡村公共事务的讨论,对乡村建设发表意见和看法,在这些村民的带动下,其他人也踊跃参与讨论,甚至还会对驻村干部的工作提出批评。在网络空间中,村民通过平等对话与协商达成对乡村社会治理的共识,成员在分享中确立起乡村治理的主体地位。但是,在网络背景下,无论新媒体由谁主导,它们的力量要么只是一种潜能,要么充满不稳定性,处在变动之中。①

第二节　社会媒介参与基层治理的路径

社交媒介的出现为村民提供了与政府平等对话的舞台,通过媒介赋权让更多村民积极参与乡村社会治理。王斌指出,媒介是极重要的社会资源,是社群对外发声的渠道,并影响着舆论的呈现和群体形象建构,弱势社群的增权依赖于对媒介资源的掌握。② 村民通过乡村政策宣传群、村落微信群为代表的公共平台深度参与到乡村基层治理中,实现社群的自我赋权,村庄中的各种群体可以在微信群中畅所欲言,自由地表达自己的观点和意见。以微信群为代表的社交媒介的赋权使乡村中弱势群体获得了表达权,打破了在乡村治理体系中村民处于弱势地位的"失声"状态,社交媒介在乡村社会的发展,为村民个体的表达与交流提供了公开的平台,为多元主体共同参与乡村治理带来了更多可能性。

---

① 李乐:《媒介变革视野中的当代中国乡村治理结构转型》,《新闻与传播研究》2020年第9期。

② 王斌、刘伟:《媒介与社区赋权:语境、路径和挑战》,《国际新闻界》2015年第10期。

一 主体性的建构

我国社会治理与公共性建设是以政府为主导,自组织等社会力量是重要的合作对象,也是政府公共服务的对象,二者共同推动国家与社会的发展和稳定,在此基础下,大量民生工程、公共建设、公共服务得以顺利推进。但以政府行政作为社会治理主体这一路径存在诸多问题,导致在社会治理中行政管理机构服务低效甚至失灵,针对特定问题无法及时有效解决。因此,如何在政府主导大框架下提高治理效能,鼓励群众积极参与社会治理,真正实现共治、共享是当前社会治理的重要议题。在乡村社会治理实践中,乡村网络公共空间成为政府基层治理体系建设中的重要环节,为村民积极参与乡村公共生活构建了平台,村民从被动参与基层建设的客体转变为积极参与乡村建设的主体。村庄多元主体的"网络共在"激发了村落社会的活力,村民在微信群中自发对乡村社会建设发表意见,如道路积水致使行路不畅通,或对某项政策表示不满时,村民都会通过微信群进行发声,在群中与基层工作人员讨论,打破了传统行政力量单一治理的困境,实现了村庄社会治理从以"公"为主到多元主体共建的转变,为乡村公共性的构建提供新的契机。

首先,社交媒介技术的赋权助力乡村低收入群体参与乡村治理的主体性培育。乡村低收入人群是乡村社会中的弱者,也是在基层社会治理声音中沉默的大多数,通过社交媒体与政府部门的帮助,低收入者逐渐成为乡村社会治理中的和自我发展动力,以基层治理主体身份参与乡村社会治理中。通过使用社交媒体参与电商直播、日常生活分享等传播活动,村民与现实社会发生关联,在对互联网的接触中,村民的价值观得以重塑,媒介的赋权增强个体参与乡村决策的自信,提高了村民自我认知能力,通过脱贫增收完成对自我认知的重建与再评估,增强了村民对乡村的群体归属感。这部分弱势群体借由技术赋权改变了原有阶级，获得了一定的乡村社会权力，并以此为资本开始回归到乡村社会治理中。笔者在实地探访中发现，虽然不同村落各阶段人群构成多样，使用社交媒体的过程也存在诸多差异，但村民们使用社交媒体均在一定程度上扩展村民们的社会关系网络，通过线上线下的沟通交流，人际关系网得以延伸和拓展，促使媒介赋权的实现，村民开始参与社会治理。依托电商与社交媒体的结合，经过政府对农村低收入人群的培训及村民们的自我学习后，原本独立的村落与互联网相互联结，农产品经由电商渠道销售，低收入群体增收，其自身社会关系也在这一进程中得到拓展。社交媒介的赋权在让村民脱贫的同时激发了村民参与社会治理的内生动力和自主性。

其次，在使用社交媒体过程中，村民获得了新的自我，个人价值观和自我认知得到重构。在传统乡土社会中，掌握乡村话语权的通常为在村中较有威望的村干部和乡村中收入较高的乡村精英，而不善于在基层社会治理中发声的群体多为村落中低收入人群，他们是乡村治理中的"隐形人"，这部分人为生计奔波，对乡村中发生的情况不了解或不关心，有时想要发表意见，却因物质基础不够牢固而耻于发声，害怕受到议论或被瞧不起。通过社交媒体和电商产业，这部分群体获得了身份再认同。互联网媒介重新界定了低收入群体的身份，不少村民经由社交媒体平台确立了新的身份，成为当地小有名气的网络红人，以此获得更多自信，重构身份认知。农村低收入者通过电商扶贫实现了脱贫，他们也逐渐意识到只有在乡村内部环境稳定、治理高效的支撑下，农民才能不断增收、脱贫成果才能更加巩固。并且原有的乡村精英也在社交媒体的加持下完成自我身份认同。社交平台的接近性和共享性为乡村精英参与基层治理提供了新的路径，在微信群中，村民公开发表对乡村治理的建议，与基层干部进行交流，这种在社交媒介中参与乡村治理的过程是村民重新建构身份认同的过程，也是社交媒体为村民充分赋权的过程，在一定程度上改变了乡村群体的社会存在状态和自我价值观的认同。因此，村民开始积极参与乡村公共事务的建设中，社交媒体对村民的行为、认知、观念层面都产生巨大影响。

对个体而言，媒介技术的赋权提高了作为乡村治理主体的村民的个体自主权。农村低收入人群通过新媒体技术开阔眼界，拓展销售渠道，实现支付增收，个体的自我认同和社群认同在互联网空间中加深。传统乡村精英通过社交媒体加深原有在传统公共空间的话语权，并使之在互联网空间得到延伸。在这一过程中，以社交媒体为代表的新媒体技术的赋能改变了政府在乡村治理中"基层动员"的行动逻辑，个体参与乡村建设的能动性被充分调动起来，村民通过媒介技术的赋能在乡村基层治理中拥有了双重身份，并推动了基层治理和乡村空间的再造。

二 多元主体参与乡村共治

乡村有效治理的基础和前提是治理主体发挥应有的作用，而在传统乡村治理过程中，作为治理主体的村民缺位，其在基层社会治理和资源分配中处于弱势地位，村民参与社会治理意愿低，对其重视程度不够。随着社会生产力的提升，农民在完成脱贫、小康等诉求后更加关注乡村生态环境、社会环境等社会层面需求，并对致富、乡村环境、乡村治理提出了更好的要求，这些仅靠政府一方力量参与乡村建设是难以实现的，这也就要求在乡村治理中，需要村民、社会和政府多方共同参与，以政府为主导，整合、激发各方力量，推动乡村治理从"政府主导"向"多元共治"转变。

（一）微信深度参与乡村治理

当前，以微信为代表的社交媒体在公民人际交往和信息获取上占据主导地位，并深度参与到人民生产生活的各方面，用户在微信平台获取信息，维系社会关系，构建人机网络，成为人们接触最密切、最频繁的社交工具，并影响人们的情感认知、态度和行动。在乡村基层治理中，微信成为乡村社会表达民声、反映民意、集中民智的重要工具。以乡村微信群为载体的乡村"微政务"成为乡村社会治理的重要补充，拓展了乡村治理渠道，促进乡村治理能力的转变。

首先，微信群深度参与乡村基层治理。乡村各地建设的微信群组在传播乡村政务信息、宣传国家政策中发挥着主导作用。微信平台承载的信息多样，涵盖语音、文字、短视频等多种形式，操作简单，专业性要求较低，易于村民使用与接受。微信平台的信息传输高效、时效性强，使其成为村民参与乡村基层治理的重要途径。以微信为代表的社交媒介为村民提供了平等的交流平台，为村民实现社会交往、表达个人意见提供了便捷的渠道。在基层社会中，村民微信群中的参与者多是村中家庭事务的主要决策者，也是家庭中重要的劳动力和收入来源，同时，部分外出务工者长期脱离乡村生活，他们了解当前村中信息、村中事务主要是通过微信这一平台。村干部在微信群中发布消息，村民能够快速知晓，在基层社会中有些因无法协调时间和地点的会议也被搬移到线上举行，通过简单的微信文件传送或语音视频等方式极大减轻了村民参与乡村治理的难度，增强百姓对乡村治理的程度。

其次，乡村中各类微信群提升基层治理效能，将上级政府相关政策迅速传达到村民中，完成基层政策宣传的"最后一公里"，并能有效地激发村民参与基层治理的热情。从基层治理实践看，微信群等社交平台已构筑垂直覆盖的政务网络，将村民与政府连接起来，在平台中完成综合治理。乡村微信群中政府工作人员转发的政务信息或村情民情加深了村民对乡村社会生活的感知。当村中有重大事项出现时，工作人员会将信息发布在群中，请村民踊跃发表意见并进行讨论。在某村修路这一事项中，村民对修路所使用的款项和修路时间提出质疑，工作人员对村民的质疑进行回应，这一互动成为乡村微信群中的常态，此举措拉近了政府与民众的距离，使二者互动更加有效。同时微信让基层治理和政策落实更加透明，拓宽村民监督政府权力的渠道，众多村民在微信群中的虚拟在场形成一种强势围观，一旦有村民针对某一问题发声，往往会引起其他村民的共鸣，增强了发声者的底气，而在群中的政府人员成为被村民"凝视"的个体，他的行为与回应受到成员的关注，由村民凝视所造成的舆论压力能够促使相关人员及时回应群众关切，落实具体措施。

最后，微信群中的线上线下人际关系相互交织，并相辅相成，原本线下的交往空间在线上得以延伸，村民通过线上信息的交流和探讨，增强了对乡村情况的关注，提升村民群体归属意识，并在潜移默化中强化了乡村微信成员参与线上治理的意识，这种意识也通过线下基层治理得到拓展。通过微信这一虚拟空间，基层政府将村内外信息和资源成功整合在线上虚拟场域中，形成线上参与讨论，线下积极践行的行动逻辑，从而更好地推进乡村社会基层治理的推进，广泛动员乡村群众共同参与基层治理。与此同时，微信的共在性打破了地域和时空的隔阂，可以随时随地在线上进行沟通交流，情感隔阂在微信交流中消弭，微信群中分享的基层社会治理信息和围绕乡村公共事务的讨论，让身处远方的村民感受到家乡的生活氛围，获得心理上的接近感，增进对家乡和村落的认同，并积极参与到群体讨论中，不断加深群体间文化、政治联系，维系乡村文化认同。

作为社交媒介的代表，微信让村民沟通交流渠道更加通畅，政府通过这一渠道更好地掌握社情民意，了解乡村舆论动向，实现对乡村舆情的动态监控，能促使乡村舆情态势向好发展，并能在发现问题时积极引导。微信这一高度开放的公共空间，为乡镇基层管理与村民自治的良性互动提供平台，合理使用微信虚拟公共空间，选择合适的话题在网络公共空间中进行讨论，展开民主平移，有助于推动新型乡村基层治理体系的建立，并能引导基层公共文化设施建设，是破解当下基层治理困境的重要举措。

社交媒体对基层治理起到重要作用的同时也存在着些许不足，这主要表现为以下几点：一是在线上村民积极参与乡村事务讨论，发表意见，但将讨论转化为线下活动时却进展迟缓。如某村举办政策宣讲会，村民在线上积极讨论，但线下参与人数严重不足；二是群体成员间缺乏组织规范，成员在微信群中的讨论和规范多是建立在个体自觉的基础上，并未有相应的群规对每位村民的行为进行规范制约，在微信群中的讨论往往出现言论过激或随意侮辱谩骂基层工作人员及群成员的现象，特别是在涉及个人利益的事务中，部分成员歪曲夸大事实，在微信群中煽动对立情绪，营造消极情绪制造对政府的信任危机；三是成员在微信群中分享虚假信息、攻击他人，也对乡村社会秩序的稳定产生影响。

基层中老年群体对乡村基层政策和村情民意关注度较高，渴望了解乡村社会及国家政策的最新变动，但由于这部分人群文化素质较低，仅会使用微信等简单的社交工具，如何破解这部分村民获取信息的障碍成为乡村社会治理的难点。西吉县借助县级融媒体平台，打造一体化乡村传播网络，助力乡村基层治理。当前融媒体平台聚合了多种信息和传播方式，拥有更广泛的动能，承担起乡村政务信息传播、舆论监督、组织动员群众等多种功能，成为乡村社会治理的重要参与者。县级融媒体平台作为乡村舆论的主要阵地，在公共信息传播、动员群众参与乡村建设、宣传主流舆论等多方面担任了多种角色。在公共政策的讨论中，县级融媒体可以通过信息的发布、议程设置和主题宣传等多种方式实现公共信息的传播和舆论引导。同时，县级融媒体也成为基层社会中联通政府与村民沟通的桥梁，为各方提供了平等的沟通协商渠道；在公共政策的传播中，县级融媒体又化身为国家政策和公共价值的传播者，深度剖析公共政策，向百姓答疑解惑，有效地引导群众，在社会治理的监督中，县级融媒体通过"微问政"、舆论检测、深度追踪报道等多种形式对基层政府治理能力进行监督与评估，提供社会评价。西吉县借助县级融媒体平台，打造一体化乡村传播网络，将乡村中重大事项的变动和关乎群众切身利益的政策消息制作成音频，通过语音播报同步在微信公众号中，使村民点开便能收听到乡村最新变动信息，有助于增进村民参与乡村治理，提升村民的满意度，形成政府和民众的良性互动。

三 智能化应用软件助力乡村治理

随着数字化应用在基层政务服务中的推进，将数字化思维引入基层治理实践成为共识。通过微信平台和智能化应用软件向群众宣传政策信息，使村民足不出户便可了解村务信息，方便基层村民生活，实现乡村治理效果最大化。当地政府在基层村务治理中通过掌上扶贫App 和阳光政务平台，方便群众查询信息，参与基层治理。

掌上扶贫 App 是专为扶贫开发工作者开发的扶贫移动工作平台，软件包含图像采集、查询、扶贫项目落实监督和扶贫对象数据等多个内容，是扶贫数据云的重要来源，也是一线扶贫工作人员在基层治理中的主要工具。在智能化应用出现前，村民们对补助、补贴信息的了解仅通过村中告示栏或向村干部咨询，在实践中经常会出现村民认为补助发放不对与村干部发生冲突等情况，影响乡村社会秩序和基层政府权威性。固原阳光政务平台的应用，保障了村民的知情权，村民可以通过手机终端快捷地了解政策补助明细。村民使用身份证或人脸识别登录账户，政策宣传信息一目了然，促进村民对乡村公共事务和基层政策的了解，如图 7-1 所示。

在精准扶贫云各子系统中看到的统计数据，均来自当地数千奋战在扶贫攻坚一线的驻村工作人员。掌上扶贫 App 为他们在走村入户的同时采集、查阅贫困户信息提供了极大的便利。驻村干部可以通过 App 对贫困户信息进行全方位的采集更新，如家庭基本信息、收入支出、生产经营等，尤其是利用移动终端采集贫困户的影音资料，如家

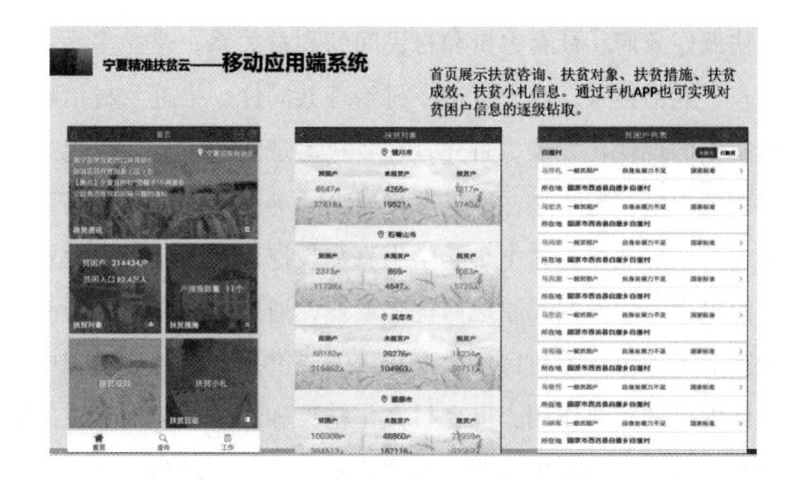

图 7-1　掌上扶贫 App

庭照片等。此外，App 可以向驻村干部推送最新的扶贫政策，包括扶贫要闻、政策宣传、工作动态、通知公告。驻村干部也可以通过扶贫小札进行帮扶经验的交流。

为了方便扶贫工作人员走村入户的时候可以修改建档立卡贫困户信息，App 在工作界面设置了对贫困户信息修改的功能，直接跟扶贫云数据库连接，可以实时更新贫困户信息。再修改贫困信息的同时，点击上传贫困户坐标信息，可直接将该户的坐标信息上传至数据库中，也可以监督扶贫工作人员是否真正进村入户采集信息。该模块不仅可以直接修改贫困户数字信息，也可通过手机收集贫困户照片信息，并上传至数据库中，直观地显示贫困户家庭照片情况。通过 13 大项、150 小项数据信息及家庭照片信息，可以直观、立体地展示贫困户家庭情况。

四　联通社会资源助力乡村治理

将社会资源嵌入乡村治理实践，激发社会组织和其他参与者建设乡村的热情，使其成为优化乡村治理结构、摆脱乡村治理困境的重要力量。协调好政府、社会力量和村民间的利益关系，建立多元主体的乡村共享、共治体系，着力打造乡村治理共同体，推进乡村治理体系和治理机制的现代化发展。首先，在乡村治理实践中，要重视高校和社会组织的力量。近年来，如上海交通大学等多所国内高校借助互联网平台参与乡村扶贫，为中小学学生直播授课，实现城市教育资源共享。上海电力大学发掘固原地区优势产业，通过电商直播和产品开发增加农产品附加值，为村民增收。其次，要重视乡村社会治理中新型乡村团体发挥的重要作用。以乡村文化精英和经济精英为代表的新乡贤团体在乡村基层治理中发挥出重要力量。乡村治理中，政府单一的治理方式无法应付日益复杂的乡村状况，迫切需要激发个体参与乡村治理的热情，通过多种方式，更多的乡村治理主体参与到乡村治理中。乡村作为"熟人社会"，乡村精英在这一土壤中能够发挥积极力量。乡村精英在乡村中拥有较多资源，有着极高的地位和话语权，以此建构起的乡村精英团体对乡村治理起到积极作用。如固原多地出现的文化自乐班、文化大院等乡村文化团体，在推进乡村文化、政治治理中效果突出。此类文化团体在基层政府指导下将国家政策变成唱曲，表演给村民观看，改变了原有政策宣教的死板模式，为政策话语的输出带来更多活力，政策更加深入人心，百姓看得懂也听得明白，达到较好的宣传效果，有助于乡村社会治理能力的提升，成为该地区文化融合、乡村社会治理的一个最主要的呈现窗口。

此外，乡村的经济精英也同时具有带动村民共同发展，反哺乡村建设的精神。这部分热心村庄事务并具有奉献精神的村民为乡村社会治理增添新的活力。在乡村建设中，这部分村民乐于分享自己的致富路径，并为其他村民增收出谋划策，带动村民共同富裕，以此获取较高的话语权，并热衷于乡村基础建设。在乡村文化、经济精英的带领下，村民积极参与乡村文化与基础建设，并愿意进行利益表达。新型乡村团体使乡村精英治理传统得以恢复，原子化的乡村社会重新得到整合，乡村共同体意识得到增强，乡村的自治能力得到提升。① 由此可见，重视多种社会力量参与乡村治理，是推进乡村共治共享的应有之义。将新型社会力量纳入基层社会治理框架下，为乡村治理提供了新的思路，增强乡村治理的效果，解决了基层社会治理动能不足问题，使乡村治理主体和治理方式发生深刻变化。

---

① 徐晓全：《新型社会组织参与乡村治理的机制与实践》，《中国特色社会主义研究》2014年第4期。

第八章　社交媒体的使用与乡村政治参与

互联网在我们社会治理的过程中已成为主战场主阵地，农民的政治参与是实现治理有效的重要内容，其有序的政治参与行为是提升乡村治理绩效的关键，其政治参与水平的提高是乡村治理民主化的标志。参与选举是农民参与国家生活的重要制度渠道，体现了农民参与社会治理的主体意志。亨廷顿指出："在现代化中的国家，政治参与扩大的一个主要转折点是农村民众开始介入国家政治"，农民政治参与愿望不强烈、水平不高会制约我国基层民主政治的发展，直接影响乡村治理的完善。现阶段，我国农民参政议政的方式不断创新、渠道不断扩大，不仅有村民自治这一基本的参政方式，还创新了村民议事会、村务公开等多方面的民主制度。农民政治参与水平的提高会促进其政治参与能力的提高，进而可以通过各种形式的政治参与表达自己的利益和诉求，使公共决策更能站在农民的立场上去制定，以能解决农民问题为落脚点和立足点。

第一节　乡村政治参与情况

本节主要是通过村民对村委会成员选举，县乡级人大代表选举，村庄重大公共事务有关的村民会议，听取及表决村委会工作报告，与县人大、乡镇人大代表或村民委员会成员打交道情况，联系党组织，与家人和亲戚一起想办法来解决本地的某个问题，参与公共规则、村规民约、道德规范和行为准则的制定，到信访部门进行上访、给干部写信、提意见或建议，通过法律手段进行诉讼等活动的参与频率进行调研。

一 农民政治活动参与情况调查

图 8-1 所显示的是政治活动参与度的地区比较，有九个地区的均值为 9.7，超过均值的地区有 5 个，分别为甘肃临洮县 11.27、甘肃省武威市柏树镇 9.94、隆德县凤玲乡 10.44、吴忠市同心县石狮镇沙沿村 10.19、咸阳市 14.58；低于均值的地区有 4 个，分别为平罗县城关镇 4.67、青海省西宁市大通县 6.35、新疆哈密市陶家宫 8.11、新疆回城乡 9.32，由此可知，咸阳市受访对象政治活动参与度最高、甘肃临洮县次之，平罗县城关镇受访者政治活动参与度最低，青海省西宁市大通县次低之，且远低于平均水平。

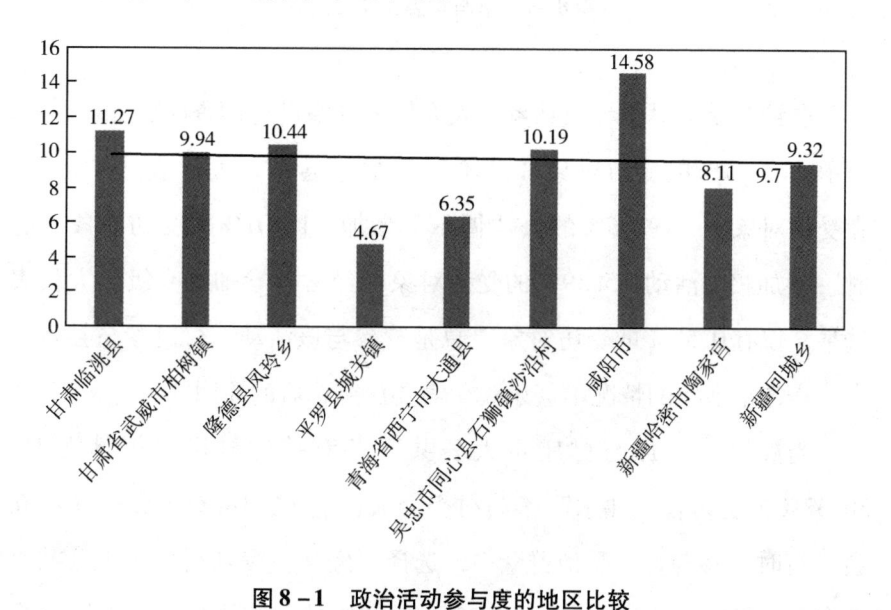

图 8-1 政治活动参与度的地区比较

如图 8-2 所示，35.79% 的受访者"偶尔"参与村委会成员选举，22.04% 的受访群众会"有时"参与，在受访群众中，选择"经常"参加村委会成员选举的人占比 14.42%，5.14% 的受访群众"总是"会去参加相关活动。另外，22.62% 的受访对象"从不"参与过村委成员选举。

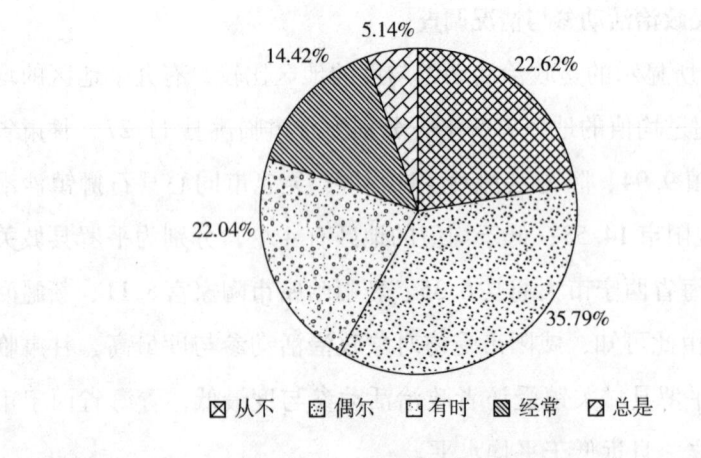

图 8-2 参与村委会成员选举

在针对受访对象参加县乡级人大代表选举进行调查时，如图 8-3 所示，61.97% 的受访对象"从不"参加过县乡人大代表选举活动，在受访对象中，19.06% 的人"偶尔"参加，13.01% 的受访对象"有时"参加相关活动，5.39% 的受访对象"经常"参加县乡级人大代表选举，仅有 0.58% 的受访对象"总是"参与该活动，村民参与县乡人大代表选举活动的情况不甚乐观，需要深究背后的原因。

当被问到参加与村庄重大公共事务有关的村民会议情况时，30.32% 的受访者"偶尔"参与村委会成员选举，18.81% 的受访群众会"有时"参与，在受访群众中，选择"经常"参加村庄重大公共事务有关的村民会议的人占比 7.95%，2.82% 的受访群众"总是"会去参加相关活动。另外，40.6% 的受访对象"从不"参与过与村庄重大

从不 偶尔 有时 经常 总是

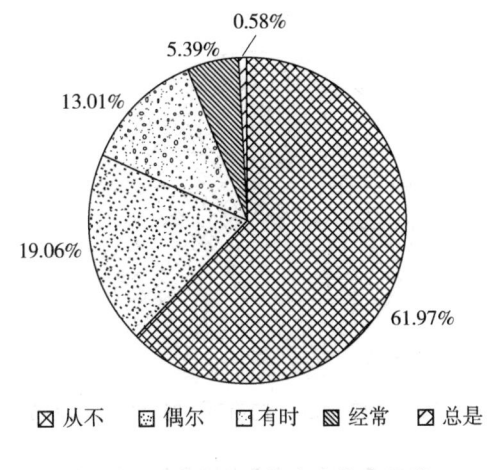

图 8-3 参加县乡级人大代表选举

公共事务有关的村民会议。

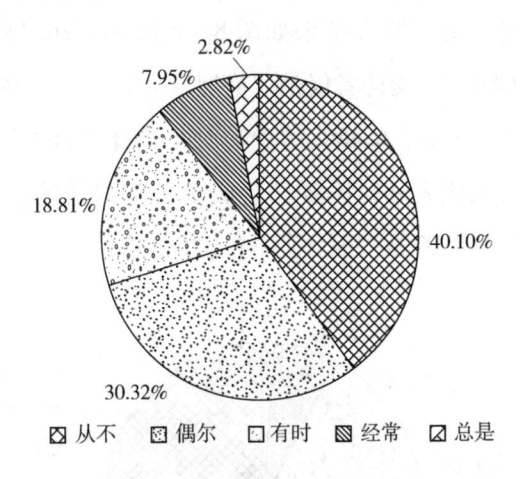

从不 偶尔 有时 经常 总是

图 8-4 参加与村庄重大公共事务有关的村民会议

图 8-5 所显示的是受访对象听取及表决村委会工作报告情况，30.65%的受访者"偶尔"听取报告，17.07%的受访群众会"有时"参与，在受访群众中，选择"经常"参加村庄重大公共事务有关的村民会议的人占比 7.62%，2.15%的受访群众"总是"会去参加相关活动。另外，42.50%的受访对象"从不"听取及表决村委会工作报告。

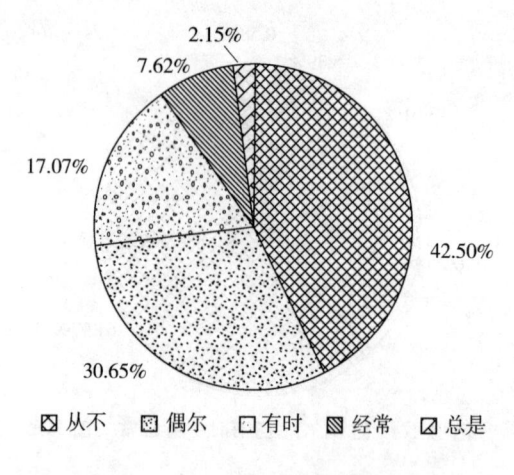

234 / 乡村文化建设中的社交媒介

2.15%
7.62%
17.07%
42.50%
30.65%

从不　偶尔　有时　经常　总是

图8-5　听取及表决村委会工作报告

日常与人大代表、村民委员会成员打交道是村民政治参与、了解村情县情的重要渠道，调查结果如图8-6所示，26.43%的受访者选择"偶尔"，20.80%的受访者仅是"有时"与县人大、乡镇人大代表或村民委员会成员打交道，6.46%的受访对象选择"经常"，仅有1.24%的受访对象与人大代表和村民委员会成员日常沟通较多，选择了"总是"，与此同时，45.07%"从不"与其打交道。

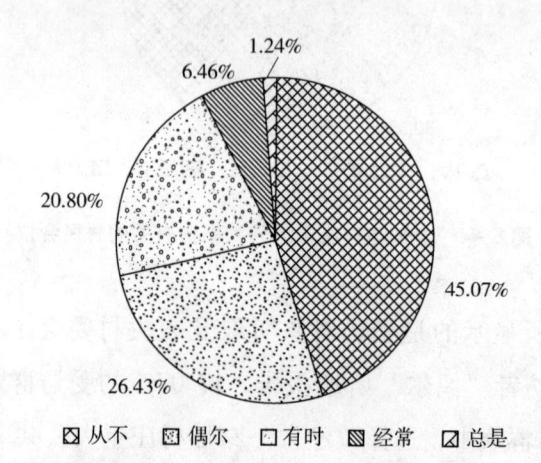

1.24%
6.46%
20.80%
45.07%
26.43%

从不　偶尔　有时　经常　总是

图8-6　日常与人大代表、村民委员会成员打交道

社会治理的基础在基层，薄弱环节在广大的乡村，党组织是宣传国家政策、促进农民政治参与的重要抓手，与党组织的主动联系的程度也是测量村民政治参与的重要指标。如图8-7所示，24.86%的受访对象"偶尔"联系党组织，17.07%的受访农村居民"有时"联系，分别有6.38%和1.49%的受访对象选择"经常"和"总是"，值得注意的是，超过一半（50.21%）的受访对象"从不"与党组织联系。

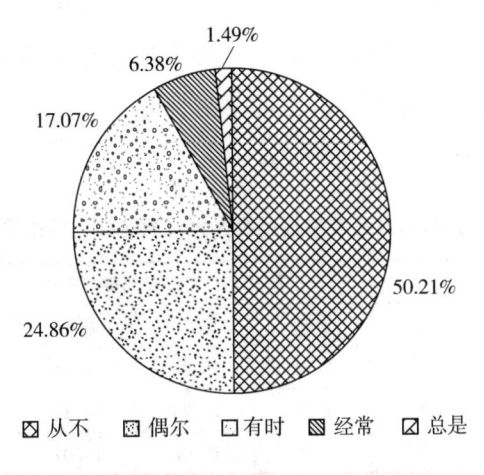

图8-7　与基层党组织的联系情况

如表8-1显示，党员与群众在参与村委会成员选举频率上有所差异，总是参加村委会成员选举的中共党员比非中共党员的受访者要高近7个百分点，先看非党员这一行，23.25%的非党员表示从不参加村委会成员选举，比党员从不参加村委会成员选举比例高近6个百分点，这表明许多普通的受访村民并没有真正的参加过村委会成员选举，表明村委会成员的民主化程度还没有达到应有水平，我国农村实行村民自治制度以来，农民主要的政治参与渠道就是民主选举、民主决策、民主管理和民主监督，提高乡村治理绩效首先就是要很好地规范这些活动。

表8-1　　党员与群众在参与村委会成员选举频率上的差异　　单位：%

		村委会成员选举情况					总计（人）
		从不	经常	偶尔	有时	总是	
是否是党员	否	23.25	14.38	35.67	22.32	4.39	1071
	是	17.65	14.71	36.76	19.85	11.03	136
总计占比		22.62	14.42	35.79	22.04	5.14	1207

选举县乡人大代表是农民政治参与的重要制度渠道。统计结果表明，党员参加过县级人大代表选举比非党员的人数占比高近20个百分比，非党员经常参加、偶尔参加、有时参加、总是参加县乡级人大代表选举的人数占比全部都低，由此可见，党员参加县乡人大代表选举的机会比非党员要高（见表8-2）。

表8-2　　党员与群众在参加县乡级人大代表选举上的差异　　单位：%

		县乡级人大代表选举					总计（人）
		从不	经常	偶尔	有时	总是	
是否是党员	否	64.15	5.14	18.21	11.95	0.56	1071
	是	44.85	7.35	25.74	21.32	0.74	136
总计占比		61.97	5.39	19.06	13.01	0.58	1207

表8-3显示，党员与非党员分别有30.15%与41.36%从不参加与村庄重大公共事务有关的村民会议，综合来看有40.10%的受访对象"从不"参与重大公共事务村民会议，由此看来，重大事务有关的村民会议村民参与度不高，村民政治参与自主性不够。

表8-3　　党员与群众在参加与村庄重大公共事务有关的
　　　　　　村民会议上的差异　　单位：%

		与村庄重大公共事务有关的村民会议					总计（人）
		从不	经常	偶尔	有时	总是	
是否是党员	否	41.36	7.00	30.81	18.49	2.33	1071
	是	30.15	15.44	26.47	21.32	6.62	136
总计占比		40.10	7.95	30.32	18.81	2.82	1207

村民的政治参与体现在方方面面，与他人，包括家里人和亲戚一起想办法来解决本地的某个问题也是重要考量。如图8-8所示，33.39%的受访者选择"偶尔"，21.54%的受访者"有时"会与别人，包括家里人和亲戚一起想办法来解决本地的某个问题，10.44%的受访对象选择"经常"会这么做，有2.49%的受访对象对本地发生的事情关注较多，"总是"与别人，包括家里人和亲戚一起想办法来解决本地的某个问题选择了"总是"，与此同时，32.15%的受访者"从不"参与进解决本地某个问题里来。

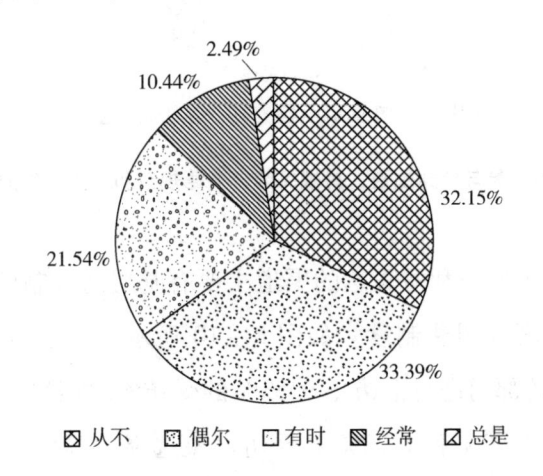

图8-8 与他人一起想办法来解决本地的某个问题

公共规则、村规民约、道德规范和行为准则的制定是一个地方稳定发展的压舱石，乡规乡约、家风家训在乡村社会中仍发挥着重要作用反映了一个地方的村情民贸、风俗习惯，图8-9显示了村民对其参与公共规则、村规民约、道德规范和行为准则的制定频率程度的主观评判，28.58%的受访者选择"偶尔"，18.23%的受访者"有时"参与公共规则、村规民约、道德规范和行为准则的制定，9.78%的受访对象选择"经常"会这么做，有3.07%的受访对象认为公共规则、村规民约、道德规范和行为准则很重要，"总是"参与公共规则、村规民约、道德规范和行为准则的制定选择了"总是",与此同时,40.35%的受访者"从不"参与这些规则的制定。

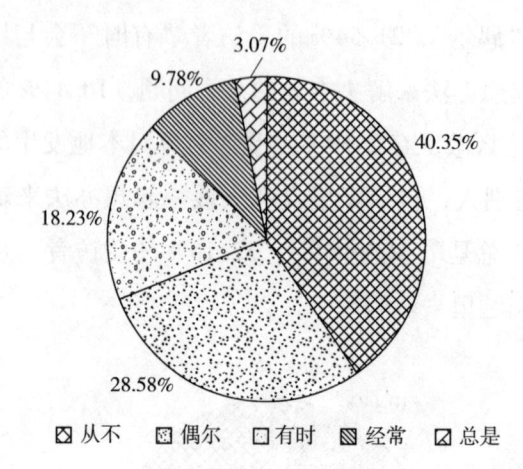

图 8-9 参与公共规则、村规民约、道德规范和行为准则的制定

现阶段我国农民利益表达的渠道主要有基层选举制度、村民自治制度、信访制度和司法制度。如图 8-10 所示,17.73% 的受访对象"偶尔"到信访部门进行上访,9.53% 的受访农村居民"有时"会去上访,分别有 3.40% 和 1.08% 的受访对象选择"经常"和"总是",值得注意的是,接近七成(68.27%)的受访对象从不到信访部门进行上访。

村民是乡村的主人,乡村治理的好坏农民是密切接触者、直接体会者,给干部写信、提意见或建议既可以体现村民对农村治理的关注,也可以使干部及时了解民意,同时也可以促进干部的进步,如图 8-11 所示,20.22% 的受访对象"偶尔"给干部写信、提意见或建议 10.94% 的受访农村居民"有时"主动发表个人观点,分别有 2.82% 和 0.83% 的受访对象选择"经常"和"总是",值得注意的是,超过六成(65.20%)的受访对象从不给干部写信、提意见或建议。

表 8-4 显示在偶尔参加、经常参加和总是参加政治活动情况和发

第八章 社交媒体的使用与乡村政治参与 / 239

3.40% 1.08%
9.53%
17.73%
68.27%

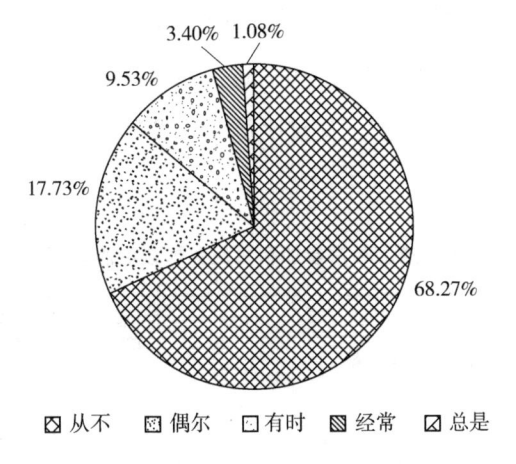

☒ 从不　☒ 偶尔　☐ 有时　☒ 经常　☒ 总是

图 8-10　到信访部门上访情况

2.82% 0.83%
10.94%
20.22
65.20%

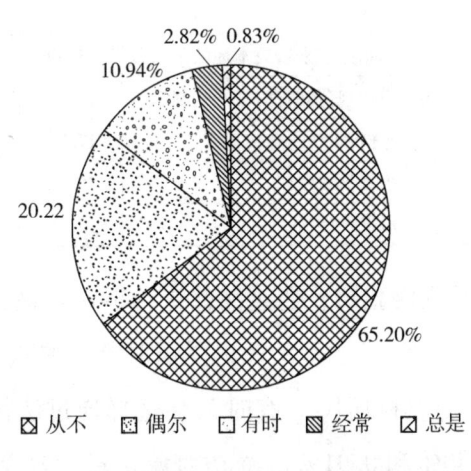

☒ 从不　☒ 偶尔　☐ 有时　☒ 经常　☒ 总是

图 8-11　给干部写信、提意见或建议

生活动行为之间的关系中，偶尔参加"村委会成员选举"的人数比例最高，为35.79%，"与别人，包括家里人和亲戚一起想办法来解决本地的某问题"次之，人数占比33.39%，"到信访部门进行上访"人数最少，占比17.73%；经常参加"村委会成员选举"的人数比例最高，为14.42%，其次是"与别人，包括家里人和亲戚一起想办法来解决本地的某问题"人数比例，为10.44%，"给干部写信、提意见或建议"

人数最少,占比2.82%;在总是参加的活动中,"村委会成员选举"的人数占比最高,为5.14%,其次是"参与公共规则、村规民约、道德规范和行为准则的制定"人数比例为3.07%,"县乡级人大代表选举"人数最少,占比0.58%。

表8-4　　　　偶尔参加、经常参加和总是参加政治活动情况　　　　单位:%

	偶尔参加	经常参加	总是参加
村委会成员选举	35.79	14.42	5.14
县乡级人大代表选举	19.06	5.39	0.58
与村庄重大公共事务有关的村民会议	30.32	7.95	2.82
听取及表决村委会工作报告	30.65	7.62	2.15
与县人大、乡镇人大代表或村民委员会成员打交道	26.43	6.45	1.24
联系党组织	24.86	6.38	1.49
与别人,包括家里人和亲戚一起想办法来解决本地的某问题	33.39	10.44	2.49
参与公共规则、村规民约、道德规范和行为准则的制定	28.58	9.78	3.07
到信访部门进行上访	17.73	3.40	1.08
给干部写信、提意见或建议	20.22	2.82	0.83
通过法律手段进行诉讼	18.89	3.40	0.91

当个人利益受到侵犯时,通过法律进行诉讼是最公正也是最直接的手段,如图8-12所示,18.89%的受访对象"偶尔"会进行法律诉讼,12.26%的受访农村居民"有时"会选择通过法律进行诉讼表达诉求,分别有3.40%和0.91%的受访对象选择"经常"和"总是",与此同时,超过六成(64.54%)的受访对象"从不"通过法律手段进行诉讼。

二　农民公共事务关注度

政府活动/决策、扶贫信息、农业政策、务工信息、本村文化活动、村务公开,村民对政府活动/决策的关注程度、村委会工作、本村集体产业等皆是与村民息息相关的政务活动,这些活动既是村民集体

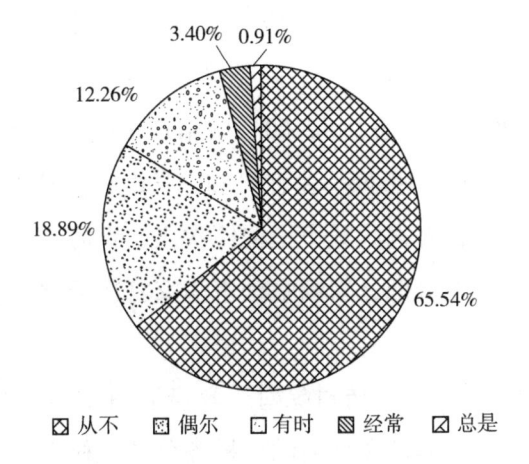

图 8-12 通过法律进行诉讼表达诉求

公有利益的体现也是与个人利益息息相关，通过这些指标的测量，在一定程度上可以反映村民政治参与的程度。

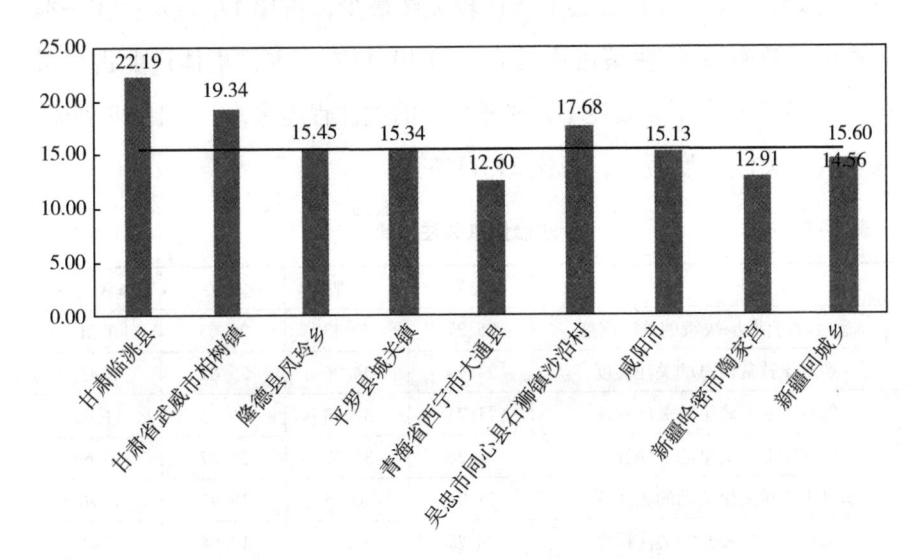

图 8-13 公共事务关注度的地区均值比较

图 8-13 显示的是受访对象公共事务关注度的地区均值比较，有九个地区的均值为 15.60，超过均值的地区有 3 个，分别为甘肃临洮

县 22.19、甘肃省武威市柏树镇 19.34、吴忠市同心县石狮镇沙沿村 17.68；低于均值的地区有 6 个，隆德县凤玲乡 15.45、平罗县城关镇 15.34、青海省西宁市大通县 12.60、咸阳市 15.13、新疆哈密市陶家宫 12.91、新疆回城乡 14.56，由此可知，甘肃临洮县受访对象对公共事务关注度最高、甘肃省武威市柏树镇次之，青海省西宁市大通县政府对公共事务关注度最低，新疆哈密市陶家宫次低之，且远低于平均水平。

表 8-5 所显示的是受访对象对于政府活动/决策、扶贫信息、农业政策、务工信息、本村文化活动、村务公开、村委会工作、本村集体产业关注程度的对比，如表 8-5 所示，受访对象非常关注农业政策，人数占比最高为 11.02%，对政府活动/决策非常关注最少，占比 6.21%；比较关注中，农业政策占比最高为 26.93%、务工信息次之，占比为 25.27%，对村委会工作比较关注最少，占比 17.98%；在一般关注中，政府活动/决策占比最高，为 40.43%，本村集体产业占比最少为 29.74%；在不太关注中，村务公开的关注程度最多，占比 28.75%，农业政策关注程度最少，占比 21.71%。

表 8-5　　　　　　　　政治信息关注对比　　　　　　　　单位：%

	不太关注	一般	比较关注	非常关注
您对政府活动/决策的关注程度	25.27	40.43	20.63	6.21
您对于扶贫信息的关注程度	24.44	34.96	25.02	8.45
您对于农业政策的关注程度	21.71	34.38	26.93	11.02
您对于务工信息的关注程度	23.28	33.80	25.27	10.60
您对于本村文化活动的关注程度	28.25	36.45	19.97	6.30
您对于村务公开的关注程度	28.75	33.55	19.64	7.46
您对于村委会工作的关注程度	27.92	35.79	17.98	7.62
您对于本村集体产业的关注程度	27.51	29.74	21.13	8.62

图 8-14 所显示的是受访对象对于政府活动/决策的关注程度，"一般关注"的受访对象最多，占比 40.43%，20.63% 的受访村民对

政府活动/决策关注较多选择"比较关注",同时在受访对象中,分别有 25.27% 和 6.21% 的人选择"不太关注"和"非常关注",另外还有 7.46% 的受访村民"从不关注"政府活动/决策的公开。

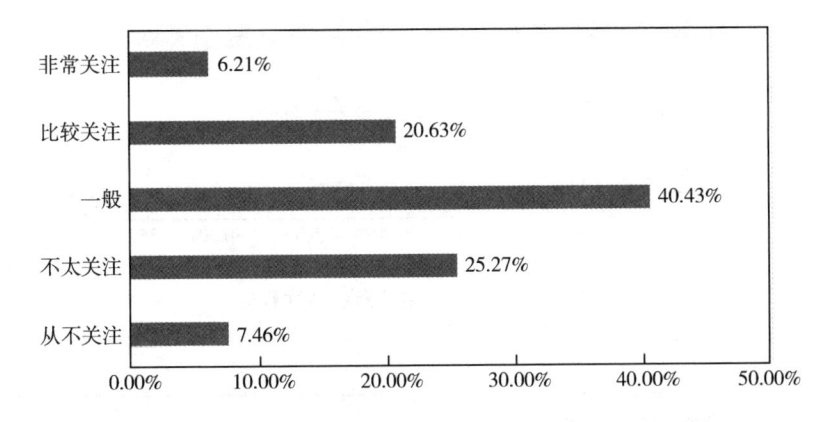

图 8-14 对政府活动/决策的关注程度

图 8-15 所显示的是受访对象对于扶贫信息的关注程度,在过去的几年时间中,我国从上到下都在努力打赢脱贫攻坚战,只有农民生活富裕了,国家才是真的富裕了,在国家实现伟大复兴的过程中,不允许一个人掉队,因此扶贫信息对于农村建设至关重要。"一般关注"的受访对象最多,占比 34.96%,25.02% 的受访村民对扶贫信息关注较多,选择"比较关注",同时在受访对象中,分别有 24.44% 和 8.45% 的人选择"不太关注"和"非常关注",另外还有 7.13% 的受访村民"从不关注"扶贫信息的发布。

在农村政策的制定方面,图 8-16 所显示的是受访对象对于农业政策的关注程度,"一般关注"的受访对象最多,占比 34.38%,其次,26.93% 的受访村民对农村政策关注较多,选择"比较关注",同时在受访对象中,分别有 21.71% 和 11.02% 的人选择"不太关注"和"非常关注",另外还有 5.97% 的受访村民"从不关注"扶贫信息的发布。

务工信息是村民增加家庭收入的重要信息源,图 8-17 所显示的

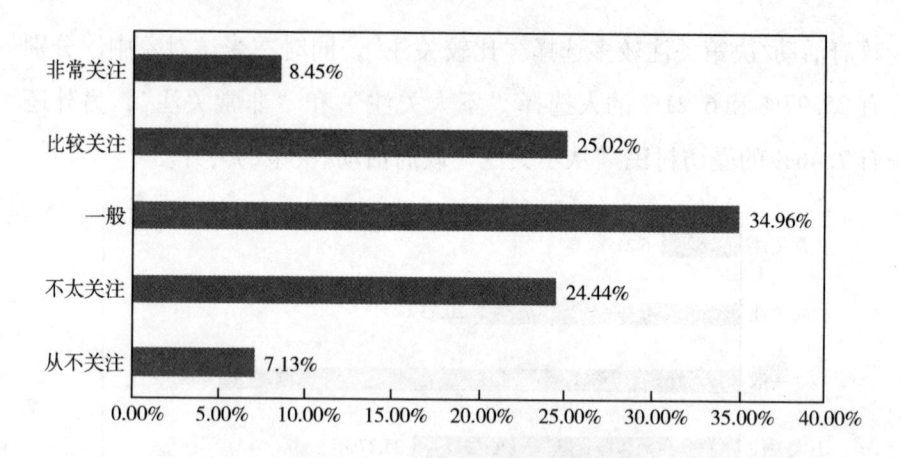

图 8–15 对于扶贫信息的关注程度

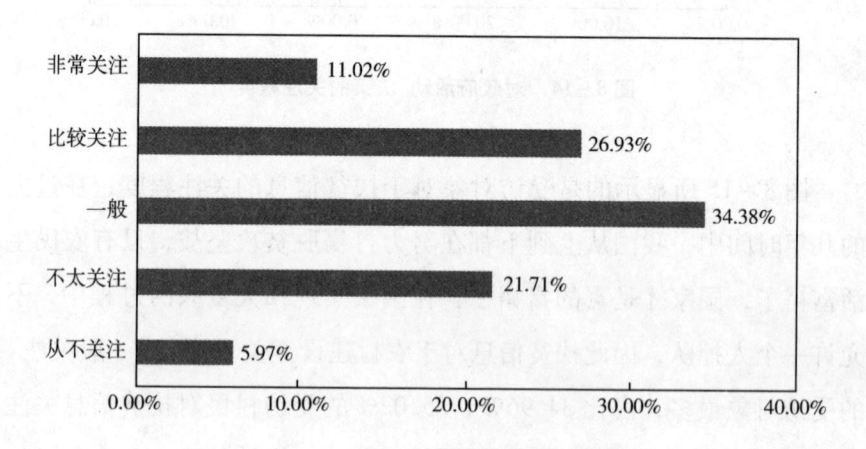

非常关注 8.45%
比较关注 25.02%
一般 34.96%
不太关注 24.44%
从不关注 7.13%

图 8–16 对于农业政策的关注程度

非常关注 11.02%
比较关注 26.93%
一般 34.38%
不太关注 21.71%
从不关注 5.97%

是受访对象对于务工信息的关注程度，"一般关注"的受访对象最多，占比33.80%，其次，25.27%的受访村民对务工信息关注较多，选择"比较关注"，同时在受访对象中，分别有23.28%和10.60%的人选择"不太关注"和"非常关注"，另外还有7.04%的受访村民"从不关注"相关务工信息的发布。

农村文化活动是丰富村民休闲娱乐生活、促进村民沟通交往、促进乡村和谐发展的重要举措。图8–18所显示的是受访对象对于本村

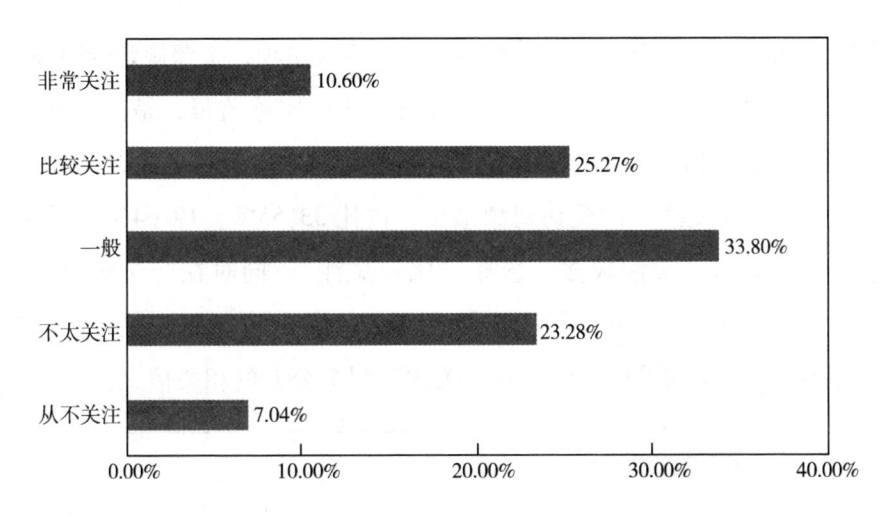

第八章 社交媒体的使用与乡村政治参与

非常关注	10.60%
比较关注	25.27%
一般	33.80%
不太关注	23.28%
从不关注	7.04%

图 8-17 对于务工信息的关注程度

文化活动的关注程度，"一般关注"的受访对象最多，占比 36.45%，19.97% 的受访村民对务工信息关注较多，选择"比较关注"，同时在受访对象中，分别有 28.25% 和 6.30% 的人选择"不太关注"和"非常关注"，另外还有 9.03% 的受访村民"从不关注"本村文化活动的相关信息。

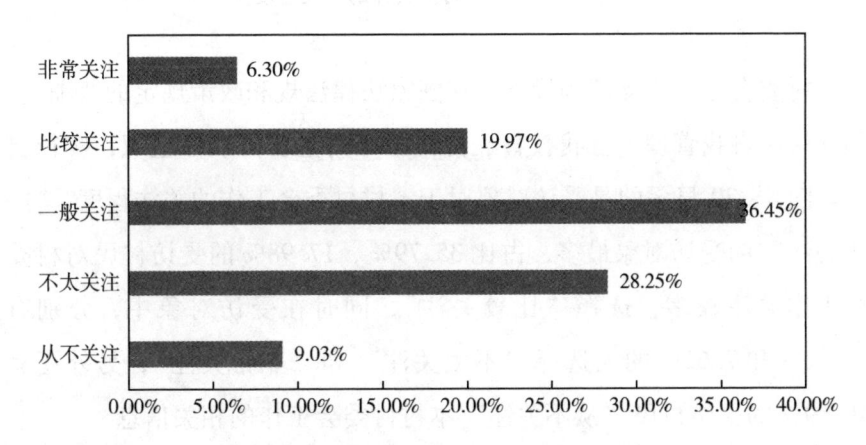

非常关注	6.30%
比较关注	19.97%
一般关注	36.45%
不太关注	28.25%
从不关注	9.03%

图 8-18 对于本村文化活动的关注程度

村务公开能够让群众明白身边事、给干部清白名誉，村民委员会把村民普遍关心的和涉及村民切身利益的重大事项，按照规定的时间、形式和程序向村民公开，并由村民参与管理、实施监督，是扩大基层民主的重要举措。图 8-19 所显示的是受访对象对于村务公开的关注程度，"一般关注"的受访对象最多，占比 33.55%，19.64% 的受访村民对村务公开关注较多，选择"比较关注"，同时在受访对象中，分别有 28.75% 和 7.46% 的人选择"不太关注"和"非常关注"，另外还有 10.60% 的受访村民"从不关注"村务公开的相关信息。

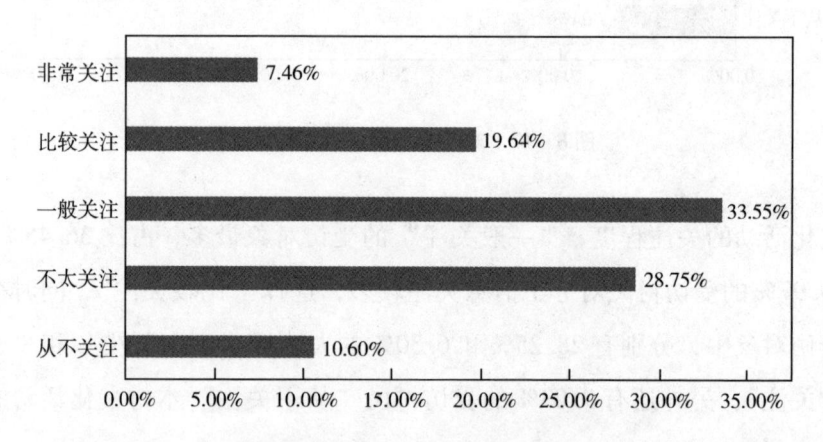

图 8-19 对于村务公开的关注程度

村委会是在党支部领导下，在国家法律法规和政策规定的范围内，领导村民自我管理、自我教育、自我服务的基层群众性组织，实行自治。图 8-20 显示的是受访对象对于本村村委会工作的关注程度，"一般关注"的受访对象最多，占比 35.79%，17.98% 的受访村民对村委会工作关注较多，选择"比较关注"，同时在受访对象中，分别有 27.92% 和 7.62% 的人选择"不太关注"和"非常关注"，另外还有 10.69% 的受访村民"从不关注"本村村委会工作的相关信息。

农村集体产业的发展可以增加集体收入，同时可以带动就业，帮助村民实现"家门口"就业。图 8-21 显示的是受访对象对于本村集体产业的关注程度，"一般关注"的受访对象，占比 29.74%，21.13% 的受

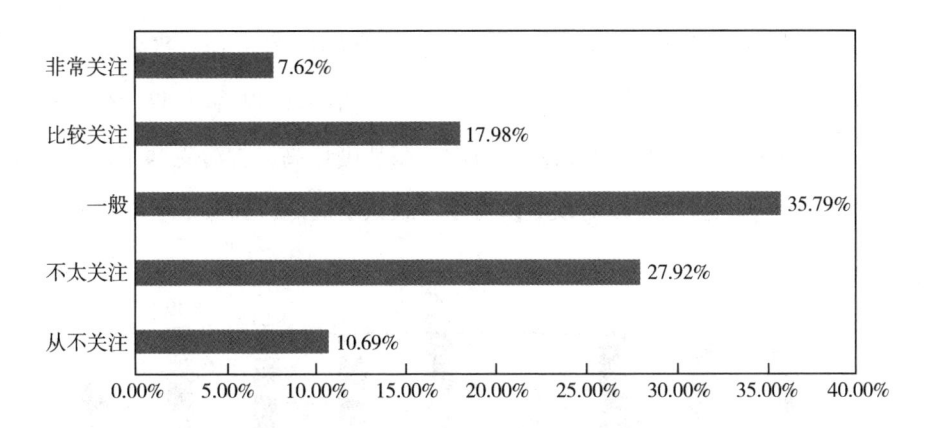

图 8-20　对本村村委会工作的关注程度

访村民对村委会工作关注较多，选择"比较关注"，同时在受访对象中，分别有 27.51% 和 8.62% 的人选择"不太关注"和"非常关注"，另外还有 13.01% 的受访村民"从不关注"本村集体产业的相关信息。

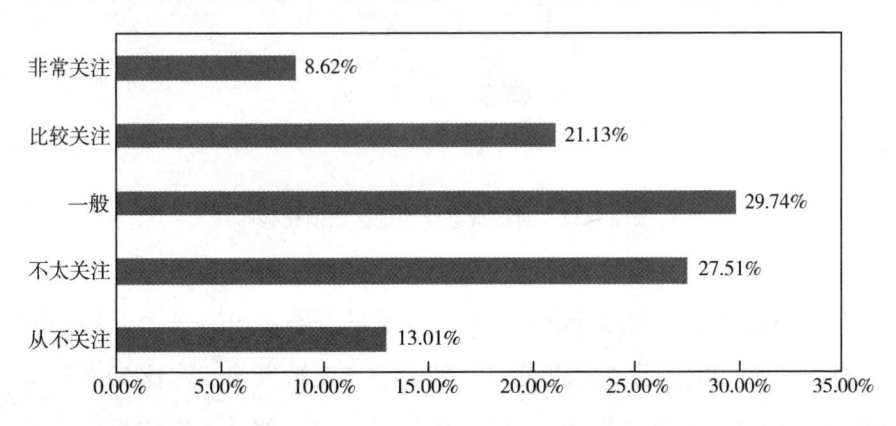

图 8-21　对于本村集体产业的关注程度

三　权威态度

图 8-22 所显示的是对权威态度的地区均值比较，有九个地区的均值为 8.22，超过均值的地区有 5 个，分别为甘肃临洮县 9.47、隆德县凤玲乡 8.26、青海省西宁市大通县 8.80、咸阳市 8.23、新疆哈密市陶家宫

8.49；低于均值的地区有 4 个，甘肃省武威市柏树镇 8.16、平罗县城关镇 5.90、吴忠市同心县石狮镇沙沿村 7.68、新疆回城乡 7.47，由此可知，甘肃临洮县受访对象对权威认可度、服从度最高，青海省西宁市大通县政次之，平罗县城关镇对权威认可度、服从度最低，远低于平均水平。

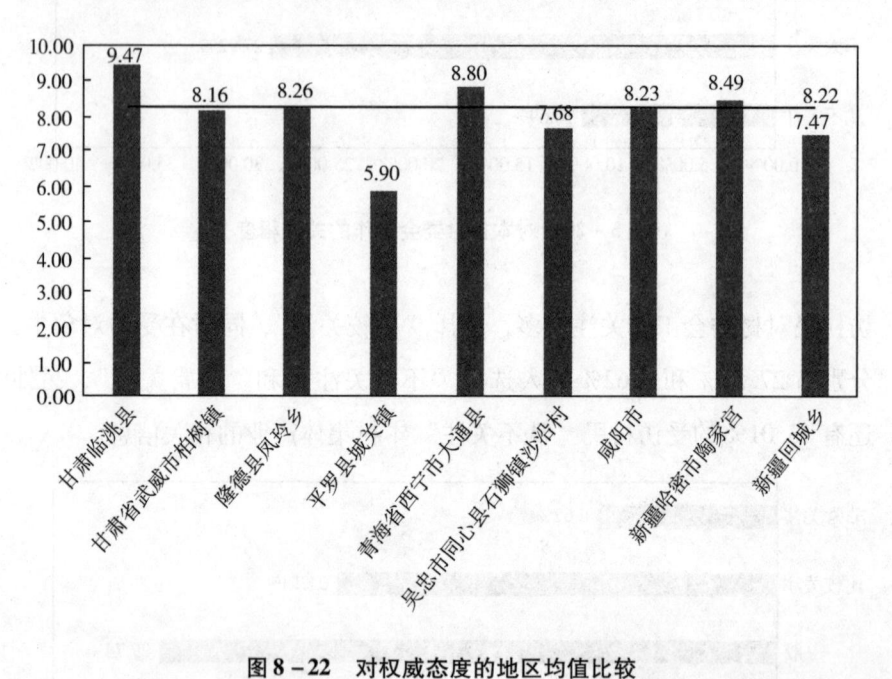

图 8－22 对权威态度的地区均值比较

被问到对于"大部分决定应根据专家的判断做出"这个问题的看法时，图 8－23 显示"比较赞同"的受访者人数最多，占比 37.03%，29.66% 的受访群众认为"一般"，觉得不一定大部分决定应根据专家的判断做出，17.73% 的受访者选择"非常赞同"，他们认为专家的专业性可以帮助自己少走很多弯路。另外在受访对象中，分别还有 12.01% 和 3.56% 的人"不太赞同"和"非常不赞同"大部分决定应根据专家的判断做出。

图 8－24 展示的是受访对象对于"现代社会的各种问题非常复杂，只有那些比较简单的问题才能让一般人讨论"这一问题的主观态度，

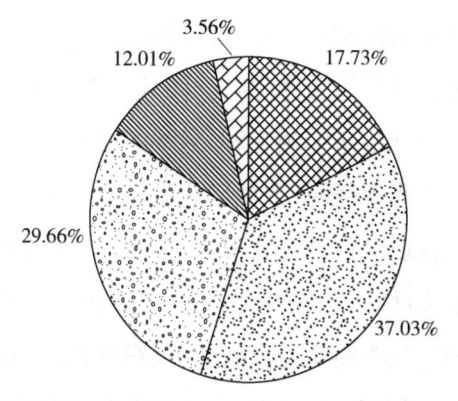

☒ 非常赞同 ☒ 比较赞同 ☒ 一般 ☒ 不太赞同 ☒ 非常不赞同

图 8-23 "大部分决定应根据专家的判断做出"的主观态度

"一般赞同"的受访者人数最多，占比 35.13%，其次 29.91% 的受访群众"比较赞同"这一说法，觉得比较简单的问题才能让一般人讨论能够更容易引起大家的讨论，8.87% 的受访者选择"非常赞同"。另外在受访对象中，分别还有 20.71% 和 5.39% 的人"不太赞同"和"非常不赞同"现代社会的各种问题非常复杂，只有那些比较简单的问题才能让一般人讨论。

☒ 非常赞同 ☒ 比较赞同 ☒ 一般 ☒ 不太赞同 ☒ 非常不赞同

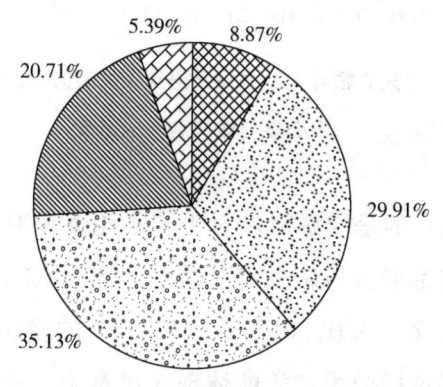

图 8-24 "现代社会的各种问题非常复杂，只有那些比较简单的问题才能让一般人讨论"态度

当问到对于"只要领导人能力强，又得到人民的信任，那么老百姓就不必参与做决定"这个问题赞同程度时，图8-25显示，选择"一般"的受访者人数最多，占比29.41%，22.54%的受访群众"比较赞同"，8.20%的受访者选择"非常赞同"，他们认为只要领导人能力强，又得到人民的信任，肯定比普通老百姓有见识有远见，做出的决定也是很科学很正确的。另外在受访对象中，分别还有27.01%和12.84%的人"不太赞同"和"非常不赞同"只要领导人能力强，又得到人民的信任，那么老百姓就不必参与做决定，他们认为国家是人民当家做主，不同群体的利益诉求是不一样的，老百姓参与做决定更符合国情，利于决策更加科学严谨。

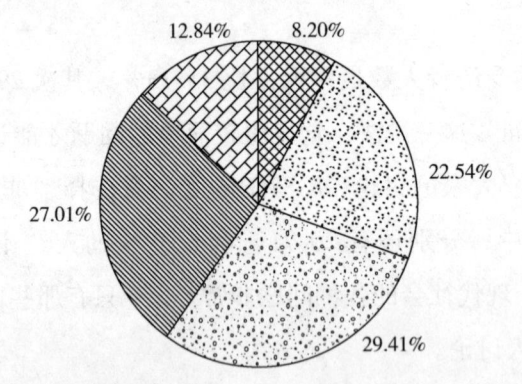

图8-25 "只要领导人能力强又得到人民的信任，那么老百姓就不必参与做决定"的态度

图8-26展示的是受访对象对于"无论人们对有关问题了解得如何，每个人最好都能参与做决定"这一问题的主观态度，"一般赞同"的受访者人数最多，占比30.24%，32.39%的受访群众"比较赞同"这一说法，觉得这样做决定才能体现人民意志，照顾到方方面面，同时15.00%的受访者选择"非常赞同"。另外在受访对象中，分别还有15.82%和6.55%的人"不太赞同"和"非常不赞同"无论人们对有关问题了解得如何，每个人最好都能参与做决定这一说法，认为其不

现实，同时还会影响做决定的速度。

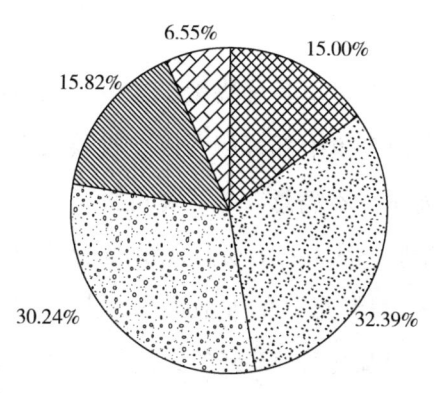

```
        6.55%   15.00%
15.82%

30.24%        32.39%

⊠ 非常赞同  ⊡ 比较赞同  ▫ 一般  ▨ 不太赞同  ▧ 非常不赞同
```

图 8-26　"无论人们对有关问题了解得如何，每个人最好都能
参与做决定"的主观态度

表 8-6 所展示的受访对象对于权威态度的纵向对比，非常赞同"大部分决定应根据专家的判断做出"观点的受访对象人数占比最多，占比 17.73%；比较赞同"大部分决定应根据专家的判断做出"观点的受访对象人数占比最多，占比 37.03%；一般赞同"现代社会的各种问题非常复杂，只有那些比较简单的问题才能让一般人讨论"观点的受访对象人数占比最多，占比 35.13%；不太赞同"只要领导人能力强，又得到人民的信任，那么老百姓就不必参与做决定"观点的受访对象人数占比最多，占比 27.01%。

表 8-6　　　　　　　　　　　主观态度　　　　　　　　　　单位：%

	非常赞同	比较赞同	一般	不太赞同
大部分决定应根据专家的判断做出	17.73	37.03	29.66	12.01
现代社会的各种问题非常复杂，只有那些比较简单的问题才能让一般人讨论	8.87	29.91	35.13	20.71
只要领导人能力强，又得到人民的信任，那么老百姓就不必参与做决定	8.20	22.54	29.41	27.01
无论人们对有关问题了解得如何，每个人最好都能参与做决定	15.00	32.39	30.24	15.82

四 民主满意度

接下来针对受访者对村里各种决策、去乡镇政府办事方便度、政府干部工作态度、本地乡镇干部称职程度、村委会工作满意度这些指标进行研究，通过选择"不满意""不太满意""一般""比较满意""非常满意"进行调查。图8-27所显示的是受访对象对于村里各种决策的满意程度，"一般满意"的人数最多，占比43.91%，"比较满意"村里决策的受访对象占比33.55%，选择"非常满意"的受访对象占比9.20%，与此同时在受访对象中，分别还有8.29%和5.05%的受访对象"不太满意"和"不满意"村里的各种决策。

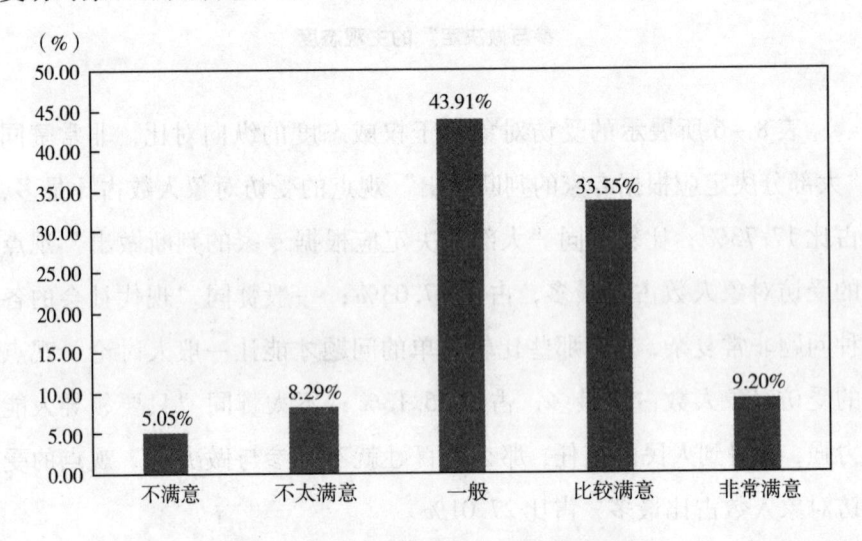

图8-27 对于村里各种决策的满意程度

图8-28所展示的是受访对象当被问道"去乡镇政府办事是否方便"的情况，42.17%的受访对象表示"比较方便"，31.40%的受访对象表示"一般"，另外，认为"很方便"的受访者占比15.16%，与此同时，分别还有7.71%和3.56%的受访群众表示现在去乡镇政府办事"不太方便"和"很不方便"。

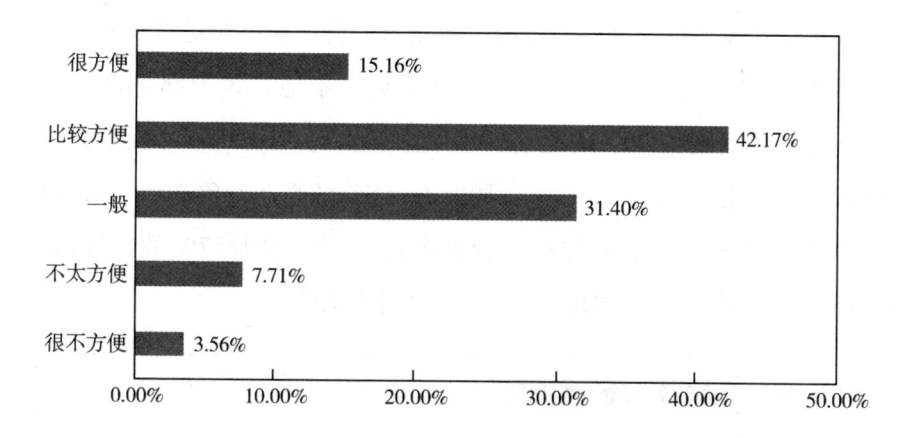

图 8-28　去乡镇政府办事是否方便程度

了解村民对于政府干部态度的满意度有利于整肃行政队伍，为提高政府工作人员工作纳言献策，图 8-29 所示，当被询问道"政府干部的态度怎样"时，选择"比较好"的受访者最多，占比 40.18%，34.38% 的受访对象选择"一般"，认为政府干部的态度"很好"的受访对象占比 16.07%，与此同时，根本还有 7.37% 和 1.99% 的受访对象认为政府干部态度"不太好""很差"。

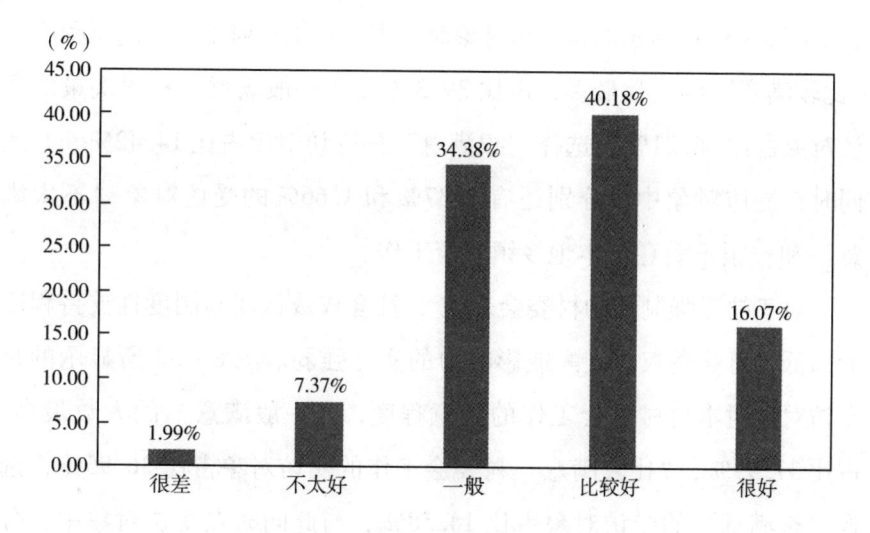

图 8-29　对政府干部态度的主观评价

对于本地乡镇干部称职程度，所辖区的村民会有相对直观的感受。如图8-30所示，当被询问道"总体来讲，本地乡镇干部是否称职"时，选择"比较称职"的受访对象最多，占比37.45%，其次部分群众认为"一般"占比36.45%，同时16.98%的受访对象选择"大多数都称职"，另外在受访对象中，分别还有7.54%和1.57%的村民认为本地乡镇干部"不太称职"和"几乎都不称职"。

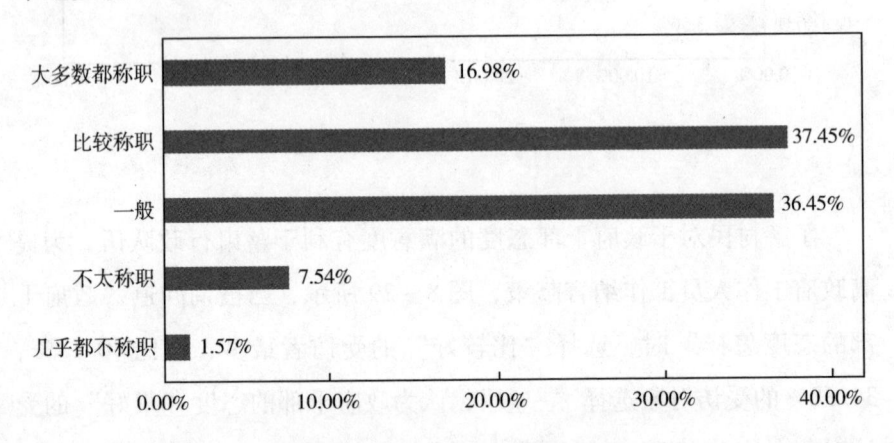

图8-30 本地乡镇干部称职程度

图8-31所显示的是受访对象对"本地乡镇政府工作的满意程度"，"比较满意"的人数最多，占比39.35%，"一般满意"村里决策的受访对象占比36.21%，选择"很满意"的受访对象占比14.42%，与此同时在受访对象中，分别还有8.37%和1.66%的受访对象"不太满意"和"很不满意"本地乡镇政府工作。

对于缺乏强制性的村委会来说，社会权威认同与制度性支持程度的高低，意味着权力支配或影响力的实际强弱。图8-32所显示的是受访对象对本村村委会工作的满意程度，"一般满意"的人数最多，占比37.95%，"比较满意"村委会工作的受访对象占比36.95%，选择"很满意"的受访对象占比14.58%，与此同时在受访对象中，分别还有7.62%和2.90%的受访对象"不太满意"和"很不满意"本

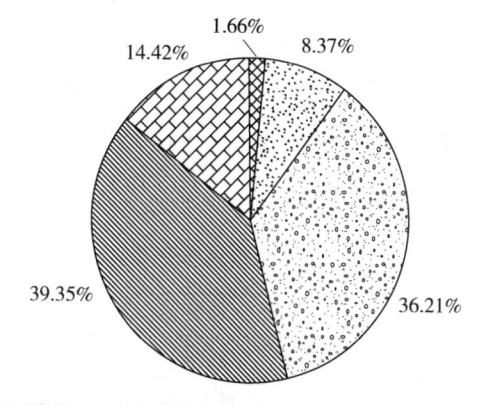

图 8-31　对本地乡镇政府工作的满意程度

地村委会工作。

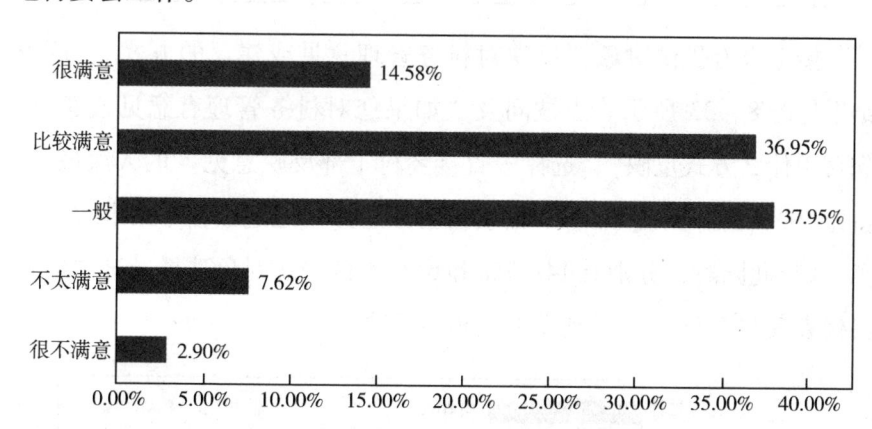

图 8-32　对本村村委会工作的满意程度

五　村务信息获取

当前村民获取村务信息的渠道多元，本研究将指标操作化为微信群、乡村大喇叭、村里人相互传播、村务公告栏、手机 App（建档立卡 App、331 监管平台 App 等）、其他，如表 8-7 所示，75.15% 的人选择通过"微信群"获取村务信息的人次，有 31.07% 的受访群众通过"乡村大喇叭"获取，另外分别还有39.85%和19.30%的受访对象是通过"村里人相互传播"和"村务公告栏"获知消息，与此同时，11.85%的受访群众"通过手机App"（建档立卡App、331监管平台App等）的方式得知村务信息。

表8-7　　　　　　　　　获取村务信息的渠道

问题	选项	个案百分比（%）
您主要通过哪种渠道获取村务信息？（多选题）	微信群	75.15
	乡村大喇叭	31.07
	村里人相互传播	39.85
	村务公告栏	19.30
	手机App（建档立卡App、331监管平台App等）	11.85
	其他	1.74

接下来看受访对象"反映对村务管理意见或建议的方式"，调查结果如图8-33所示。当被问及"如果您对村务管理有意见或建议，您会用什么方式反映"，选择"直接乡村干部反映意见"的人次最多，占比39.69%，其次27.01%的受访对象选择"通过微信等渠道表达意见"，与此同时，分别有14.17%和6.13%的受访对象选择通过"向村民代表反映意见"和"到乡上找领导反映"。

选项	比例
其他	13.01%
到乡上找领导反映	6.13%
通过微信等渠道表达意见	27.01%
直接乡村干部反映意见	39.69%
向村民代表反映意见	14.17%

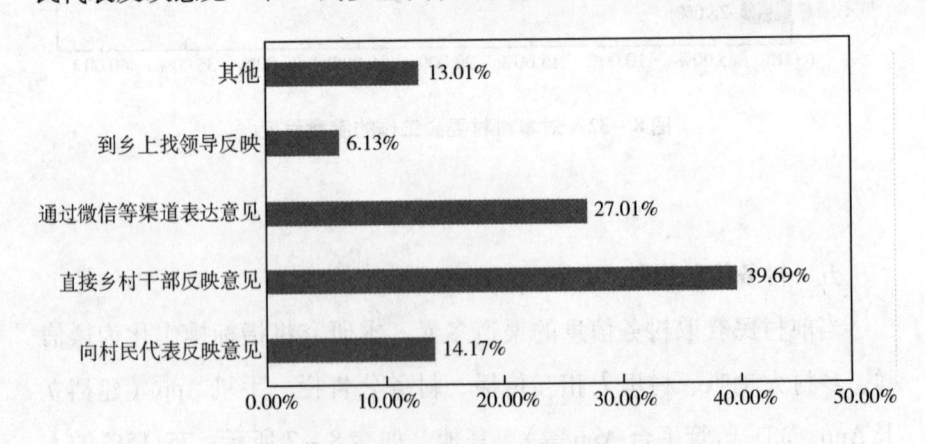

图8-33　反映对村务管理意见或建议的方式

再来看受访对象与村委的联系方式,表8-8所示,当被问到您"与村委联系使用何种方式?"时,选择"发微信"的受访者最多占比62.97%,37.03%的受访对象会通过"去村队办公室寻找",另外还有56.34%会直接"打电话"与村委进行联系。由此可知,发微信与打电话是村民与村委联系主要使用的方式。

表8-8 与村委联系使用的方式

问题	选项	个案百分比(%)
您与村委联系使用何种方式?(多选题)	打电话	56.34
	发微信	62.97
	去村队办公室寻找	37.03
	其他	3.81

了解限制村民参与乡村管理的因素,有利于激发农民主人翁意识,增强农民政治参与的主动性和自信心,同时还有利于美好农村建设,利于乡村振兴发展。图8-34显示的是限制受访者参与其乡村管理的因素,认为自身"文化程度偏低"的受访对象占比24.86%,其次是"生活压力大,无暇关注"的人占比23.78%,另外还有10.27%的人是因为"手机功能不会用",与此同时,18.89%是因为个人"不感兴趣"因而限制了您参与本村管理。

接着,我们来看受访对象去参加乡村组织活动的原因,了解其背后的主观与客观推动因素,利于指导下一步村活动组织,激发村民参与热情。调查结果显示,37.28%的受访者"觉得是本村的事情自己有责任参加",其次,觉得村活动"与自身利益密切相关"的受访对象占比25.93%,另外分别还有16.32%、8.95%的受访对象是因为"村干部叫着参加,不好拒绝"和"看周围邻居都去了,自己也想参加"。

表8-9所展示的是受访对象不愿意参加村活动的原因。如表所示,因为"忙于挣钱养家,没有时间"参加的受访对象占比50.70%,其次,部分受访者认为"村委的宣传程度低,对村内的活动不知情",

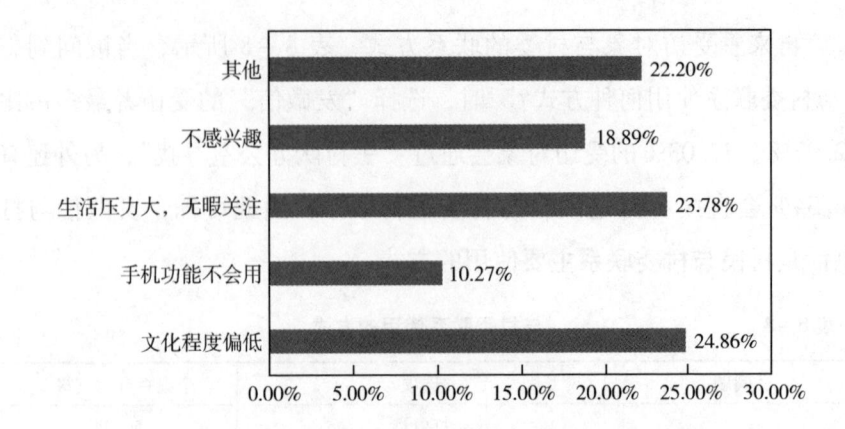

图 8–34　限制村民参与其乡村管理的因素

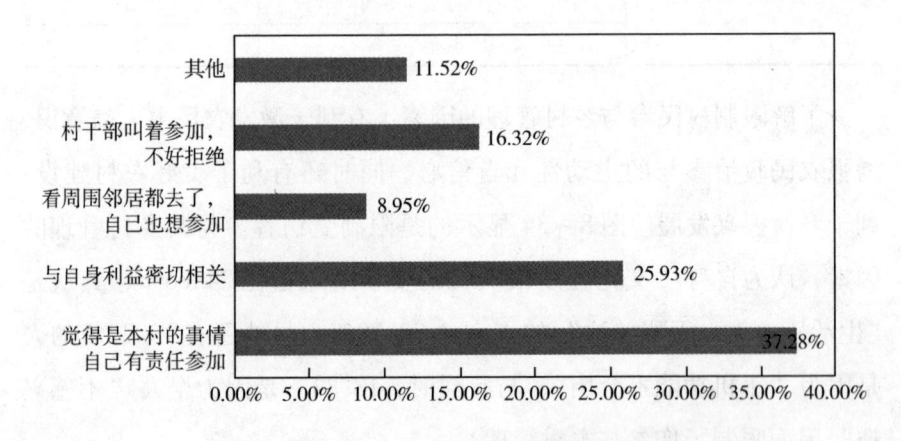

- 其他　22.20%
- 不感兴趣　18.89%
- 生活压力大，无暇关注　23.78%
- 手机功能不会用　10.27%
- 文化程度偏低　24.86%

图 8–35　参加村活动的原因

- 其他　11.52%
- 村干部叫着参加，不好拒绝　16.32%
- 看周围邻居都去了，自己也想参加　8.95%
- 与自身利益密切相关　25.93%
- 觉得是本村的事情自己有责任参加　37.28%

占比 26.51%。25.35%的受访对象选择因为"对村委没有信心"所以不愿意参加村活动。与此同时，分别还有 24.86%、17.81%、14.91%的受访对象选择"村活动不丰富，比较形式化，没意义""影响日常生活，例如干农活、吃酒""参加活动没有相应的回报"，另外，村民参与村活动也会被身边人影响，选择"周围的邻居都没有参与，自己也不想去"的受访者占比 16.07%。还有 13.17%的受访对象"觉得自己参不参加对村活动的影响不大，归属感不强"。因此综上所述，"忙于挣钱养家，没有时间""村委的宣传程度低，对村内的活动不知情"

"对村委没有信心"是影响村民参与村活动的重要原因。

表 8-9　　　　　　　　　　　不愿意参加村活动的原因

问题	选项	个案百分比（%）
您不愿意参加村活动的原因是？（多选题）	忙于挣钱养家，没有时间	50.70
	影响日常生活，例如干农活、吃酒	17.81
	参加活动没有相应的回报	14.91
	村委的宣传程度低，对村内的活动不知情	26.51
	周围的邻居都没有参与，自己也不想去	16.07
	觉得自己参不参加对村活动的影响不大，归属感不强	13.17
	村活动不丰富，比较形式化，没意义	24.86
	对村委没有信心	25.35
	其他	6.88

最后我们来探究提高村民对于村活动参与度的主观想法。如表 8-10 所示，选择"加强宣传力度提高村民当家做主的意识"的人数最多占比 58.91%，也就是说，多数受访者认为村民主人翁意识不强，并没有积极主动自觉参与进村建设来，接着超过半数（51.78%）的受访对象认为"村委组织应主动与村民联系"，另外分别还有 47.39% 和 44.66% 的受访者选择"村里的活动应充分结合村民需要""丰富活动内容"。与此同时认为"村委会应减少干涉，让村民充分自治"的受访对象占比 33.39%，选择"保障发表意见的权利，村干部不能打击报复"的人数占比 37.95%，说明历史上曾发生过村干部打击报复行为，需要严肃查清，给予村民政治参与的信心。综上所述，村民认为要提高村民的参与度需要从增强村民当家做主意识、提要村委组织积极性、从实际出发设计村里活动、丰富活动内容等方面着手。

表 8-10　　　　　　　　　　　提高村民参与度的方式

问题	选项	个案百分比（%）
您认为要提高村民的参与度（多选题）	加强宣传力度提高村民当家做主的意识	58.91
	村委组织应主动与村民联系	51.78

续表

问题	选项	个案百分比（%）
您认为要提高村民的参与度（多选题）	村委会应减少干涉，让村民充分自治	33.39
	村里的活动应充分结合村民需要	47.39
	丰富活动内容	44.66
	保障发表意见的权利，村干部不能打击报复	37.95
	其他	3.40

六 小结

在社交媒体使用情况方面，第一，微信和快手是绝大多数受访者使用的社交媒体。第二，绝大多数受访村民每日花费在网络社交媒介的时间并不长，超过半数的受访者平均每天花费在微信、QQ、抖音、快手等社交媒介的时长在 0—2 小时，超过八成的受访对象花费时长在 0—4 小时。第三，村民经常使用微信、QQ 抖音、快手等社交媒介进行最多的活动建立或加入群组（如微信群）和闲逛随便刷刷推荐内容。第四，相较于省情、县情、乡镇信息，受访对象会更多地关注到国家政策咨询和与自身息息相关的本村信息。第五，看不懂网络媒体信息、手机功能不会用、上网费用较高、生活圈子太小是影响受访群众通过手机等新媒体获取信息的主要原因。第六，有 6 个地区使用 2 种社交媒体的人数最多，分别都有 4 个地区使用 3 种社交媒体和 4 种以上社交媒体的人数最少；甘肃省临洮县受访对象每天使用社交媒体时长最短，吴忠市同心县石狮镇沙沿村每天使用社交媒体时长最长；吴忠市同心县石狮镇沙沿村的受访对象使用社交媒介活动频率最高，青海省西宁市大通县使用社交媒介活动频率最低。

在乡村文化参与方面，第一，所调研乡村农村文化礼堂、图书室/农家书屋、休闲活动中心（如棋牌室）等公共文化设施较少，同时缺乏像样的乡村文化大舞台、村图书室、村文化活动室。文化基础设施建设、公共文化服务体系建设、乡村文化产业发展等多是由地方政府单向决策，很少听取农民的意见和建议，从而影响了农村居民的积极性。第二，在村民文体、艺术类活动中，体育锻炼是受访对象参与人数最多的活动，人数超过半数（51.12%），而诸如读书读报、下棋等棋牌室活动、观看露天电影、传统文化教育活动、科技知识教育活动等科教类参与活动较少。科教类活动数量较少、不贴合群众生活实际、趣味性低、活动宣传力度不够等都是村民参与文体、艺术类活动较少的原因。第三，受访村民参与乡村公共文化设施建设工作不甚乐观，尤其是参与农村文化礼堂和文化遗产保护方面文化设施的建设，参与文化设施建设有利于培育农民的文化主体性，增加农民对乡村文化的归属感和认同感，使农民能够自觉参与乡村文化建设，激励村民积极主动参与文化设施建设工作亟须加强。第四，宗教性文化活动在少数民族聚集区具有举足轻重的地位，在受访对象中，接近八成的受访者都参与过宗教性文化活动。除修族谱、修缮宗祠祖坟、参加祭祀活动以及宗教活动外，仍有超过四成（43.50%）的受访对象选择其他，这其中不排除包括非主流、非正规甚至违法性宗教性活动，需要引起重视，加强引导与管理。第五，在参加本地文化活动的主观意愿、动员引领、主动性行为上，偶尔积极参加本地文化活动、偶尔积极参与组织各类文化活动、偶尔会把文化活动的现场图片、视频分享到社交媒介、偶尔会动员周围的村民一起参加文化活动人数等发生偶尔性行为的人数较多，与此同时，从不参与组织策划、从不分享活动感悟、从不动员周围人参与活动的人数较多。在乡村文化建设中，只有充分发挥农民的主体性，才能更好地推进乡村文化发展。发挥农民主体性有利于提高农民的整体素质，农民的主体意识、主体能力是决定乡村文化建设的内在因素，这些因素直接决定着乡村文化建设的实现程度。第六，甘肃省武威市柏树镇的受访群众文体、艺术类活动参与数量最多，吴忠市同心县石狮镇沙沿村次之，隆德县凤玲乡活动数量最少；甘肃省武威市柏树镇受访者文化活动积极性最高、隆德县凤玲乡次之，青海省西宁市大通县受访者文化活动积极性最低。

在村（社区）公民政治参与情况方面，第一，农民政治参与的主要制度化形式有听证、质询、投票、选举、参加村民会议、听取及表决村委会工作报告等，在实际情况中，村民较少参与县乡级人大代表选举、村庄重大公共事务有关的村民会议、听取及表决村委会工作报告情况，日常生活中较少与县人大、乡镇人大代表或村民委员会成员打交道，接近半数（40.35%）的受访者参与公共规则、村规民约、道德规范和行为准则的制定，超过六成（60.76%）的受访村民从不与党组织联系，接近七成（68.27%）的人从不到信访部门进行上访，超过六成（65.20%）的受访对象从不给干部写信、提意见或建议，超过六成（64.54%）的受访对象从不通过法律手段进行诉讼。第二，村民对政府、村委会、村务、乡村政策的关注程度是农民政治参与的内在驱动。调查结果所示，受访村民在政府活动/决策、扶贫信息、农业政策、务工信息、本村文化活动、村务公开等信息的关注相对较高，从不关注这些信息的受访对象相对较少。第三，大部分受访群众都赞同大部分决定应根据专家的判断做出，认为相对简单的问题能够引起较多的一般人讨论，比较赞同无论人们对有关问题了解得如何，每个人最好都能参与作决定。部分受访村民不赞同只要领导人能力强，又得到人民的信任，那么老百姓就不必参与做决定，认为老百姓一个参与作决定，能够体现农民意志。第四，对于当前政策决策规划、政府办事利民性、政府工作人员工作态度、工作认真负责性等方面的满意程度，总体而言，大部分受访对象相对满意，但在选择满意的受访对象之中，大多数受访对象选择一般满意，意味着政府政策决策在确定前需要更慎重、多调研，乡镇政府办事方便性需要更加人性化、政府干部工作态度需要进一步改善、工作需要更加称职负责、地方乡镇政府工作需要更加细致周到、村委会工作需要更加紧密联系群众。第五，绝大多数受访村民（78.08%）是通过微信群获取村务信息的，另外主要是靠乡村大喇叭、村里人相互传播进行得知，乡村社会还是一个"熟人"社会，人与人之间的黏性更大，互联网的出现加持了农民政治参与的知情与可能性。第六，密切联系群众的村干部是农民政治参与的重要推动者，当对村务管理有意见或建议时，大部分受访对象选择"直接向村干部反映情况"，只有当村民反映的问题得到重视与整改时，村民政治参与的信心和主动性才会有所增加。第七，微信成为农民与村委沟通交流的主阵地，村民会通过微信等渠道表达意见、联系村委、获知村务工作情况、寻求帮助。第八，文化程度偏低、生活压力大无暇关注是限制村民参与村庄管理，农民政治参与能力不高的主要原因。第九，农民政治参与意识是激发其政治参与动机和行为的重要前提。在对农民参加活动的动机进行测量时发现，觉得是本村的事情自己有责任参加、与自身利益密切相关、村干部叫着参加不好拒绝是其参与村庄活动的主要原因，因此我们可以看到农民对自身应当拥有的权利与责任以及行使这一权利、履行这一义务的积极性与愿望是他们参与乡村治理的首要条件。另外农民政治参与的制度化形式在具体实施时，还存在不够细化，操作性不强等缺陷，与农村社会的深刻变迁之间不完全适应。第十，受访对象不愿意参加村活动的原因主要为：忙于挣钱养家、村委宣传程度低、村活动不丰富较无趣等，利益驱动是我国农民政治参与的主要动机，作为利益最主要表现形式的经济利益也成为影响和制约农民政治参与的最根本因素。在宣传与策划过程中，应当摒弃空洞无物的理论宣传方式，以贴近农民生活的故事、灵活多样的形式进行宣传策划。让农民从文化活动的"接受者"到"参与者"，从"观众""听众"到"主角"，开展形式多样的乡村活动，通过活动让乡村能人脱颖而出，培育农村本土人才队伍。努力打造有影响力、有号召力的乡村品牌活动，满足广大农民群众对精神生活的追求，才能发挥凝聚人心、教化群众、淳化民风的重要作用。第十一，咸阳市受访对象政治活动参与度最高、甘肃临洮县次之，平罗县城关镇受访者政治活动参与度最低，青海省西宁市大通县次低之，且远低于平均水平；甘肃临洮县受访对象对公共事务关注度最高、甘肃省武威市柏树镇次之，青海省西宁市大通县政府对公共事务关注度最低，新疆哈密市陶家宫次低之，且远低于平均水平；甘肃临洮县受访对象对权威认可度、服从度最高，青海省西宁市大通县次之，平罗县城关镇对权威认可度、服从度最低，远低于平均水平；平罗县城关镇受访对象政治兴趣程度最高，咸阳市兴趣程度最低；甘肃临洮县受访对象认为政府对其影响程度最大，隆德县凤玲乡受访对象则认为政府对其影响程度最小。

第二节 社交媒介与乡村政治参与

一 变量设置与基本特征

（一）因变量

本章节所使用的因变量是农村居民的政治参与，该变量是由问卷D1的量表题生成的一个连续型变量，具体包括被访者对于"村委会成员选举""县乡级人大代表选举""与村庄重大公共事务有关的村民会议""听取及表决村委会工作报告""与县人大、乡镇人大代表或村民委员会成员打交道""联系党组织""与别人，包括家里人和亲戚一起想办法来解决本地的某个问题""参与公共规则、村规民约、道德规范和行为准则的制定""到信访部门进行上访""给干部写信、提意见或建议""通过法律手段进行诉讼"11个问题的参与频率，将选项"从不""偶尔""有时""经常""总是"分别赋值为0—4分，采用直接相加的方法计算政治参与总得分，生成0—44的连续型变量，数值越大，代表着农村居民的政治参与度越高。

（二）自变量

本章节所使用的自变量是农村居民社交媒体的使用频率，是一个连续型变量,主要考察村民使用社交媒体的活跃度和积极性。针对社交媒体的使用状况,由问卷 B3 的量表题——"您使用微信、QQ、抖音、快手等社交媒介进行以下活动的情况"生成,具体包括"把认为重要的信息(视频、图片、音乐等)分享到社交平台或发送给朋友""搜索某一新闻事件或话题""与别人讨论某一新闻事件或话题""发表对某一事件或话题的意见""建立或加入群组(如微信群)""闲逛随便刷刷推荐内容"六项内容的使用频率,分别将"从不""偶尔""有时""经常""总是"赋值为 0—4 分,采用直接相加的方法计算社交媒体使用频率总得分,生成 0—24 的连续型变量,数值越大,代表农村居民的社交媒体使用频率越高。

(三) 控制变量

本研究的控制变量包括人口学变量、政治控制变量两个部分。人口学变量包括性别、年龄、教育程度、婚姻状况、家庭年收入(对数)。政治控制变量包括"参政意识""政治兴趣""民主满意度""政府对公民的影响评价"等政治介入因素。上述政治因素既涉及与公民自身能力意识等有关的"输入"变量,又涵盖以公民作为中心投射产生"民主满意度"和"政治外部效能感"等"输出"政治变量,故考察社交媒体对公民政治参与的净影响亟须考虑上述政治控制变量。人口学变量的操作化与本报告第四章一致,见第四章表 4-1。

"参政意识"变量是由问卷 D3 的量表题生成的一个连续型变量,关于社会问题的决定权归属的态度一定程度上可以反映居民的参政意识,具体包括被访者对于"大部分决定应根据专家的判断做出""现代社会的各种问题非常复杂,只有那些比较简单的问题才能让一般人讨论""只要领导人能力强,又得到人民的信任,那么老百姓就不必参与做决定""无论人们对有关问题了解得如何,每个人最好都能参与做决定"四个问题的同意程度,前三个问题将选项"非常赞同""比较赞同""一般""不太赞同""非常不赞同"分别赋值为 0—4

分，最后一个问题则反向赋分，即"非常不赞同"赋值为0，"非常赞同"赋值为4，采用直接相加的方法计算参政意识总得分（0—16），数值越大，代表农村居民对权威决定越不认可，自我的参政意识越强。

"民主满意度"变量是一个由问卷D4的量表题生成的连续型变量，包括被访者对于"您对村里各种决策的满意程度""现在去乡镇政府办事是否方便""政府干部的态度怎样""总体来讲，本地乡镇干部是否称职""对本地乡镇政府工作是否满意""对本村村委会工作是否满意"六个问题的评价，将满意程度选项从"不满意""不太满意""一般""比较满意""非常满意"分别赋值0—4分，便利程度选项"很不方便""不太方便""一般""比较方便""非常方便"分别赋值0—4分，态度好坏选项从"很差""不太好""一般""比较好""非常好"分别赋值0—4分，称职程度选项"几乎都不称职""不太称职""一般""比较称职""大多数都称职"分别赋值0—4分，采用直接相加的方法计算民主满意度总得分（0—24），数值越大，代表民主满意度越高。

"政治兴趣"变量是由被访者对于问卷D5问题的回答生成的连续型变量，即被访者对于"您平时对政治事务感兴趣吗？"这一问题的回答，将选项"完全不感兴趣""不太感兴趣""一般""比较感兴趣"分别赋值为0—4分，数值越大，代表政治兴趣越浓厚。

"政府对公民影响（自评）"变量是由问卷D6生成的一个连续型变量，考察被访者对于"您觉得政府对您日常生活有影响吗？"问题的回答，将选项"根本没影响""不太有影响""有些影响""比较有影响""非常有影响"分别赋值0—4分，数值越大，自评影响程度越高。

（四）变量的基本情况

表8-11汇报的是纳入模型分析的相关变量的基本分布情况，主要是最大值、最小值、均值、标准差、百分比，分析样本共计1207个。

表8-11　　　　　　　　　　变量的描述性统计

变量	均值	标准差	最小值	最大值	样本量
因变量					
政治参与	9.698	7.263	0	44	1207
自变量					
社交媒体使用频率	8.384	4.498	0	24	1207
控制变量					
年龄	40.088	13.876	16	90	1207
家庭年收入（元）	41922.400	29987.390	0	200000	1207
家庭年收入（对数）	10.218	1.579	0	12.206	1207
参政意识	7.777	2.467	0	16	1207
民主满意度	15.221	4.479	1	24	1207
政治兴趣	2.126	0.987	0	4	1207
政府对公民的影响（自评）	1.983	1.047	0	4	1207

变量	类别/指标	频数	百分比（%）
控制变量			
性别	男	680	56.34
	女	527	43.66
年龄组	青年	742	61.47
	中年	383	31.73
	老年	82	6.79
受教育程度	小学及以下	327	27.09
	初中	405	33.55
	高中	152	12.59
	大专及以上	323	26.76
婚姻状况	无配偶	363	30.07
	有配偶	844	69.93
政治面貌	非党员	1071	88.73
	党员	136	11.27

从因变量来看，村民的政治参与度的均值是9.698（标准差为7.263），其中党员群体的政治参与度均值为14.118，非党员群体的政治参与度均值为9.136（见图8-36），可以初步判断出政治参与度在

党员和非党员群体中存在差异。从自变量来看,村民社交媒体使用频率的平均值为 8.384(标准差为 4.498),其中党员群体的社交媒体使用频率均值为 9.279,非党员群体的社交媒体使用频率均值为 8.270,整体使用频率一般(见图 8-36)。从政治控制变量来看,仅有 11.27%的村民为党员,近九成村民为非党员。村民的参政意识的均值是 7.777(标准差为 2.467),村民的民主满意度的均值是 15.221(标准差为 4.479),村民的政治兴趣的均值是 2.126(标准差为 0.987),村民的政治对公民影响(自评)的标均值是 1.983(标准差为 1.047),其他控制变量的数据分布情况不再一一说明。上述因变量与自变量、控制变量的具体数据结构与特征情况如表 8-11 所示。

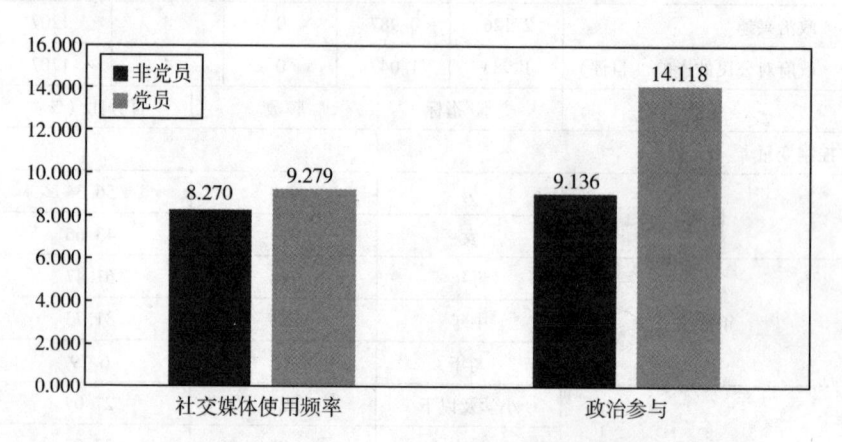

图 8-36 不同政治面貌群体的社交媒体使用频率、政治参与度现状(N=1207)

二 模型设置

本书的因变量是连续型变量,可以采用多元线性回归(OLS, Ordinary Least Squares)模型进行分析。具体公式如下:

$$Y_i = \beta_0 + \beta_1 X_{i1} + \beta_2 X_{i2} + \cdots + \beta_{11} X_{i11} + \delta_i \quad (8-1)$$

公式(8-1)中,下标 i 表示不同的农村居民,因此 Y_i 表示第 i 个居民的政治参与度水平。其中,β_0 表示回归截距;β_1,β_2,$\cdots$,β_{11} 是回归斜率;X_{i1},X_{i2},$\cdots$,X_{i11} 表示第 i 个个体的社交媒体使用频率、

性别、年龄等解释变量的取值；δ_i 是个体模型的随机误差项。

因此，公式的实际含义为：某农村居民的政治参与度 = 平均政治参与度得分 + 该居民特征影响的政治参与度得分增量 + 该居民的随机误差。

三 相关性分析

首先，在未控制其他变量的情况下，我们初步预测了村民的社交媒体使用状况与其政治参与度之间的关系。其次，考虑到因变量"政治参与度"为连续变量，"社交媒体使用频率"为连续变量，故采用相关关系来预测。表 8-12 汇报了村民社交媒体使用频率与政治参与度的相关关系，并设置 95% 置信区间，生成了两者的预测图（见图 8-37）。可以发现，在未控制其他变量的情况下，村民社交媒体使用频率与其政治参与呈显著的正相关关系。

表 8-12　　村民社交媒体使用频率与政治参与的相关性验证

	政治参与度
社交媒体使用频率	0.286***

说明：$+p<0.10$，$*p<0.05$，$**p<0.01$，$***p<0.001$。

四 社交媒体使用频率与政治参与度的回归分析

表 8-13 报告的是社交媒体使用频率对农村居民政治参与度的影响。模型 1 在未控制其他变量的情况下，考察了社交媒体使用频率对居民政治参与度的影响。可以发现，社交媒体使用频率对居民的政治参与度具有显著影响，村民的社交媒体使用频率越高，其政治参与度越高，即呈现积极的正相关关系。模型 2 分别加入了个体人口学特征、政治控制变量，可以发现，在其他条件一致的情况下，社交媒体使用频率在 0.001 的水平上对居民的政治参与度具有显著正向影响，社交媒体使用频率每增加 1 个单位，农村居民的政治参与度增加 0.426。

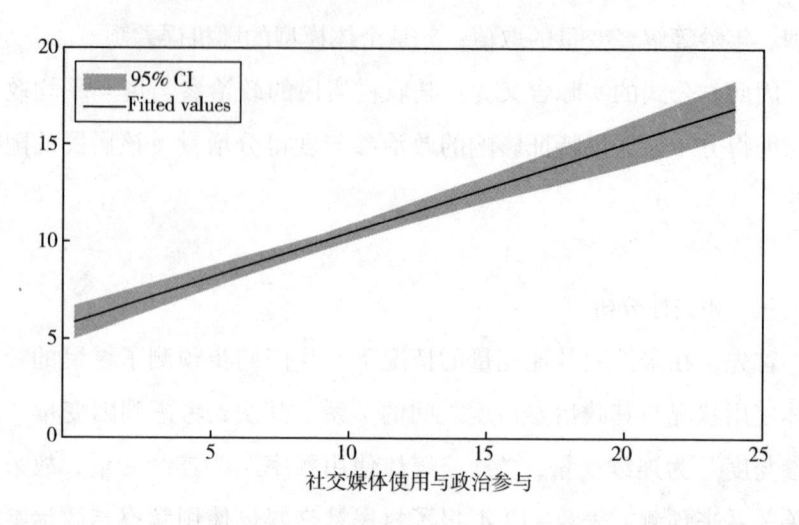

图 8-37　村民社交媒体使用频率与政治参与度的关系（95%置信区间）

可以得出，在纳入控制变量后，社交媒体使用频率在统计学上依然显著。这说明村民社交媒体的使用频率会影响其政治参与度，社交媒体使用频率越高，村民的政治参与度越高，内容越丰富。人口学特征方面：与女性相比，男性农村居民的政治参与度更高；与无配偶的居民相比，有配偶农村居民的政治参与度更高；家庭年收入对政治参与度具有负向作用，家庭收入水平越高，农村居民的政治参与度反而越低。与小学及以下教育水平的农村居民相比，大专及以上学历的农村居民政治参与度更高，而初中、高中学历农村居民并没有显著的比较优势。年龄对农村居民政治参与度的影响并不显著。

政治控制变量方面：其他因素不变，党员居民的政治参与度比非党员高 3.319 个单位，边际效应的结果进一步显示，当其他变量取均值时，党员居民的政治参与度预测值为 12.643，非党员居民的政治参与度预测值为 9.324（见图 8-38）；民主满意度对居民的政治参与度具有显著正向影响，民主满意度每增加 1 个单位，居民的政治参与度增加 0.127；政府对公民影响（自评）对居民的政治参与度具有显著正向影响，政府对公民影响程度每增加 1 个单位，居民的政治参与度增加 0.543。参政意识、政治兴趣水平的提升对农村居民政治参与的正向影响并不显著。

表 8-13　社交媒体使用频率对政治参与度的影响（OLS 模型）

变量	模型 1	模型 2	模型 3	模型 4	模型 5	模型 6
社交媒体使用频率	0.462***	0.426***	0.424***	0.426***	0.426***	0.425***
	(0.0446)	(0.0480)	(0.0480)	(0.0480)	(0.0480)	(0.0481)
性别（女=0）		1.866***	1.859***	1.866***	1.866***	1.857***
		(0.397)	(0.397)	(0.397)	(0.397)	(0.398)
中年（青年=0）		0.685	0.672	0.685	0.687	0.685
		(0.477)	(0.477)	(0.477)	(0.477)	(0.477)
老年		1.385	1.377	1.388	1.369	1.385
		(0.856)	(0.856)	(0.857)	(0.857)	(0.857)
初中（小学及以下=0）		0.387	0.439	0.388	0.380	0.390
		(0.524)	(0.526)	(0.525)	(0.525)	(0.525)
高中		0.821	0.872	0.823	0.816	0.817
		(0.717)	(0.718)	(0.717)	(0.717)	(0.717)
大专及以上		2.304***	2.341***	2.300***	2.291**	2.306***
		(0.696)	(0.696)	(0.696)	(0.696)	(0.696)
婚姻状况（无配偶=0）		2.524***	2.527***	2.527***	2.533***	2.536***
		(0.485)	(0.485)	(0.486)	(0.486)	(0.486)
政治面貌（非党员=0）		3.319***	1.090	3.660+	4.024*	3.769**
		(0.638)	(1.978)	(2.043)	(1.614)	(1.374)
家庭年收入（对数）		-0.506***	-0.513***	-0.506***	-0.502***	-0.504***
		(0.122)	(0.122)	(0.122)	(0.122)	(0.122)
参政意识		-0.0453	-0.0800	-0.0445	-0.0441	-0.0448
		(0.0806)	(0.0857)	(0.0807)	(0.0806)	(0.0806)
民主满意度		0.127**	0.125**	0.130**	0.128**	0.128**
		(0.0437)	(0.0437)	(0.0465)	(0.0438)	(0.0438)
政治兴趣		0.295	0.292	0.296	0.327	0.298
		(0.204)	(0.204)	(0.204)	(0.215)	(0.204)

续表

变量	模型1	模型2	模型3	模型4	模型5	模型6
政府对公民影响		0.543**	0.544**	0.546**	0.548**	0.570
		(0.189)	(0.189)	(0.190)	(0.190)	(0.203)
党员*参政意识			0.288			
			(0.242)			
党员*民主满意度				-0.022		
				(0.128)		
党员*政治兴趣					-0.288	
					(0.606)	
党员*政府对公民影响						-0.205
						(0.555)
截距	5.828***	3.659*	4.023*	3.598*	3.517*	3.568*
	(0.424)	(1.720)	(1.747)	(1.755)	(1.746)	(1.738)
N	1207	1207	1207	1207	1207	1207
R^2	0.082	0.189	0.190	0.189	0.189	0.189

注：1. 括号内为稳健标准误；2. $+p<0.10$，$*p<0.05$，$**p<0.01$，$***p<0.001$。

模型3、模型4、模型5、模型6分别加入了政治面貌与参政意识、政治面貌与民主满意度、政治面貌与政治兴趣、政治面貌与政府对公民影响（自评）的交互项，结果显示，所有交互项均不显著。这意味着在本研究的样本中，社交媒体使用频率以及政治控制变量（政治兴趣、民主满意度、参政意识、政府对公民影响）对农村居民政治参与的影响在党员群体和非党员群体中未体现出显著差异。

表8-14进一步补充了社交媒体使用频率对不同内容政治参与度的影响，结果显示，其他变量不变的情况下，农村居民的社交媒体使用频率对其村委会成员选举、县乡级人大代表选举、与村庄重大公共事务有关的村民会议、听取及表决村委会工作报告、与县/乡镇人大代表或村民委员会成员打交道、联系党组织、与别人（包括家里人和亲戚）一起想办法来解决本地的某个问题、参与公共规则/村规民约/道德规范/行为准则的制定、到信访部门进行上访、给干部写信/提意见

表 8-14　社交媒体使用频率对不同内容公共事务关注度的影响（OLS 模型）

变量	村委会选举 模型 7	人大代表选举 模型 8	村民会议 模型 9	听取/表决工作报告 模型 10	与人大/村委打交道 模型 11	联系党组织 模型 12	解决本地问题 模型 13	规约制定 模型 14	上访 模型 15	给干部写信 模型 16	法律诉讼 模型 17
社交媒体使用频率	0.038*** (0.008)	0.038*** (0.007)	0.043*** (0.007)	0.043*** (0.007)	0.028*** (0.007)	0.031*** (0.007)	0.048*** (0.007)	0.060*** (0.008)	0.027*** (0.006)	0.034*** (0.006)	0.035*** (0.006)
性别（女=0）	0.260*** (0.063)	0.167** (0.054)	0.265*** (0.061)	0.185** (0.059)	0.073 (0.059)	0.110+ (0.056)	0.171** (0.062)	0.163* (0.063)	0.125* (0.050)	0.162*** (0.049)	0.186*** (0.051)
中年（青年=0）	0.238** (0.075)	0.009 (0.065)	0.192** (0.073)	−0.023 (0.071)	0.113 (0.070)	−0.072 (0.067)	0.045 (0.074)	0.166* (0.076)	−0.049 (0.061)	0.016 (0.059)	0.049 (0.061)
老年	0.199 (0.135)	0.001 (0.117)	0.170 (0.131)	0.118 (0.127)	0.160 (0.126)	0.192 (0.121)	−0.100 (0.133)	0.057 (0.136)	0.205+ (0.109)	0.222* (0.105)	0.161 (0.110)
初中（小学及以下=0）	−0.115 (0.083)	0.061 (0.072)	0.027 (0.080)	0.096 (0.078)	0.160* (0.077)	0.141+ (0.074)	−0.101 (0.082)	0.038 (0.084)	0.091 (0.067)	−0.014 (0.065)	0.003 (0.067)
高中	−0.343** (0.113)	−0.090 (0.098)	−0.014 (0.110)	0.120 (0.107)	0.199+ (0.106)	0.143 (0.101)	0.063 (0.111)	0.255* (0.114)	0.191* (0.091)	0.032 (0.088)	0.084 (0.092)
大专及以上	−0.413*** (0.110)	0.347*** (0.095)	−0.077 (0.107)	0.106 (0.104)	0.417*** (0.103)	0.375*** (0.098)	−0.162 (0.108)	0.296** (0.111)	0.536*** (0.088)	0.408*** (0.086)	0.469*** (0.089)
婚姻状况（无配偶=0）	0.414*** (0.077)	0.176** (0.066)	0.278*** (0.074)	0.270*** (0.072)	0.350*** (0.072)	0.0704 (0.069)	0.119 (0.075)	0.226** (0.077)	0.176** (0.062)	0.266*** (0.060)	0.179** (0.062)

续表

变量	村委会选举 模型7	人大代表选举 模型8	村民会议 模型9	听取/表决工作报告 模型10	与人大/村委打交道 模型11	联系党组织 模型12	解决本地问题 模型13	规约制定 模型14	上访 模型15	给干部写信 模型16	法律诉讼 模型17
政治面貌（非党员=0）	0.227* (0.101)	0.150+ (0.087)	0.349*** (0.098)	0.393*** (0.095)	0.326*** (0.094)	0.862*** (0.090)	0.381*** (0.099)	0.247* (0.102)	0.0239 (0.081)	0.196* (0.079)	0.165* (0.082)
家庭年收入（对数）	-0.026 (0.019)	-0.050** (0.017)	-0.068*** (0.019)	-0.086*** (0.018)	-0.042* (0.018)	-0.032+ (0.017)	-0.030 (0.019)	-0.081*** (0.020)	-0.039* (0.016)	-0.027* (0.015)	-0.026 (0.016)
参政意识	-0.009 (0.013)	-0.006 (0.011)	0.013 (0.012)	-0.009 (0.012)	0.018 (0.012)	-0.020+ (0.011)	-0.023+ (0.013)	0.033* (0.013)	-0.034*** (0.010)	-0.005 (0.010)	-0.002 (0.010)
民主满意度	0.040*** (0.007)	-0.004 (0.006)	0.037*** (0.007)	0.036*** (0.007)	0.016* (0.006)	0.0003 (0.006)	0.030*** (0.007)	0.032** (0.007)	-0.023*** (0.006)	-0.017** (0.005)	-0.021*** (0.006)
政治兴趣	0.122*** (0.032)	0.029 (0.028)	0.050 (0.031)	0.035 (0.030)	0.044 (0.030)	0.085** (0.029)	0.019 (0.032)	0.008 (0.033)	-0.020 (0.026)	-0.014 (0.025)	-0.062* (0.026)
政府对公民影响	-0.012 (0.030)	0.066* (0.026)	0.064* (0.029)	0.069* (0.028)	0.047+ (0.028)	0.064* (0.027)	0.048 (0.029)	-0.007 (0.030)	0.053* (0.024)	0.075** (0.023)	0.076** (0.024)
截距	0.243 (0.271)	0.376 (0.235)	0.0261 (0.263)	0.384 (0.256)	-0.00781 (0.253)	0.394 (0.243)	0.503+ (0.267)	0.192 (0.274)	0.844*** (0.218)	0.267 (0.212)	0.439* (0.220)
N	1207	1207	1207	1207	1207	1207	1207	1207	1207	1207	1207
R^2	0.179	0.096	0.136	0.134	0.093	0.178	0.100	0.132	0.111	0.121	0.126

注：1. 括号内为稳健标准误；2. $+p<0.10$，$*p<0.05$，$**p<0.01$，$***p<0.001$。

或建议、通过法律手段进行诉讼内容的参与均具有显著正向影响，即农村居民的社交媒体使用频率越高，其对于以上内容的参与度越高。政治控制变量方面，参政意识的提升对居民参与公共规则/村规民约/道德规范/行为准则的制定具有显著正向影响，对到信访部门进行上访的参与具有显著负向影响。民主满意度的提高会带来居民村委会选举、村民会议、听取表决村委会工作报告、与人大/村委成员打交道、与他人商议解决本地问题、村规民约/守则制定的广泛参与，但会降低居民到信访部门上访、给干部写信提建议、法律诉讼的参与度。政治兴趣的提升对居民参与村委会选举、联系党组织的正向影响十分显著，对给干部写信提建议的参与具有显著的负向影响。政府对公民影响（自评）对于居民参与县乡级人大代表选举、村民会议、听取/表决工作报告、联系党组织、到信访部门上访、给干部写信提建议、法律诉讼具有积极的正向影响，但对村委会选举、与人大/村委会成员打交道、与他人商量解决本地问题、村规民约/守则制定的参与度影响并不显著。

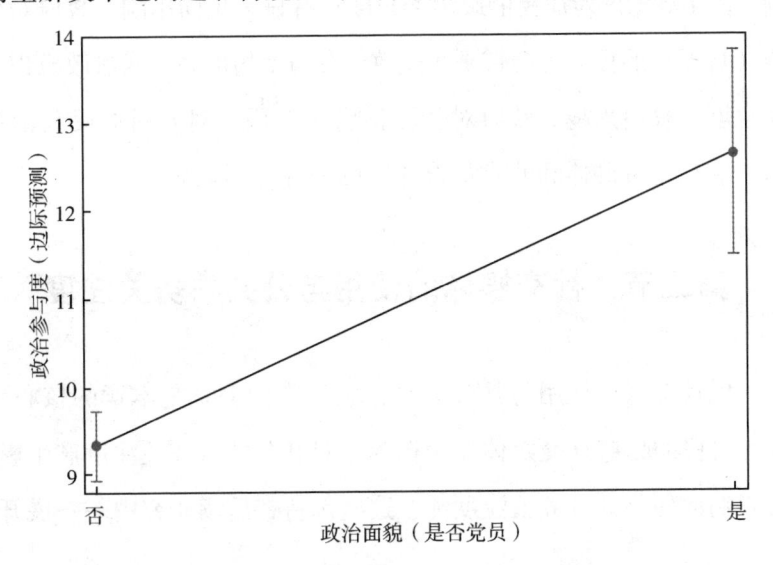

图 8-38　不同政治面貌群体汇报的政治参与水平（95%置信区间）

五 小结

以上考察了村民社交媒体使用行为对其政治参与的影响,并重点分析了政治控制变量对政治参与的影响,社交媒体使用行为主要从村民使用的频率来考察,政治参与则从政治活动的参与频率来分析,政治控制变量主要从参政意识、民主满意度、政治兴趣和政府对公民影响(自评)来分析。得出以下结论:①就村民使用社交媒体的频率而言,社交媒体使用频率越高,村民参与政治活动的积极性也越高,总体参与度、分维度参与度越高。②与非党员相比,党员的村民政治参与度更高。③就政治控制变量而言,参政意识、政治兴趣对农村居民总体政治参与水平的正向影响并不显著,分维度来看,参政意识仅对居民参与公共规则/村规民约/道德规范/行为准则的制定具有显著正向影响,政治兴趣的提升仅对居民参与村委会选举、联系党组织具有显著的正向影响。民主满意度对居民的政治参与度具有显著正向影响,政府对公民影响(自评)的提升也会带来居民政治参与度的提高。④参政意识、民主满意度、政治兴趣、政府对公民影响(自评)对农村居民政治参与度的影响在党员群体和非党员群体间的差异并不显著。

第三节 社交媒体的使用与公共事务关注度

村民社交媒体使用与其公共事务关注度的关系是本章的核心研究问题。村民的哪些社交媒体使用行为会对其公共事务关注度产生影响?又会影响何种公共事务关注度呢?这些都将在后续研究中一一展开。

一 变量与模型

这部分着重探讨村民社交媒体使用对其公共事务关注度方面的影响。

(一) 变量设置与基本特征

1. 因变量

本章节所使用的因变量是农村居民的公共事务关注度，该变量是由问卷 D2 的量表题生成的一个连续型变量，具体包括"您对政府活动/决策的关注程度""您对于扶贫信息的关注程度""您对于农业政策的关注程度""您对于务工信息的关注程度""您对于本村文化活动的关注程度""您对于村务公开的关注程度""您对于村委会工作的关注程度""您对于本村集体产业的关注程度"八个问题，将选项"从不关注""不太关注""一般""比较关注""非常关注"分别赋值为 0—4 分，得到各个维度的公共事务关注度得分，采用直接相加的方法计算公共事务关注度总得分，生成 0—32 的连续型变量，数值越大，代表农村居民的公共事务关注度越高。

2. 自变量

本章节所使用的自变量是农村居民社交媒体的使用频率，是一个连续型变量，主要考察村民使用社交媒体的活跃度和积极性。针对社交媒体的使用状况，由问卷 B3 的量表题——"您使用微信、QQ、抖音、快手等社交媒介进行以下活动的情况"生成，具体包括"把认为重要的信息（视频、图片、音乐等）分享到社交平台或发送给朋友""搜索某一新闻事件或话题""与别人讨论某一新闻事件或话题""发表对某一事件或话题的意见""建立或加入群组（如微信群）""闲逛、随便刷刷推荐内容"六项内容的使用频率，分别将"从不""偶尔""有时""经常""总是"赋值为 0—4 分，采用直接相加的方法计算社交媒体使用频率总得分，生成 0—24 的连续型变量，数值越大，代表农村居民的社交媒体使用频率越高。

3. 控制变量

本研究的控制变量包括人口学变量、政治控制变量两个部分。人口学变量包括性别、年龄、教育程度、婚姻状况、家庭年收入（对数)。政治控制变量包括参政意识、政治兴趣、民主满意度、政府对公民的影响评价等政治介入因素。上述政治因素既涉及与公民自身能力意识等有关的"输入"变量，又涵盖以公民作为中心投射产生"民主满意度"和"政治外部效能感"等"输出"政治变量，故考察社交媒体对公民政治参与的净影响亟须考虑上述政治控制变量。人口学变量的操作化与本报告第四章一致，见第四章表4-1。

"参政意识"变量是由问卷D3的量表题生成的一个连续型变量，关于社会问题的决定权归属的态度一定程度上可以反映居民的参政意识，具体包括被访者对于"大部分决定应根据专家的判断做出""现代社会的各种问题非常复杂，只有那些比较简单的问题才能让一般人讨论""只要领导人能力强，又得到人民的信任，那么老百姓就不必参与做决定""无论人们对有关问题了解得如何，每个人最好都能参与做决定"四个问题的同意程度，前三个问题将选项"非常赞同""比较赞同""一般""不太赞同""非常不赞同"分别赋值为0—4分，最后一个问题则反向赋分，即"非常不赞同"赋值为0，"非常赞同"赋值为4，采用直接相加的方法计算参政意识总得分（0—16），数值越大，代表农村居民对权威决定越不认可，自我的参政意识越强。

"民主满意度"变量是一个由问卷D4的量表题生成的连续型变量，包括被访者对于"您对村里各种决策的满意程度""现在去乡镇政府办事是否方便""政府干部的态度怎样""总体来讲，本地乡镇干部是否称职""对本地乡镇政府工作是否满意""对本村村委会工作是否满意"六个问题的评价，将满意程度选项从"不满意""不太满意""一般""比较满意""非常满意"分别赋值0—4分，便利程度选项"很不方便""不太方便""一般""比较方便""非常方便"分别赋值0—4分，态度好坏选项从"很差""不太好""一般""比较好""非常好"分别赋值0—4分，称职程度选项"几乎都不称职""不太称职""一般""比较称职""大多数都称职"分别赋值0—4分，采用直接相加的方法计算民主满意度总得分（6—30），数值越大，代表民主满意度越高。

"政治兴趣"变量是由被访者对于问卷 D5 问题的回答生成的连续型变量，即被访者对于"您平时对政治事务感兴趣吗？"这一问题的回答，将选项"完全不感兴趣""不太感兴趣""一般""比较感兴趣"分别赋值 0—4 分，数值越大，代表政治兴趣越浓厚。

"政府对公民影响（自评）"变量是由问卷 D6 生成的一个连续型变量，考察被访者对于"您觉得政府对您日常生活有影响吗？"问题的回答，将选项"根本没影响""不太有影响""有些影响""比较有影响""非常有影响"分别赋值 0—4 分，数值越大，自评影响程度越高。

4. 变量的基本情况

表 8-15 汇报的是纳入模型分析的相关变量的基本分布情况，主要是最大值、最小值、均值、标准差，分析样本共计 1207 个。

从因变量来看，村民的公共事务关注度的均值是 15.601（标准差为 6.586），其中党员群体的公共事务关注度均值为 17.787，非党员群体的公共事务关注均值为 15.324（见图 8-38）。从自变量来看，村民社交媒体使用频率的平均值为 8.384（标准差为 4.498），其中党员群体的社交媒体使用频率均值为 9.279，非党员群体的社交媒体使用频率均值为 8.270，整体使用频率一般（见图 8-38）。从政治控制变量来看，仅有 11.27% 的村民为党员，接近九成村民为非党员。村民的参政意识的均值是 7.777（标准差为 2.467），村民的民主满意度的均值是 15.221（标准差为 4.479），村民的政治兴趣的均值是 2.126（标准差为 0.987），村民的政府对公民影响（自评）的均值是 1.983（标准差为 1.047），其他控制变量的数据分布情况不再一一说明。上述因变量与自变量、控制变量的具体数据结构与特征情况如表 8-15 所示。

表 8-15　　变量的描述性统计

变量	均值	标准差	最小值	最大值	样本量
因变量					
公共事务关注度	15.601	6.586	0	32	1207
自变量					
社交媒体使用频率	8.384	4.498	0	24	1207
控制变量					
年龄	40.088	13.876	16	90	1207
家庭年收入（元）	41922.400	29987.390	0	200000	1207
家庭年收入（对数）	10.218	1.579	0	12.206	1207
参政意识	7.777	2.467	0	16	1207
民主满意度	15.221	4.479	1	24	1207
政治兴趣	2.126	0.987	0	4	1207
政府对公民的影响（自评）	1.983	1.047	0	4	1207

变量	类别/指标	频数	百分比（%）
自变量			
社交媒体使用种类	0—1 种	213	28.82
	2 种	285	38.57
	3 种	122	16.51
	4 种及以上	119	16.10
控制变量			
性别	男	680	56.34
	女	527	43.66
年龄组	青年	742	61.47
	中年	383	31.73
	老年	82	6.79
受教育程度	小学及以下	327	27.09
	初中	405	33.55
	高中	152	12.59
	大专及以上	323	26.76

变量	类别/指标	频数	百分比（%）
婚姻状况	无配偶	363	30.07
	有配偶	844	69.93

续表

变量	类别/指标	频数	百分比（%）
政治面貌	非党员	1071	88.73
	党员	136	11.27

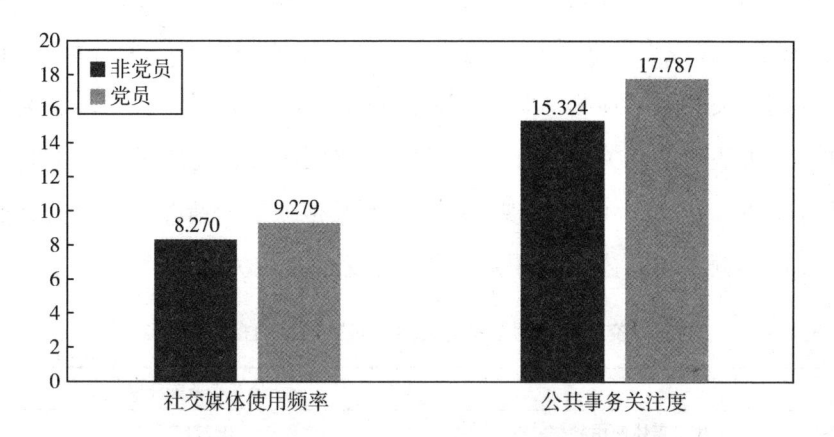

图 8-38 不同政治面貌群体的社交媒体使用频率、公共事务参与度现状（N=1207）

（二）模型设置

本书的因变量是连续型变量，可以采用多元线性回归（OLS，Ordinary Least Squares）模型进行分析。具体公式如下：

$$Y_i = \beta_0 + \beta_1 X_{i1} + \beta_2 X_{i2} + \cdots + \beta_{11} X_{i11} + \delta_i \qquad (8-2)$$

公式（8-2）中，下标 i 表示不同的农村居民，因此 Y_i 表示第 i 个居民的公共事务关注度水平。其中，β_0 是回归截距；β_1，β_2，…，β_{11} 是回归斜率；X_{i1}，X_{i2}，…，X_{i11} 表示第 i 个个体的社交媒体使用频率、性别、年龄等解释变量的取值；δ_i 是个体模型的随机误差项。

因此，公式（8-2）的实际含义为：某农村居民的公共事务关注度 = 平均公共事务关注度得分 + 该居民特征影响的公共事务关注度得分增量 + 该居民的随机误差。

二 相关性分析

首先,在未控制其他变量的情况下,我们初步预测了村民的社交媒体使用状况与其公共事务关注度之间的关系。其次,考虑到因变量"公共事务关注度"为连续变量,"社交媒体使用频率"为连续变量,故采用相关关系来预测。表8-16汇报了村民社交媒体使用频率与公共事务关注度的相关关系,并设置95%置信区间,生成了两者的预测图(见图8-39)。可以发现,在未控制其他变量的情况下,村民社交媒体使用频率与其公共事务关注度呈显著的正相关关系。

表8-16 村民社交媒体使用频率与公共事务关注度的相关性验证

	公共事务关注度
社交媒体使用频率	0.271***

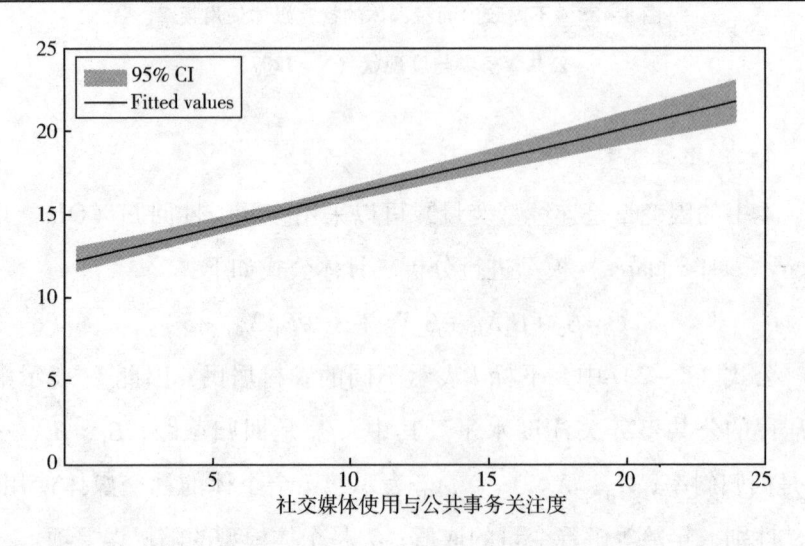

图8-39 村民社交媒体使用频率与公共事务关注度的关系(95%置信区间)

三 社交媒体使用频率与公共事务关注的回归分析

表8-17报告的是社交媒体使用频率对农村居民公共事务关注度

的影响。模型1在未控制其他变量的情况下，考察了社交媒体使用频率对居民公共事务关注度的影响。可以发现，社交媒体使用频率对居民的公共事务关注度具有显著影响，村民的社交媒体使用频率越高，其公共事务关注度越高，即呈现积极的正相关关系。模型2分别加入了个体人口学特征、政治控制变量，可以发现，其他条件一致的情况下，社交媒体使用频率在0.001的水平上对居民的公共事务关注度具有显著正向影响，社交媒体使用频率每增加1个单位，农村居民的公共事务关注度增加0.285。可以得出，在纳入控制变量后，社交媒体使用频率在统计学上依然显著。这说明村民社交媒体的使用频率会影响其公共事务关注度，社交媒体使用频率越高，村民对公共事务的关注度越高。人口学特征方面：与女性相比，男性农村居民的公共事务关注度更高，但仅在0.1水平上显著；与接受小学及以下教育的农村居民相比，接受初中、高中教育的农村居民公共事务关注度更高，接受高中、大专及以上教育的农村居民并未表现出显著的更高水平的公共事务关注度；婚姻状况、年龄对农村居民公共事务关注度的影响并不显著；家庭年收入（对数）对公共事务关注度的负向影响仅在0.1水平上显著。

表8-17　社交媒体使用频率对公共事务关注度的影响（OLS模型）

变量	模型1	模型2	模型3	模型4	模型5	模型6
社交媒体使用频率	0.397***	0.285***	0.285***	0.284***	0.284***	0.285***
	(0.0406)	(0.0415)	(0.0415)	(0.0415)	(0.0415)	(0.0416)
性别（女=0）		0.653+	0.652+	0.651+	0.653+	0.653+
		(0.343)	(0.343)	(0.343)	(0.343)	(0.344)
中年（青年=0）		0.187	0.185	0.189	0.181	0.187
		(0.412)	(0.412)	(0.412)	(0.412)	(0.412)
老年		-0.882	-0.883	-0.898	-0.839	-0.882
		(0.740)	(0.741)	(0.740)	(0.741)	(0.741)
初中（小学及以下=0）		1.663***	1.672***	1.658***	1.681***	1.663***
		(0.453)	(0.455)	(0.453)	(0.453)	(0.454)

续表

变量	模型1	模型2	模型3	模型4	模型5	模型6
高中		1.304*	1.312*	1.296*	1.319*	1.304*
		(0.620)	(0.621)	(0.620)	(0.619)	(0.620)
大专及以上		0.0729	0.0790	0.0934	0.105	0.0729
		(0.601)	(0.602)	(0.602)	(0.601)	(0.602)
婚姻状况（无配偶=0）		0.363	0.364	0.353	0.339	0.363
		(0.419)	(0.420)	(0.420)	(0.420)	(0.420)
政治面貌（非党员=0）		1.705**	1.341	-0.0389	-0.188	1.694
		(0.551)	(1.711)	(1.766)	(1.394)	(1.188)
家庭年收入（对数）		-0.195+	-0.196+	-0.196+	-0.205+	-0.195+
		(0.106)	(0.106)	(0.106)	(0.106)	(0.106)
参政意识		0.126+	0.121	0.122+	0.123+	0.126+
		(0.0696)	(0.0741)	(0.0697)	(0.0696)	(0.0697)
民主满意度		0.493***	0.493***	0.479***	0.490***	0.493***
		(0.0378)	(0.0378)	(0.0402)	(0.0378)	(0.0379)
政治兴趣		0.590***	0.589***	0.585***	0.506**	0.590***
		(0.177)	(0.177)	(0.177)	(0.185)	(0.177)
政府对公民影响		0.939***	0.940***	0.927***	0.926***	0.939
		(0.164)	(0.164)	(0.164)	(0.164)	(0.175)
党员*参政意识			0.0470			
			(0.209)			
党员*民主满意度				0.115		
				(0.110)		
党员*政治兴趣					0.773	
					(0.523)	
党员*政府对公民影响						0.00512
						(0.480)
截距	12.270***	2.040	2.099	2.353	2.421	2.042
	(0.386)	(1.487)	(1.511)	(1.517)	(1.508)	(1.502)
N	1207	1207	1207	1207	1207	1207
R^2	0.074	0.263	0.263	0.264	0.264	0.263

注：1. 括号内为稳健标准误；2. $+p<0.10$，$*p<0.05$，$**p<0.01$，$***p<0.001$。

政治控制变量方面：其他因素不变，党员居民的公共事务关注度比非党员高 1.705 个单位，边际效应的结果进一步显示，当其他变量取均值时，党员居民的公共事务关注度预测值为 17.114，非党员居民的公共事务关注度预测值为 15.409（见图 8-40）；村民参政意识对公共事务关注度的正向影响仅在 0.1 水平上显著；民主满意度对居民的公共事务关注度具有显著正向影响，民主满意度每增加 1 个单位，居民的公共事务关注度增加 0.493；政治兴趣对居民的公共事务关注度也具有显著的正向影响，政治兴趣每增加 1 个单位，居民的公共事务关注度增加 0.590；政府对公民影响（自评）对居民的公共事务关注度具有显著正向影响，政府对公民影响程度每增加 1 个单位，居民的公共事务关注度增加 0.939。

模型 3、模型 4、模型 5、模型 6 分别加入了政治面貌与参政意识、政治面貌与民主满意度、政治面貌与政治兴趣、政治面貌与政府对公民影响（自评）的交互项，结果显示，以上交互项均不显著。这意味着在本研究的样本中，社交媒体使用频率以及政治控制变量（政治兴趣、民主满意度、参政意识、政府对公民影响）对农村居民公共事务参与度的影响在党员群体和非党员群体中未体现显著差异。

表 8-18 进一步补充了社交媒体使用频率对不同内容公共事务关注度的影响，结果显示，其他变量不变的情况下，农村居民的社交媒体使用频率对其政府活动/决策、扶贫信息、农业政策、务工信息、本村文化活动、村务公开、村委会工作、本村集体产业的关注均具有显著正向影响，即农村居民的社交媒体使用频率越高，其对于政府活动/决策、扶贫信息、农业政策、务工信息、本村文化活动、村务公开、村委会工作、本村集体产业的关注度越高。政治控制变量方面，参政意识对居民政府活动/决策、扶贫信息的关注度具有显著影响，即参政意识的提升会带来居民对政府活动/决策、扶贫信息关注度的提高。民主满意度的提高会带来居民对政府活动/决策、扶贫信息、农业政策等

各内容关注度水平的全面提升。政治兴趣对政府活动/决策、农业政策、村委会工作、本村集体产业的关注度具有显著的正向影响，但对务工信息、村务公开等关注度的影响并不显著。政府对公民影响（自评）对于居民在务工信息方面的关注影响仅在 0.1 水平上显著，但对其政府活动/决策等方面的关注具有显著的正向影响。

表 8-18 社交媒体使用频率对不同内容公共事务关注度的影响（OLS 模型）

变量	政府活动/决策	扶贫信息	农业政策	务工信息	本村文化活动	村务公开	村委会工作	本村集体产业
	模型7	模型8	模型9	模型10	模型11	模型12	模型13	模型14
社交媒体使用频率	0.040***	0.036***	0.035***	0.049***	0.041***	0.032***	0.028***	0.026***
	(0.006)	(0.007)	(0.007)	(0.007)	(0.007)	(0.007)	(0.007)	(0.008)
性别（女=0）	0.069	0.058	0.078	0.052	0.0187	0.106+	0.082	0.192**
	(0.053)	(0.057)	(0.059)	(0.061)	(0.0589)	(0.061)	(0.060)	(0.065)
中年（青年=0）	-0.037	-0.001	0.190**	0.107	-0.023	-0.020	0.113	-0.142+
	(0.064)	(0.069)	(0.071)	(0.073)	(0.070)	(0.074)	(0.072)	(0.078)
老年	-0.030	-0.159	-0.104	-0.224+	-0.154	-0.074	0.014	-0.151
	(0.115)	(0.123)	(0.127)	(0.132)	(0.127)	(0.132)	(0.130)	(0.140)
初中（小学及以下=0）	0.173*	0.270***	0.245**	0.285***	0.234**	0.141+	0.228**	0.088
	(0.070)	(0.075)	(0.078)	(0.081)	(0.078)	(0.081)	(0.080)	(0.086)
高中	0.110	0.214*	0.165	0.154	0.213*	0.199+	0.216*	0.033
	(0.096)	(0.103)	(0.107)	(0.110)	(0.106)	(0.111)	(0.109)	(0.117)
大专及以上	-0.015	0.053	-0.002	-0.005	0.002	-0.007	0.0150	0.032
	(0.093)	(0.100)	(0.103)	(0.107)	(0.103)	(0.107)	(0.105)	(0.114)
婚姻状况（无配偶=0）	-0.001	0.015	0.104	0.080	-0.039	0.079	0.029	0.097
	(0.065)	(0.070)	(0.072)	(0.075)	(0.072)	(0.075)	(0.074)	(0.079)
政治面貌（非党员=0）	0.238**	0.203*	0.089	0.088	0.276**	0.325***	0.280**	0.206*
	(0.086)	(0.092)	(0.095)	(0.098)	(0.094)	(0.098)	(0.097)	(0.104)
家庭年收入（对数）	-0.017	-0.014	-0.030	-0.007	-0.037*	-0.025	-0.012	-0.053**
	(0.016)	(0.018)	(0.018)	(0.019)	(0.018)	(0.019)	(0.019)	(0.020)
参政意识	0.032**	0.025*	0.017	0.014	0.016	0.013	0.009	0.00006
	(0.011)	(0.012)	(0.012)	(0.012)	(0.012)	(0.012)	(0.012)	(0.013)

续表

变量	政府活动/决策	扶贫信息	农业政策	务工信息	本村文化活动	村务公开	村委会工作	本村集体产业
	模型7	模型8	模型9	模型10	模型11	模型12	模型13	模型14
民主满意度	0.065***	0.075***	0.067***	0.056***	0.046***	0.057***	0.065***	0.062***
	(0.006)	(0.006)	(0.007)	(0.007)	(0.006)	(0.007)	(0.007)	(0.007)
政治兴趣	0.140***	0.050+	0.070*	0.045	0.059+	0.046	0.065*	0.115***
	(0.027)	(0.029)	(0.030)	(0.031)	(0.030)	(0.032)	(0.031)	(0.033)
政府对公民影响	0.138***	0.156***	0.118***	0.0485+	0.0854**	0.148***	0.147***	0.0976**
	(0.025)	(0.027)	(0.028)	(0.029)	(0.028)	(0.029)	(0.029)	(0.031)
截距	-0.151	-0.064	0.346	0.372	0.678**	0.267	-0.011	0.603*
	(0.231)	(0.247)	(0.256)	(0.264)	(0.254)	(0.265)	(0.261)	(0.282)
N	1207	1207	1207	1207	1207	1207	1207	1207
R^2	0.232	0.209	0.173	0.147	0.134	0.141	0.158	0.138

注：1. 括号内为稳健标准误；2. $+p<0.10$，$*p<0.05$，$**p<0.01$，$***p<0.001$。

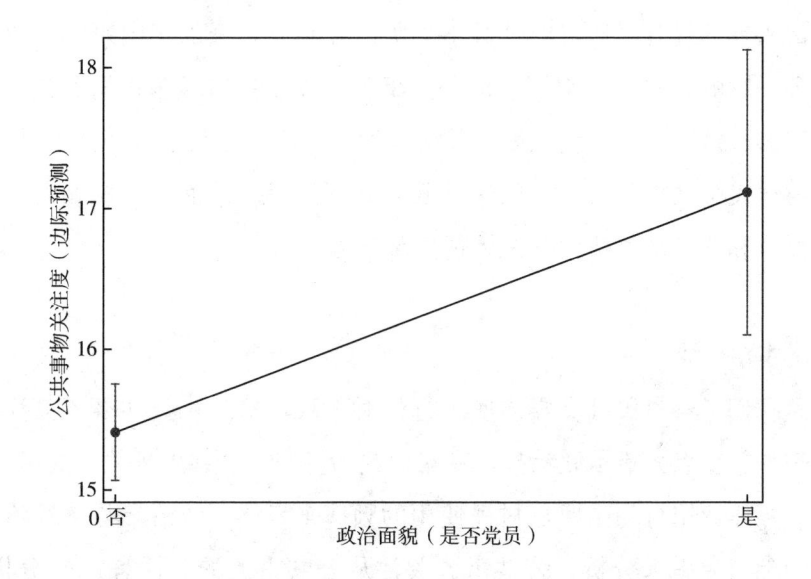

图8-40 不同政治面貌群体汇报的公共事务关注度水平

(95%置信区间)

四 小结

以上考察了村民社交媒体使用行为对其公共事务关注的影响,并重点分析了政治控制变量对公共事务关注的影响,以及其在不同政治面貌群体间的影响差异,社交媒体使用行为主要从村民使用的频率来考察,公共事务关注则从公共事务内容的关注程度来分析,政治控制变量主要从参政意识、民主满意度、政治兴趣和政府对公民影响(自评)来分析。得出以下结论:首先,就村民使用社交媒体的频率而言,社交媒体使用频率越高,村民对于公共事务的关注度也越高。其次,与非党员相比,党员的公共事务关注度更高。再次,就政治控制变量而言,参政意识对农村居民公共事务关注度的正向影响仅在0.1水平上显著,民主满意度对居民的公共事务关注度具有显著正向影响,政治兴趣的提升对居民的公共事务关注度具有积极的正向影响,政府对公民影响(自评)对居民的公共事务关注度具有显著正向影响。最后,参政意识、民主满意度、政治兴趣和政府对公民影响(自评)对农村居民公共事务关注度的影响并未受到居民政治面貌的影响,在党员群体和非党员群体中并未体现显著差异。

本章小结

我们考察村民社交媒体使用行为对其政治参与、公共事务关注的影响,并重点分析了政治控制变量对政治参与、公共事务关注的影响,社交媒体使用行为主要从村民使用的频率来考察,政治参与从政治活动的参与频率来分析,公共事务关注从公共事务的关注程度来分析,政治控制变量主要从参政意识、民主满意度、政治兴趣和政府对公民影响(自评)来分析。研究结果启示我们,借助丰富多样的社交媒体,如微信、抖音等,村民们可以更加便利地获取政治活动、公共事务的有关信息,并在村民之间互动和共享,形成了良好的整治活动氛围。同时，村民学会使用各类社交媒体将有助于他们以更加饱满的热情和主动性，积极地投入乡村政治活动参与和公共事务关注中去。这意味着乡村新媒体平台已经成为村民自发参与政治生活的新途径之一。

在实际情况中，村民较少参与县乡级人大代表选举、村庄重大公共事务有关的村民会议、听取及表决村委会工作报告情况，日常生活中较少与县人大、乡镇人大代表或村民委员会成员打交道，而对政府活动/决策、扶贫信息、农业政策、务工信息、本村文化活动、村务公开等信息的关注相对较高，说明农民在政治参与中有明确的动机，集体公有利益、小群体共有利益等皆是影响农民政治参与的重要原因，利益驱动是我国农民政治参与的主要动机，作为利益最主要表现形式的经济利益也成为影响和制约农民政治参与的最根本因素。

对于当前政策决策规划、政府办事利民性、政府工作人员工作态度、工作认真负责性等方面的满意程度，总体而言，大部分受访对象相对满意，但在选择满意的受访对象之中，大多数受访对象选择一般满意，意味着政府政策决策在确定前需要更慎重、多调研，乡镇政府办事方便性需要更加人性化、政府干部工作态度需要进一步改善、工作需要更加称职负责、地方乡镇政府工作需要更加细致周到、村委会工作需要更加紧密联系群众。乡村社会还是一个"熟人"社会，人与人之间的黏性更大，村民除了通过微信群获取村务信息，另外主要是靠乡村大喇叭、村里人相互传播得知，互联网的出现加持了农民政治参与的热情与可能性。在宣传与策划过程中，应当摒弃空洞无物的理论宣传方式，以贴近农民生活的故事、灵活多样的形式进行宣传策划。让农民从文化活动的"接受者"到"参与者"，从"观众""听众"到"主角"，努力打造有影响力、有号召力的乡村品牌活动，才能满足广大农民群众对精神生活的追求，发挥凝聚人心、教化群众、淳化民风的重要作用。

政治面貌、参政意识、基层民主满意度、政治兴趣和政府对公民影响（自评）都会影响村民的政治参与和公共事务关注。这启示着我们，在欣喜于新媒体带来的参与政治生活的新方式、新思路的同时，仍然要加强村民的党员队伍建设，发挥党员的模范带头作用。同时，如何改善和提高基层民主工作的满意度，以激励村民自发提高自身的参政意识和政治兴趣，使村民更为主动积极地投入乡村政治生活的建设与发展中，仍然是需要思考的重要问题。

参考文献

一 中文文献

（一）论著

习近平：《决胜全面建成小康社会 夺取新时代中国特色社会主义伟大胜利——在中国共产党第十九次代表大会上的报告》（2017年10月18日），人民出版社2017年版。

［美］爱德华·W. 苏贾：《后现代地理学》，王文斌译，商务印书馆2004年版。

［美］保罗·康纳顿：《社会如何记忆》，纳日碧力戈译，上海人民出版社2000年版。

［美］本尼迪克特·安德森：《想象的共同体：民族主义的起源与散布》，吴叡人译，上海人民出版社2003年版。

［美］C. 赖特·米尔斯：《社会学的想象力》，李康译，北京师范大学出版社2017年版。

曹锦清：《黄河边的中国：一个学者对乡村社会的观察与思考》（上、下），上海文艺出版社2013年版。

陈瀚笙、薛暮桥、冯和法合编：《解放前的中国农耕村》（第一辑），中国展望出版社1985年版。

《邓小平文选》（第2—3卷），人民出版社1994年版。

邓正来、[英] 杰弗里·亚历山大：《国家与市民社会——一种社会理论的研究路径》，中央编译出版社 2006 年版。

丁卫：《复杂社会的简约治理》，山东人民出版社 2009 年版。

杜赞奇：《文化、权利与国家：1900—1942 年的华北农村》，王福明译，江苏人民出版社 1996 年版。

费孝通：《乡土中国　生育制度》，北京大学出版社 1998 年版。

费孝通：《乡土中国》，生活·读书·新知三联书店 1985 年版。

傅谨：《新中国戏剧史：1949—2000》，湖南美术出版社 2002 年版。

[美] 富兰克林·H.金：《四千年农夫：中国、朝鲜和日本的永续农业》，程存旺、石嫣译，东方出版社 2011 年版。

[美] 格尔茨：《文化的解释》，纳日碧力戈等译，上海人民出版社 1999 年版。

固原地区地方志编纂委员会：《固原地区志》，宁夏人民出版社 1994 年版。

国务院法制办公室：《中华人民共和国法规汇编 1953—1955》（第 2 卷），中国法制出版社 2005 年版。

[法] H. 孟德拉斯：《农民的终结》，李培林译，社会科学文献出版社 2010 年版。

韩鸿：《民间的书写：中国大众影像生产研究》，中国传媒大学出版社 2007 年版。

韩毓海：《五百年来谁著史：1500 年以来的中国与世界》，九州出版社 2009 年版。

贺美德、鲁纳编著：《"自我"中国：现代中国社会中个体的崛起》，许烨芳等译，上海译文出版社 2011 年版。

贺雪峰：《乡村治理与秩序——村治研究论集》，华中师范大学出版社 2003 年版。

黄平主编：《乡土中国与文化自觉》，生活·读书·新知三联书店 2007

年版。

［英］霍尔：《表征：文化表象与意指实践》，徐亮等译，商务印书馆2003年版。

纪程：《话语政治：中国乡村社会变迁中的符号权力运作》，中国社会科学出版社2011年版。

《江泽民文选》（第1卷），人民出版社2006年版。

江泽民：《论社会主义市场经济》，中央文献出版社2006年版。

蒋旭峰等：《抗争与合作：农村治理中的传播模式》，浙江大学出版社2011年版。

［美］康拉德·科塔克：《远逝的天堂：一个巴西小社区的全球化》（第四版），张经纬等译，北京大学出版社2012年版。

［丹麦］克劳斯·布鲁恩·延森：《媒介融合：网络传播、大众传播和人际传播的三重维度》，刘君译，复旦大学出版社2016年版。

［美］拉里·萨默瓦、理查德·波特：《文化模式与传播方式》，麻争旗译，北京广播学院出版社2003年版。

李苓、陈昌文：《现代传媒与中国西部民族》，中华书局2012年版。

李培林：《村落的终结——羊城村的故事》，商务印书馆2010年版。

［美］理查德·鲍曼：《作为表演的口头艺术》，杨利慧、安德明译，广西师范大学出版社2008年版。

《梁漱溟全集》（第2、5卷），山东人民出版社1990年版。

梁漱溟：《乡村建设理论》，商务印书馆2015年版。

林南：《社会资本——关于社会结构与行动的理论》，上海人民出版社2005年版。

刘海龙：《大众传播理论：范式与流派》，中国人民大学出版社2008年版。

刘岳、宋棠：《国家政策在农村实践过程中的理解社会学》，云南人民出版社2006年版。

《毛泽东文集》（第1—5卷），人民出版社1996年版。

《马克思恩格斯全集》第46卷（上册），人民出版社1979年版。

《马克思恩格斯选集》（第1卷），人民出版社1995年版。

[美] 曼纽尔·卡斯特：《认同的力量》，夏铸九等译，社会科学文献出版社2003年版。

[法] 莫里斯·哈布瓦赫：《论集体记忆》，毕然等译，上海人民出版社2002年版。

[加拿大] 欧文·戈夫曼：《日常生活中的自我呈现》，北京大学出版社2008年版。

彭大鹏、吴毅：《单向度的农村：对转型期乡村社会性质的一项探索》，湖北人民出版社2008年版。

彭兰：《社会化媒体：理论与实践解析》，中国人民大学出版社2015年版。

齐武：《一个革命根据地的成长——抗日战争和解放战争时期的晋冀鲁豫边区概况》，人民出版社1957年版。

秦晖、苏文：《田园诗与狂想曲》，中央编译出版社1996年版。

邱林川：《信息时代的世界工厂：新工人阶级的网络社会》，广西师范大学出版社2013年版。

[美] 萨林斯：《甜蜜的悲哀》，王铭铭等译，生活·读书·新知三联书店2000年版。

沙垚：《吾土吾民：农民的文化表达与主体性》，中国社会科学出版社2017年版。

沙垚：《新农村：一部历史》，清华大学出版社2014年版。

[丹麦] 施蒂格·夏瓦：《文化与社会的媒介化》，刘君等译，复旦大学出版社2018年版。

石力月：《从分营到融合：中国广电业与电信业的公共服务研究》，复旦大学出版社2018年版。

谭华：《乡村传播网络与共同体重建：少数民族乡村文化发展的传播社会学分析》，中国社会科学出版社 2018 年版。

唐娟：《政府治理论》，中国社会科学出版社 2006 年版。

［英］托尼·本尼特：《文化·治理与社会：托尼·本尼特自选集》，王杰等译，东方出版中心 2016 年版。

［英］托尼·本尼特：《文化与社会》，王杰等译，广西师范大学出版社 2007 年版。

汪晖、陈燕谷主编：《文化与公共性》，生活·读书·新知三联书店 1998 年版。

王景新、鲁可荣、郭海霞编著：《中国共产党早期乡村建设思想研究》，中国社会科学出版社 2011 年版。

王明珂：《华夏边缘：历史记忆与民族认同》，台北允晨文化公司 1997 年版。

王铭铭：《逝去的繁荣：一座老城的历史人类学考察》，浙江人民出版社 1999 年版。

王先明：《走近乡村——20 世纪以来中国乡村发展论争的历史追索》，山西人民出版社 2012 年版。

危仁晸：《江西革命歌谣选》，江西人民出版社 1991 年版。

文公直：《中国农民问题的研究》，上海三民书店 1929 年版。

文化部办公厅：《文化工作文件资料汇编》（1949—1959），内部出版 1982 年版。

吴理财等：《公共性的消解与重建》，知识产权出版社 2014 年版。

熊培云：《一个村庄里的中国》，新星出版社 2011 年版。

阎云翔：《私人生活的变革：一个中国村庄里的爱情、家庭与亲密关系 1949—1999》，龚小夏译，上海书店出版社 2006 年版。

《晏阳初全集》（第 1 卷），湖南教育出版社 1989 年版。

杨英杰等编著：《初心之源：中国共产党的传统文化基因》，清华大学出版社 2019 年版。

［美］约书亚·梅洛维茨：《消失的地域：电子媒介对于社会行为的影响》，肖志军译，清华大学出版社 2002 年版。

［美］詹姆斯·W. 凯瑞：《作为文化的传播》，丁未译，华夏出版社 2005 年版。

［美］詹姆斯·博曼：《公共协商：多元主义、复杂性与民主》，黄相怀译，中央编译出版社 2006 年版。

张炼红：《历炼精魂：新中国戏曲改造考论》，上海人民出版社 2013 年版。

赵月枝：《传播与社会：政治经济与文化分析》，中国传媒大学出版社 2011 年版。

郑杭生等：《社会学概论新修》（修订本），中国人民大学出版社 1998 年版。

郑治：《十六大报告辅导读本》，人民出版社 2002 年版。

《中共中央关于推进农村改革发展若干重大问题的决定》，人民出版社 2008 年版。

中共中央文献研究室：《建国以来中国要文献选编》（第 14 册），中央文献出版社 1997 年版。

中共中央文献研究室：《习近平关于社会主义文化建设论述摘编》，中央文献出版社 2017 年版。

周晓虹：《传统与变迁：江浙农民的社会心理及其近代以来的嬗变》，生活·读书·新知三联书店 1998 年版。

（二）报纸、期刊论文

卜卫：《重构性格——媒介研究：从本土妇女媒介使用经验出发》，《中国社会科学报》2012 年第 3 期。

蔡骐：《网络虚拟社区中的趣缘文化传播》，《新闻与传播研究》2014 年第 9 期。

车英、袁松等：《试论新闻传播在乡村治理中的反作用》，《武汉大学学报》（人文社会科学版）2008 年第 1 期。

陈波：《公共文化空间弱化：乡村文化振兴的"软肋"》，《人民论坛》2018 年第 21 期。

陈富国：《推进国家治理现代化需要培育公共精神》，《中国社会科学报》2020 年第 7 期。

陈新民、王旭升：《电视的普及与村落"饭市"的衰落——对古坡大坪村的田野调查》，《国际新闻界》2009 年第 4 期。

费孝通：《反思·对话·文化自觉》，《北京大学学报》（哲学社会科学版）1997 年第 3 期。

龚大明：《抗战时期中共文化建设的理论和实践》，《贵州师范大学学报》（社会科学版）2006 年第 1 期。

郭建斌：《传媒与乡村社会：中国大陆 20 年研究的回顾、评价与思考》，《现代传播》2003 年第 3 期。

郭建斌、张静红、张翎、陈静静：《"视觉展演"：中国农村电影放映实践的文化阐释——基于滇川藏"大三角"地区的田野研究》，《新闻与传播研究》2018 年第 4 期。

何兰萍：《公共文化生活空间与农村文化建设》，《江西师范大学学报》2011 年第 2 期。

何兰萍：《新农村文化建设中民间文化的传承与保护》，《开发研究》2008 年第 2 期。

贺雪峰：《论农村基层组织的结构与功能》，《天津行政学院学报》2010 年第 6 期。

贺雪峰：《为什么要强调新农村文化建设》，《解放日报》2007 年第 11 期。

贺雪峰：《乡村建设的重点是文化建设》，《广西大学学报》（哲学社会科学版）2017 年第 4 期。

胡百精：《互联网与集体记忆构建》，《中国高校社会科学》2014年第3期。

胡百精、杨奕：《公共传播研究的基本问题与传播学范式创新》，《国际新闻界》2016年第3期。

胡潇：《空间的社会逻辑——关于马克思恩格斯空间理论的思考》，《中国社会科学》2013年第1期。

胡翼青、柴菊：《发展传播学批判：传播学本土化的再思考》，《当代传播》2013年第1期。

黄纪苏：《中国到了重建自己文化形态的时候——30年价值观的变迁与反思》，《绿叶》2008年第1期。

黄梦航：《农村公共文化服务体系建设中社会力量参与的路径问题——以湖北D市文化礼堂建设为中心的考察》，《福建论坛·人文社会科学版》2018年第4期。

黄宗智：《重新思考"第三领域"：中国古今国家与社会的二元合一》，《开放时代》2019年第3期。

姜亦炜：《互构与适应：文化治理的乡村逻辑》，《治理研究》2021年第1期。

焦勇夫：《"文化扶贫"小议论》，《瞭望周刊》1987年第7期。

李彬、黄卫星：《从去政治化到再政治化——读赵月枝〈传播与社会：政治经济与文化分析〉》，《新闻大学》2012年第1期。

李春霞：《地方性知识的建构与变迁——电视对彝族乡村传统的影响研究》，《西南民族大学学报》（人文社会科学版）2005年第7期。

李飞、杜云素：《中国村落的历史变迁及其当下命运》，《中国农业大学学报》（社会科学版）2015年第2期。

李红艳、冉学平：《乡村社会的另一种"凸显"——基于抖音短视频的思考》，《新闻大学》2020年第2期。

李乐：《媒介变革视野中的当代中国乡村治理结构转型》，《新闻与传播研究》2020 年第 9 期。

李培林：《农民的终结是选择还是命运》，《社会发展研究》2020 年第 7 期。

李三辉、范和生：《乡村文化衰落与当代乡村社会治理》，《长白学刊》2017 年第 4 期。

李山：《中国农村文化政策 70 年：话语形态及其演变脉络》，《湖北民族学院学报》（哲学社会科学版）2019 年第 3 期。

刘锐：《2001—2010：中国发展传播学研究现状与前景》，《国际新闻界》2011 年第 6 期。

刘涛：《短视频、乡村空间生产与艰难的阶层流动》，《教育传媒研究》2018 年第 6 期。

刘涛：《社会化媒体与空间的社会化生产：列斐伏尔和福轲"空间思想"的批判与对话机制研究》，《新闻与传播研究》2015 年第 5 期。

龙希成：《论罗素的"节奏"思想及其现代启示》，《自然辩证法研究》2007 年第 1 期。

鲁可荣、程川：《传统村落公共空间变迁与乡村文化传承——以浙江三村为例》，《广西民族大学学报》（哲学社会科学版）2016 年第 6 期。

路璐、朱志平：《历史、景观与主体：乡村振兴视域下的乡村文化空间建构》，《科学》2018 年第 11 期。

吕宾：《乡村振兴视域下乡村文化重塑的必要性、困境与路径》，《求实》2019 年第 2 期。

吕方：《再造乡土团结：农村社会组织发展与"新公共性"》，《南开学报》（哲学社会科学版）2013 年第 3 期。

吕新雨、赵月枝：《中国的现代性、大众传媒与公共性的重构》，《"传播与中国·复旦论坛"——1949—2009：共和国的媒介、媒介中的共和国论文集》，上海，2009 年。

栾轶玫、苏悦：《"热呈现"与"冷遮蔽"——短视频中的中国新时代三农形象》，《编辑之友》2019 年第 10 期。

马锋：《超越民族志：在解释中探寻可能之规律——传播民族志方法新探》，《中国传播学论坛》，2006 年。

玛雅：《黄平访谈：中国在 21 世纪上半期的国际环境与战略选择》，《天涯》2008 年第 7 期。

牛耀红：《建构乡村内生秩序的数字"社区公共领域"——一个西部乡村的移动互联网实践》，《新闻与传播研究》2018 年第 4 期。

祁述裕：《提升农村公共文化服务效能的五个着力点》，《行政管理改革》2019 年第 5 期。

钱理群：《晏阳初平民教育与乡村改造运动思想及其当代价值》，《中国农业大学学报》（社会科学版）2017 年第 3 期。

沙垚：《从影戏到电视：乡村共同体想象的解构》，《新闻大学》2012 年第 1 期。

沙垚：《人民性：让社会主义文艺真正嵌入农村社会结构》，《社会科学报》2018 年第 10 期。

沙垚：《乡村文化传播的内生性视角："文化下乡"的困境与出路》，《现代传播》2016 年第 6 期。

沙垚：《乡村文化治理的媒介化转向》，《南京社会科学》2019 年第 9 期。

沙垚：《新中国成立之初农村读报组的历史考察——以关中地区为例》，《新闻记者》2018 年第 6 期。

沙垚：《再谈农村俱乐部：农民的文化主体性与农村文艺的组织化》，《文艺理论与批评》2019 年第 9 期。

沙垚：《重构中国传播学——传播政治经济学者赵月枝教授专访》，《新闻记者》2015 年第 1 期。

沙垚、梁君健：《人民性与组织化：20 世纪下半叶民间戏曲兴衰的启示》,《上海大学学报》(社会科学版) 2018 年第 6 期。

邵培仁、展宁:《公共领域之中国神话:一项基于哈贝马斯公共领域文本考察的分析》,《浙江大学学报》(人文社会科学版) 2013 年第 5 期。

邵培仁、展宁:《探索文明的近路——西方媒介社会学的历史、现状与趋势》,《广州大学学报》(社会科学版) 2013 年第 5 期。

沈小勇:《传承与延展:乡村社会变迁下的文化自觉》,《社会科学战线》2009 年第 6 期。

石崧、宁越敏:《人文地理学"空间"内涵的演进》,《地理科学》2005 年第 6 期。

孙庆忠:《离土中国与乡村文化的处境》,《江海学刊》2009 年第 4 期。

孙玮:《微信:中国人的"在世存有"》,《学术月刊》2015 年第 12 期。

孙信茹:《大众传媒影响下的普米村寨社会空间变迁》,《西南民族大学学报》(人文社会科学版) 2013 年第 9 期。

孙信茹:《社交媒体在地化:一种进入整体情境的方法论》,《南京社会科学》2021 年第 3 期。

孙信茹、王东林:《微信对歌中的互动、交往与意义生成——对石龙村微信山歌群的田野考察》,《现代传播》2019 年第 10 期。

孙信茹、杨星星:《"媒介化社会"中的传播与乡村社会变迁》,《国际新闻界》2013 年第 7 期。

孙信茹、杨星星:《文化传播与行为选择——一个普米族青年的文化实践故事》,《现代传播》2015 年第 1 期。

谭华:《大众传播与少数民族社区的文化建构——对现代媒介影响下的村落变迁的反思》,《湖北民族学院学报》(哲学社会科学版) 2007 年第 1 期。

谭华:《断裂与失衡:现代传媒在少数民族乡村文化建设中的困境》,《北方民族大学学报》(哲学社会科学版) 2012 年第 3 期。

唐皇凤：《社会主要矛盾转化与新时代我国国家治理现代化的战略选择》，《新疆师范大学学报》（社会科学版）2018年第4期。

王斌、刘伟：《媒介与社区赋权：语境、路径和挑战》，《国际新闻界》2015年第10期。

王笛：《晚清长江上游地区公共领域的发展》，《历史研究》1996年第1期。

王国华、张玉露：《我国乡村公共文化空间对村民人际互动的影响——基于河南省部分文化大院的调查》，《调研世界》2019年第5期。

王绍光等：《共和国六十年：回顾与展望》，《开放时代》2008年第1期。

王盛开、孙华雨：《改革开放以来中国共产党农村文化政策的历史考察》，《新视野》2012年第4期。

王谓秋、任贵州：《公共文化服务体系共建共享的社会动因与路径选择——基于文化治理的视角》，《图书馆理论与实践》2016年第9期。

王先明：《历史演进与时代性跨越——试述"新农村建设"思想的历史进程》，《史学月刊》2014年第2期。

王寅丽、陈君华：《浮上水面的潜流——汉娜·阿伦特论公共领域的衰落》，《华东师范大学学报》（哲学社会科学版）1998年第6期。

吴理财：《论个体化乡村社会的公共性建设》，《探索与争鸣》2014年第1期。

吴秋林：《微信：结群革命与现代生存》，《民族学刊》2018年第6期。

吴旭：《"公众空间"的特征及其在三种媒介形态上的比较》，《国际新闻界》2008年第9期。

武中哲、韩清怀：《农村社会的公共性变迁与治理模式建构》，《华中农业大学学报》（社会科学版）2016年第1期。

徐杰舜：《中国农民守土与离土的博弈——孟德拉斯〈农民的终结〉的启示》，《中南民族大学学报》（人文社会科学版）2006年第1期。

徐晓全：《新型社会组织参与乡村治理的机制与实践》，《中国特色社会主义研究》2014年第4期。

徐勇：《村民自治、政府任务及税费改革——对村民自治外部行政环境的总体性思考》，《中国农村经济》2001年第11期。

徐志伟：《"十七年"时期的农村俱乐部与农村文艺活动的组织化》，《文艺理论与批评》2018年第5期。

许纪霖：《近代中国的公共领域：形态、功能与自我理解——以上海为例》，《史林》2003年第2期。

闫文捷：《作为公共传播的民主商议及其意义——一项针对浙江基层商议实践的问卷调查》，《新闻与传播研究》2017年第11期。

［德］尤尔根·哈贝马斯：《关于公共领域问题的答问》，《社会学研究》1999年第3期。

余新忠：《中国的民间力量与公共领域——近年中美关于近世市民社会研究的回顾与思考》，《学习与探索》1999年第4期。

袁君刚、李佳琦：《走向文化治理：乡村治理的新转向》，《西北农林科技大学学报》（社会科学版）2020年第3期。

张法：《主体性、公民社会、公共性——中国改革开放以来思想史上的三个重要观念》，《社会科学》2010年第6期。

张炼红：《从民间性到"人民性"：戏曲改编的政治意识形态化》，《当代作家评论》2002年第1期。

张瑞倩：《电视对少数民族传统文化的"修补"——以青海"长江源村"藏族生态移民为例》，《新闻与传播研究》2009年第1期。

张新文、张国磊：《社会主要矛盾转化、乡村治理转型与乡村振兴》，《西北农林科技大学学报》（社会科学版）2018年第3期。

赵旭东：《从"问题中国"到"理解中国"——作为西方他者的中国乡村研究及其创造性转化》，《社会科学》2009年第2期。

赵旭东、孙笑非：《中国乡村文化的再生产——基于一种文化转型观念的再思考》,《南京农业大学学报》(社会科学版)2017年第1期。

赵迎芳:《当代中国文化扶贫存在的问题与对策》,《理论学刊》2017年第9期。

赵月枝:《生态社会主义:乡村视野的历史文化和生态意义》,《天府新论》2015年第6期。

郑杭生、李迎生:《中国早期社会学中的乡村建设学派》,《社会学研究》2000年第3期。

郑葳、李芒:《学习共同体及其生成》,《全球教育展望》2007年第4期。

周尚意、戴俊骋:《文化地理学概念、理论的逻辑关系之分析——以"学科树"分析近年中国大陆文化地理学进展》,《地理学报》2014年第4期。

(三) 学位论文

郭建斌:《电视下乡:社会转型期大众传媒与少数民族社区——独龙江个案的民族志阐释》,博士学位论文,复旦大学,2002年。

侯青青:《乡村文化治理的实践、效能及其因素分析——基于山西L村的个案分析》,硕士学位论文,山西大学,2020年。

金玉萍:《日常生活实践中的电视使用——托台村维吾尔族受众研究》,博士学位论文,复旦大学,2010年。

李昌:《景真村的国家认同研究》,博士学位论文,武汉大学,2014年。

李广:《中国乡村治理中的政治传播与控制》,博士学位论文,华中师范大学,2007年。

刘名涛:《空间、权力与日常生活:乡村文化广场的空间政治研究》,硕士学位论文,华中师范大学,2018年。

牛耀红:《网络公共空间与乡土公共性重建——基于一个西部农村的考察》,博士学位论文,南京师范大学,2018年。

申业磊:《农村公共文化空间的重构——以永嘉县农村文化礼堂建设

为例》，硕士学位论文，温州大学，2016年。

万兰芳：《分化与整合：乡村社会的公共性构建研究——以橘村为例》，博士学位论文，华中师范大学，2017年。

王洪涛：《哈贝马斯公共领域思想研究》，博士学位论文，华东师范大学，2009年。

张斌：《大众传媒与少数民族乡村政治生活——对湘黔桂毗邻边区三个民族村寨的民族志调查与阐释》，博士学位论文，华中科技大学，2012年。

张祺：《草根媒介：社会转型中的抗拒性身份建构——对贵州西部方言苗语影像的案例研究》，博士学位论文，中国社会科学院研究生院，2012年。

(四) 电子文献

光明日报：《骆郁廷，刘彦东：以文化为乡村振兴铸魂》，http://theory.people.com.cn/n1/2018/0508/c40531-29970611.html，2018年5月8日。

经济日报：《国家统计局发布报告显示——70年来我国城镇化率大幅提升》，http://www.gov.cn/shuju/2019-08/16/content_5421576.htm，2019年8月16日。

人民日报：《习近平：保持战略定力增强发展自信 坚持变中求新变中求进变中突破》，http://www.gov.cn/xinwen/2015-07/18/content_2899441.htm，2015年7月19日。

人民网：《十九大报告习近平"三农"金句》，http://nmfsj.people.cn/n1/2018/0923/c421315-30309755.html，2019年9月23日。

人民网：《王磊光：一个博士生的返乡日记：迷惘的乡村》，http://theory.people.com.cn/n1/2017/0616/c40531-29342876.html，2015年2月25日。

中国互联网络信息中心：《第47次中国互联网络发展状况统计报告》，

http://www.cnnic.net.cn/hlwfzyj/hlwxzbg/hlwtjbg/202102/t20210203_71361.htm，2021年2月3日。

二 外文文献

Altheide, D. L., and Snow, R. P., *Media Logic*, Beverly Hills, CA: Sage——(1988) "Toward a Theory of Mediation", in Anderson, J. A. (ed.) Communication Yearbook, 1979, 11.

Altheide, D. L., Snow, R. P., "Media logic and Culture: Reply to Oakes", *International Journal of Politics, Culture, & Society*, 1992, 5 (3).

Asp, K., Maktiga massmedier: Studier i politisk Opinionsbildning (Powerful Mass Media: Studies in Political Opinion Formation), Stockholm: *Akademilitteratur*, 1986.

Bourdieu, P., *The Field of Cultural Production: Essays on Art and Literature*, Cambridge: Polity Press, 1993.

Fischer, C. S., *America Calling, A Social History of the Telephone to 1940*, Berkeley: University of California Press, 1992.

Habermas, J., *The Structural Transformation of the Public Sphere*, Cambridge, MA: MIT Press. (Orig. publ. 1962).

Livingstone, S., "On the Mediation of Everything: ICA Presidential Address 2008", *Journal of Communication*, 2009, 59 (1).

Mazzoleni, G., and Schultz, W., "'Mediatization' of Politics: A Challenge for Democracy?", *Political Communication*, 1999, 16 (3).

Schulz, W., "Reconstructing Mediatization as an Analytical Concept", *European Journal of Communication*, 2004, 19 (1).

Weingart, P., "Science and the Media", *Research Policy*, 1998, 27: 8.

附录 A　问卷

新媒体与乡村治理问卷调查

尊敬的先生/女士：

　　您好！我们是宁夏大学国家社科基金项目"新媒体与乡村治理研究"项目组的调查员。为了解当前农村借助新媒体参与乡村社会治理以及乡村文化的情况，特开展此次调查。希望您抽空填写问卷，这将为我们的研究提供重要数据支持。本次调查采用匿名的方式，且对您的回答严格保密，所得结果仅用于学术研究。

　　感谢您的支持与配合！

国家社科基金项目"新媒体与乡村治理研究"项目组

【填答说明】

1. 请在每一个问题后适合自己情况的答案选项上划√，或者在横线处____填上适当的内容。

2. 若无特殊说明，每一个问题只能选择一个答案。

3. 填写问卷时，请不要与他人商量。

A 部分　个人基本情况

A1. 您的性别

   1. 女　　2. 男

A2. 您的年龄_____

A3. 您的婚姻状况

   1. 未婚　　2. 在婚　　3. 离婚　　4. 丧偶　　5. 同居

A4. 是否为中共党员　1. 是　　2. 否

A5. 您的受教育程度

   1. 小学及以下　　2. 初中　　3. 高中

   4. 大专　　5. 本科及以上

A6. 您现在职业的情况是？（可多选）

   1. 务农　　2. 打工　　3. 乡+村干部　　4. 经商　　5. 学生

   6. 教师　　7. 当前无工作　　8. 其他_____

A7. 您目前在本村的居住状态是？

   1. 常住本村　　2. 常年外出　　3. 异地搬迁户

   4. 老家有房，偶尔回村　　5. 其他

A8. 您目前土地耕种情况

   1. 1—5 亩　　2. 6—10 亩　　3. 10 亩以上

   4. 全部流转　　5. 部分流转　　6. 其他

A9. 过去的一年（2020 年）您的家庭各类收入总计是（包括农业收入、工资收入、经营收入等）：_____元

A10. 家庭主要收入来源是（可多选）

   1. 农产品收入　　2. 养殖业　　3. 本地（宁夏境内）打工收入

   4. 外出（宁夏之外）打工　　5. 公益岗位

   6. 社保兜底（低保、养老金、残疾津贴等）

7. 工资性收入　　8. 其他

A11. 您与本村村民交往的情况

　　1. 几乎不　　2. 很少　　3. 一般　　4. 比较多　　5. 交往密切

B 部分　社交媒体使用情况

B1. 您平时是否使用以下社交媒体（可多选）

　　1. 微信　　2. QQ　　3. 抖音　　4. 快手　　5. 微博

　　6. 其他_____

B2. 您平均每天花费在微信、QQ、抖音、快手等社交媒介的时长_____

B3. 您使用微信、QQ、抖音、快手等社交媒介进行以下活动的情况是

内容	从不	偶尔	有时	经常	总是
B3.1 把认为重要的信息（视频、图片、音乐等）分享到社交平台或发送给朋友	1	2	3	4	5
B3.2 搜索某一新闻事件或话题	1	2	3	4	5
B3.3 与别人讨论某一新闻事件或话题	1	2	3	4	5
B3.4 发表对某一事件或话题的意见	1	2	3	4	5
B3.5 建立或加入群组（如微信群）	1	2	3	4	5
B3.6 闲逛、随便刷刷推荐内容	1	2	3	4	5

B4. 您在社交媒体上会关注哪一层面的信息？（可多选）

　　1. 国家政策资讯　　2. 本省信息　　3. 本县信息

　　4. 乡镇信息　　5. 本村信息

B5. 您认为哪些原因会影响您通过手机等新媒体获取信息：（可多选）

　　1. 上网费用高　　2. 看不懂

　　3. 手机功能不会用　　4. 生活圈子太小

　　5. 没有智能手机或家里没有网络　　6. 其他

C部分　乡村文化参与

C1. 您的村庄是否有以下公共文化设施（可多选）

　　1. 农村文化礼堂　　2. 图书室/农家书屋　　3. 体育健身场所

　　4. 文化广场　　　　5. 休闲活动中心（如棋牌室）

　　6. 其他_____

C2. 下列文体、艺术类活动您的参与情况是（可多选）

　　1. 体育锻炼　　2. 广场舞　　3. 读书读报

　　4. 下棋等棋牌室活动　　5. 观看露天电影

　　6. 传统文化教育活动　　7. 科技知识教育活动

　　8. 节日庆祝活动　　9. 其他_____

C3. 您是否参与过以下公共文化设施建设工作（可多选）

　　1. 图书室/农家书屋　　2. 体育健身场所

　　3. 休闲活动中心　　　　4. 农村文化礼堂

　　5. 文化遗产保护　　　　6. 其他_____

C4. 下列宗教性文化活动您的参与情况是

　　1. 修缮宗祠祖坟　　2. 修族谱　　3. 庙会　　4. 祭祀活动

　　5. 寺庙/教堂等宗教活动　　6. 其他_____

C5. 请根据您的实际情况选择最合适的选项并打√

陈述	从不	偶尔	有时	经常	总是
C5.1 我会积极参加本地文化活动	1	2	3	4	5
C5.2 我会积极参与组织各类文化活动	1	2	3	4	5
C5.3 我会把文化活动的现场图片、视频分享到社交媒介	1	2	3	4	5
C5.4 我会动员周围的村民一起参加文化活动	1	2	3	4	5

D 部分　村（社区）公民政治参与情况

D1. 以下内容您的参加情况是

陈　述	从不	偶尔	有时	经常	总是
D1.1 村委会成员选举	1	2	3	4	5
D1.2 县乡级人大代表选举	1	2	3	4	5
D1.3 与村庄重大公共事务有关的村民会议	1	2	3	4	5
D1.4 听取及表决村委会工作报告	1	2	3	4	5
D1.5 与县人大、乡镇人大代表或村民委员成员打交道	1	2	3	4	5
D1.6 联系党组织					
D1.7 与别人，包括家里人和亲戚一起想办法来解决本地的某个问题	1	2	3	4	5
D1.8 参与公共规则、村规民约、道德规范和行为准则的制定	1	2	3	4	5
D1.9 到信访部门进行上访	1	2	3	4	5
D1.10 给干部写信、提意见或建议	1	2	3	4	5
D1.11 通过法律手段进行诉讼	1	2	3	4	5

D2. 请选择您对下列内容的关注程度

情况	从不关注	不太关注	一般	比较关注	非常关注
D2.1 您对政府活动/决策的关注程度	1	2	3	4	5
D2.2 您对于扶贫信息的关注程度	1	2	3	4	5
D2.3 您对于农业政策的关注程度	1	2	3	4	5
D2.4 您对于务工信息的关注程度	1	2	3	4	5
D2.5 您对于本村文化活动的关注程度	1	2	3	4	5
D2.6 您对于村务公开的关注程度	1	2	3	4	5
D2.7 您对于村委会工作的关注程度	1	2	3	4	5
D2.8 您对于本村集体产业的关注程度	1	2	3	4	5

D3. 请根据您的实际情况选择您对以下陈述的看法并打√

陈述	非常赞同	比较赞同	一般	不太赞同	非常不赞同
D3.1 大部分决定应根据专家的判断做出	1	2	3	4	5
D3.2 现代社会的各种问题非常复杂，只有那些比较简单的问题才能让一般人讨论	1	2	3	4	5
D3.3 只要领导人能力强，又得到人民的信任，那么老百姓就不必参与作决定	1	2	3	4	5
D3.4 无论人们对有关问题了解得如何，每个人最好都能参与作决定	1	2	3	4	5

D4. 请根据您的实际情况选择您对以下陈述的看法并打√

D4.1 您对村里各种决策的满意程度	1. 不满意	2. 不太满意	3. 一般	4. 比较满意	5. 非常满意
D4.2 现在去乡镇政府办事是否方便	1. 很不方便	2. 不太方便	3. 一般	4. 比较方便	5. 非常方便
D4.3 政府干部的态度怎样	1. 很差	2. 不太好	3. 一般	4. 比较好	5. 非常好
D4.4 总体来讲，本地乡镇干部是否称职	1. 几乎都不称职	2. 不太称职	3. 一般	4. 比较称职	5. 大多数都称职
D4.5 对本地乡镇政府工作是否满意	1. 很不满意	2. 不太满意	3. 一般	4. 比较满意	5. 非常满意
D4.6 对本村村委会工作是否满意	1. 很不满意	2. 不太满意	3. 一般	4. 比较满意	5. 非常满意

D5. 您平时对政治事务感兴趣吗？

1. 非常感兴趣　　2. 比较感兴趣　　3. 一般

4. 不太感兴趣　　5. 完全不感兴趣

D6. 您觉得政府对您日常生活有影响吗？

1. 非常有影响　　2. 很有影响　　3. 有些影响

4. 不太有影响　　5. 根本没影响

D7. 您主要通过哪种渠道获取村务信息？（可多选）

1. 微信群　　2. 乡村大喇叭　　3. 村里人相互传播

4. 村务公告栏

5. 手机 APP（建档立卡 App、331 监管平台 App 等）

6. 其他

D8. 如果您对村务管理有意见或建议，您会用什么方式反映？

    1. 向村民代表反映意见   2. 直接向村干部反映意见

    3. 通过微信等渠道表达意见   4. 到乡上找领导反映

D9. 您与村委联系使用何种方式？（可多选）

    1. 打电话   2. 发微信   3. 去村队办公室寻找   4. 其他

D10. 平时自己有事，您会主动向村委会寻求帮助吗？

    1. 会   2. 不会   3. 视情况而定

D11. 您觉得是哪些因素限制了您参与本村管理？

    1. 文化程度偏低   2. 手机功能不会用

    3. 生活压力大，无暇关注   4. 不感兴趣

    5. 其他_____

D12. 您参加的一些村活动，是出于

    1. 觉得是本村的事情自己有责任参加

    2. 与自身利益密切相关

    3. 看周围邻居都去了，自己也想参加

    4. 村干部叫着参加，不好拒绝

D13. 您不愿意参加村活动的原因是：（可多选）

    1. 忙于挣钱养家，没有时间

    2. 影响日常生活，例如干农活、吃酒

    3. 参加活动没有相应的回报

    4. 村委的宣传程度低，对村内的活动不知情

    5. 周围的邻居都没有参与，自己也不想去

    6. 觉得自己参不参加对村活动的影响不大，归属感不强

    7. 村活动不丰富，比较形式化，没意义

8. 对村委没有信心

9. 其他

D14. 您认为要提高村民的参与度，可以：（可多选）

1. 加强宣传力度，提高村民当家做主的意识
2. 村委组织应主动与村民联系
3. 村委会应减少干涉，让村民充分自治
4. 村里的活动应充分结合村民需要
5. 丰富活动内容
6. 保障发表意见的权利，村干部不能打击报复
7. 其他

附录 B 杜骏飞老师对我的几次学术辅导小记

临近假期的前一天，当我把修改后的论文第三稿通过微信传给杜骏飞老师后，内心惴惴不安，很担心由于自己的学养不够，这一次改稿未能把他上次提出的意见很好地落实到论文中。杜老师在第一时间回复了我，他认为稿件已改得差不多了，但还有一些问题需要解决，请我考虑成熟后晚些时候再回答他。他的答复多少让我有如释重负的感觉，但新的问题一提出，我几乎立刻陷入了焦虑中……

回想起一篇稿件近半年的修改过程，尽管遭遇过挫败感，回过头却惊喜地发现，对于论文的讨论、修改过程也是自己不断成长的过程，不仅在认识上有所深化，学术格局也在扩大，更为重要的是，逐渐摆脱了快写快发的浮躁功利心态。因此，想把每一次杜老师针对我论文提出的修改意见记录下来，与大家分享。"嘤其鸣矣，求其友声"，如果这段文字能对同道中人起到一些借鉴作用，带来一点前进的力量，于愿足矣。

2020年11月初，我把题目为"主体性的回归：乡村文化空间的群众文艺实践"的论文发给杜老师请他帮忙提出修改意见，杜老师看完稿件后首先问我，"文章里用到的思想框架是列斐伏尔的空间生产理论和福柯的空间规训思想，那么你打算给出的思想创新是什么？一般来说，这是编辑读论文的聚焦点，所以需要挖掘好"。

当这样一个尖锐的问题被提出来，我有些茫然，毕竟在我原有的思维框架下，一篇完整的论文只需要研究问题、理论框架、研究方法等，作为一篇民族志研究，一般的路径是先描述现象，再进行理论解释。

随后，杜老师又指出文章存在的问题，诸如：围绕关键词的几个领域，他人一定有过许多研究，对以往学术界的讨论积累，可否尽可能多地呈现出来，并加以对话；作为田野调查，相关的经验材料尽管很扎实，但似乎与论文要讨论的理论问题关联不很紧密；在这个领域，目前的研究热点有哪些？是否有一定的相关性，这一点也要考虑清晰。

几个月以后，稿件修改完成，字数也从一万字左右增加到了17000字，主要是从以下几个方面做了修改和补充：

第一，补充了研究述评，对于理论框架"公共空间"展开更加深入的论述，并对该理论与研究对象的勾连做了进一步阐释；其二，将质性研究的一手资料充实进文章中，使内容更加丰满；其三，对论文结构和语言进行了推敲，使文章的论证更加圆合，尽量做到言文并美；最后是对摘要进行修改，从而更准切地表述论文观点及特色。

第二稿发过去，杜老师给出的评审意见更为具体：

他首先指出"文化治理"的概念较为政治化：一方面，"文化"不仅仅是文艺演出，另一方面，治理具有国家、社会与公共领域三方协商的内涵。文章在利用经验性材料时，是否能进一步强化这两点，以支持"文化大院将国家话语镶嵌到农民文化活动中，从而成为国家文化治理的重要载体"这一结论？

其次，即便是民族志研究，也不宜只作孤立讨论。本书基于西北农村文化大院的田野研究，这一案例代表性如何？同类文化现象还有多少？在这方面，盼望尽可能形成全面一点的综述文本（包括报道、政策文件、论文）。

然后，标题是"主体性的回归：乡村文化空间的群众文艺实践"，读起来有几个疑问：一是在主体性的回归之前，乡村文化治理脱离主体性原则的普遍景象是什么样的？二是"主体性的回归"是否就能完全对应改造乡村文化治理这个宏大观念呢？三是群众自发组织的文艺实践在乡村很是普遍，本书案例给出了什么样的实践创新点，以至于可以激发理论贡献呢？与此相关的是，目前这个理论创新其讨论分量足够吗？只有上述问题梳理清晰了，才可以对标题、主题作出更有说服力的调整：突出案例特质、突出属于自己的理论贡献。

与我而言，解决上述问题的确非常有难度，特别是他第二次提到了"理论贡献"的问题，显然，这在第一次修稿过程中并未解决。另外，这次的修改意见更为深入和具体了，说明杜老师也在思考当下关于"乡村文化建设"这样一个命题，尽管现象层面纷繁复杂，但其背后的本质到底是什么？难道仅仅是农民的"文化主体性"觉醒的问题吗，还是有关国家文化治理的问题呢？如果提到"文化治理"的概念，其实就延伸至政治学的学科领域，因为它不仅仅是农民个体的问题，而是联动了政府、社会组织、农民等多元主体，生成了能够自我管理、自我服务、自我修正的社会机制。本质上讲，文化治理突破了原有的自上而下的科层制管理框架，强调国家的引导而非参与作用。在多方联动的过程中，国家的文化体系才得以贯彻到民间社会，而国家意志也最终渗透到广大乡村。

在阅读文献的过程中，我自己原本混沌的思维逐渐清晰明朗起来，意识到大量看似毫无关联的经验材料，实际上却存在着紧密的关联，如果用"文化治理"来解释这些文化现象，是非常合理的。

在杜老师种种"问题"的引导下，我的第三稿又在之前的基础上往前跨越一步：首先是突出了国家文化治理体系中政府、社会、个体的互动机制，尤其是国家文化体系与乡村世俗文化体系的调试与互构关系；2. 文化大院的代表性问题；3. 将主题放在了"文化治理"机制上，而非"农民的文化主体性回归"问题。

当然，这一稿中也存在不少遗憾，限于收集资料的难度，对于案例的代表性问题我没有给予更好的说明，此外，关于"乡村文化脱离农民主体性原则之前的普遍景象是什么样的"，由于在之前的调研中没有设计相关问题，使得相关资料乏善可陈。

但稿件发过去之后，杜老师却给予了我极大的宽容和鼓励，他认为稿件改得已经差不多了，但还要回答：文章的理论贡献是什么？"集体主义"以及"社群主义"两者之间的差别是什么。对于这两个概念，我在阅读文献的过程中又专门请教了身边的一位哲学博士，基本弄清了它们的差异，从而知道应该使用哪个概念才更为严谨。

在杜老师帮助我辅导论文的过程中，我发现每一次他并非很具体地告诉我应该怎样，而是会不断地抛出问题来让我回应。在此过程中，实际上是不断帮我理清思路、准确找到解释现象的理论。他让我懂得：要尊重做研究的方法论，同时，写论文一定要有创新意识。而要做到这一点，就必须要将某个特定的现象放入更为广阔和立体的话语中进行讨论，用俗白的话说就是"跨学科"的尝试与努力。我还记得杜老师在与学院教师座谈时说的一句话："好稿子是修改出来的。"那么与其钻进某个僻静角落，挖掘偏门的材料或自斟自酌，不如勇气十足地把自己的选题和文章拿出来与别人讨论，这种方法恰恰是在帮助你转变思路，找到解决问题另一条路径的方式，毕竟每个人都需要克服自身局限性。

感谢杜老师无私扶掖，让我体会到怀抱理想、踏实前行的快乐与幸福。

后　记

　　《乡村文化建设中的社交媒介》是我博士毕业6年后正式出版的第一本专著，它对于我而言意义非凡，因为它不仅是我的旨趣所在，也确定了我未来研究的方向。2021年秋天，书稿作为国家社科基金项目一般项目"社会化媒体传播对西北乡村文化生态影响机制研究"的成果顺利结项，后幸得中国社会科学出版社支持，现在到了这本书面世的时候了。说是敝帚自珍也好，说是集腋成裘也罢，我相信它是我学术生涯的一个见证。

　　博士毕业后，我进入一种席不暇暖的奔忙状态，除了日常的教学、行政工作之外，还要抽出较大一部分精力来照顾年幼的孩子，这本书稿一直搁置在那里。几年来，我到过甘肃、陕西、青海、西藏等地乡村，亲见亲闻了各地乡村发生的巨大变化，倒反增添了我对这本书的信心。在参加国内学术研讨活动中，我有幸认识了现任职于清华大学的赵月枝教授，她提出"在社会主义中国的语境下，乡村问题应当成为中国传播学重要出发点之一"的论断就像一道光，射进了我的心田，使我对自己的研究方向更加坚定不移。

　　本书的面世要感谢的人很多，首先要感谢宁夏大学新闻传播学院及宁夏大学民族学一流学科为本书的出版提供的经费资助，李世举院长一直以来都待我如兄长一般，对于我的科研工作给予了极大的支持。其次要感谢的是南京大学新闻传播学院杜骏飞教授，他两次来到银川以及多次的线上交流，都提供了很多让我茅塞顿开的点拨，他身上所展现出来的严谨的工作态度、豁达的处事原则，以及深切的现实情怀都让我受益匪浅。

还要感谢在调研过程中，接受访问的驻村干部、民间艺人、普通农民给我提供的帮助。感谢一直致力于乡村传播研究的沙垚老师以及我的同事季涓、宫京成、张静涛老师，从他们身上我都学到了不少东西，感受到了鼓励与关爱。

最后我要把这本微薄的书献给我的父亲顾德源和母亲罗金兰。尽管他们对我做的研究知之甚少，却一直将无私的爱给予我，那种爱如同空气，你似乎感觉不到它的存在，但是它却无所不在。如果没有他们的支持，我无法完成学业，更无法全身心投入工作。在本书写作的最后日子里，母亲不幸身患重病，在她辗转病榻的时候，每当听到我有工作需要处理，已经极度虚弱的她还会摆摆手示意我快去忙自己的事情，在她的心中，我的工作一定是"头等大事"。在本书完成之际，母亲已经永远地离开了我，我愿意把我的这本书奉献给她，也献给那些一直站在儿女身后，默默无闻、无私奉献的父母们。